民族学论坛

王延中　祁进玉　主编

民族学如何进步

社会科学文献出版社
SOCIAL SCIENCES ACADEMIC PRESS(CHINA)

目　录

民族学如何进步

——对学科发展道路的几点看法

杨圣敏

我们把人类对主观与客观世界的探索划分为自然科学、社会科学和人文学①等不同的领域，这些不同的领域又被划分成数不清的学科，学科是什么？无非是帮我们从不同角度、不同领域去认识、适应和改造世界的各种工具。民族学就是这样的一种工具。工欲善其事，必先利其器。在当今形势下，我们如何才能把握好民族学学科的发展道路，少走弯路，更快进步呢？在此笔者想从民族学与其他学科之间的关系、民族学研究与社会实践之间的关系和学科的本土化与国际化等角度谈谈自己的看法。

一 民族学与其他学科的关系

（一）学科开放是大趋势

现代科学发展初期的特点是将研究的领域划分成一个个范围比较狭窄的学科，这样做有利于在每一个点上发现、积累更多的信息，有利于研究

---

① 人文学科，如文学、艺术等到底是否科学，学界认识不一，故在此称其为"人文学"而非"人文科学"。

的深入。于是几百年来，学科划分越来越细，每一学科的研究也不断深入，并形成了一个个独立的知识体系。可是当学科划分过细的时候，也有不利的一面，即当你单独从某一角度去做研究的时候，很容易只见一斑、难窥全貌，只见树木不见森林，就像盲人摸象一样，轻易地以为一片树叶可以代表全局。事实上，任何实际的社会问题，都比单一学科的理论要复杂得多，所以真正要做好社会的研究，你必须从多种理论、多个角度出发，运用多种方法才可能更全面地揭示出这个问题的真相，从而把复杂的问题分析得比较清楚。所以，现代各学科经过几百年比较独立的发展之后，为了解决复杂的问题，就需要各学科之间互相开放、交叉合作才能有更多进展。目前，学科之间的合作，已成为科学研究取得突破的主导趋势。有人做过统计，从1901年设诺贝尔奖至2008年这108年间，在颁发的356项自然科学奖项中，交叉研究成果有185项，占52%。20世纪50年代以前，大部分成果是属于单一学科的，交叉学科占比仅为45%左右；50年代以后，大部分成果则是交叉性的，交叉成果占比达到了67%。同时，从对诺贝尔奖得主的知识背景的考察可知，有跨学科知识背景的学者更可能登上诺贝尔奖的领奖台。诺贝尔奖得主的跨学科知识背景主要体现在如下三个方面：第一，在研究生学习期间，获得过其他学科的学位；第二，虽然没有获得过其他学科的学位，但有跨学科或交叉学科的知识组成；第三，不同学科背景的学者合作开展同一项目的研究。所以，目前，二人及二人以上合作研究共同获奖的比例已占70%以上。[1] 著名英国学者W. I. B. 贝弗里奇说："在其他条件相同的情况下，我们知识的宝藏越丰富，产生重要设想的可能性就越大。如果具有有关学科甚至边缘学科的广博知识，那么，独创的见解就可能产生。"他还说："成功的科学家往往是兴趣广泛的人。他们的独创精神来自于他们的博学。多样化会使人观点鲜明，而过于长时间钻研一个狭窄的领域，则容易使人愚蠢。"[2] 英国剑桥大学著名科学学教授约翰·齐曼（John Ziman）说："从认知的观点来看，跨

---

[1] 陈其荣：《诺贝尔自然科学奖与跨学科研究》，《上海大学学报》2009年第5期。

[2] W. I. B. 贝弗里奇：《科学研究的艺术》，科学出版社，1979，第58页。

越学科界限，是精神创造力的主要源泉之一。""重大的科学创新，都是跨越学科之间屏障的结果。提倡在研究中更多的学科交叉，实际上是对更多科学独创性的要求。"① 面对科学研究发展的这个大趋势，民族学研究也必然要更加开放，走跨学科、多学科合作研究的道路。更具体一点说，首先要淡化与相近学科之间的界限。下面，我们就通过讨论民族学与社会学和人类学之间的关系，来说明这种淡化界限的必要。

社会科学不同学科之间划分界限的理由，缘于他们研究的对象、使用的方法、分析问题的角度和理论的不同。而社会学、民族学和人类学在这几个方面则是相近甚至基本相同的，所以我们说这三者是相近学科。特别是民族学与人类学，其实是相同的学科，因为这两者在以下三个方面都是一样的，即相同的研究对象、相同的研究方法、同一套理论。为什么这样说呢？

（二）人类学与民族学的关系

1. 民族学与人类学都以不同人群为考察对象

对于民族学与人类学的关系，国际学界多认为这两种称呼基本上是指同一个学科。美国称为文化人类学，英国称为社会人类学，欧洲大陆的德、法和俄罗斯等国称为民族学。

现代意义的民族学和人类学，是起源于西方不同国家的同一个学科。

"民族学"一词作为学科的名称最早出现于 18 世纪 60 年代德国的哥廷根大学。以后在德国有两个同义词都指称"民族学"，分别是源于拉丁语的德语形式"Ethnologie"和纯德语词"Völkerkunde"。"Ethnologie"由 Ethnos（民族、族群、人群）和 Logie（科学、研究）组合而成，英文作 Ethnology，顾名思义，是以不同的民族、族群或人群为研究对象的学科。②

---

① 约翰·齐曼：《真科学——他是什么，他指什么》，上海科技教育出版社，2002，第258页。

② Han F. Vermeulen, "Early History of Ethnography and Ethnology in the German Enlightenment", *Anthropological Discourse in Europe and Asia, 1710 – 1808*, Leiden: Doctoral Dissertation, 2008, pp. 200 – 201.

"民族学"这个名称主要被应用于欧洲大陆的德国、法国和俄罗斯等国。出生于德国并在德国学习民族学的著名民族学家 Franz Boas（博厄斯）曾把德国的这种分类传统带到了美国，但后来美国较少使用"民族学"一词，美国学界一般是把"民族学"与"文化人类学"等同看待的。博厄斯也一直被美国人称为人类学家，而且被认为是当时美国人类学界的代表性权威学者。

在美国，民族学一般被称为"文化人类学"（Cultural Anthropology），在英国则称为"社会人类学"（Social Anthropology）。

"人类学"一词来源于希腊文，由 Anthropos（人）和 Logia（科学、研究）组合而成，意为"研究人的科学"。英文称为"Anthropology"，它通常被分为两个部分：一部分是研究体质（生物）的人类学（"体质人类学"或称"生物人类学"）；另一部分是研究社会与文化的人类学（称为社会或文化人类学）。而文化和社会都是群体的属性。马克思说："人的本质不是单个人所固有的抽象物，在其现实性上，它是一切社会关系的总和。"① 即不管个人在主观上怎样超脱各种关系，他其实总是各种社会文化的产物，他总是各种社会文化塑造出来的。也就是说，个人的文化和社会属性都来源于其生活的群体、社会环境。所以，无论是文化人类学还是社会人类学，也如民族学一样，都是研究人类不同群体的社会与文化的学科。

由此可知，在国际学术界，民族学（Ethnology），又称"文化人类学"或"社会人类学"，是通过对各种不同民族、族群等群体的研究来探讨人类文化和社会的学科。

民族学（或称人类学）研究的"人群""族群"单位，是多层多意的。它可以是以地域为基础的聚落、社区，可以是建立在对某种文化、利益互相认同基础上的跨地域的人群，也可以是以整个文明或现代国家为对象。也就是说，民族学研究的单位，可以是一个民族，也可以是以国别、地域、职业、年龄、信仰、性别、阶级和阶层等社会的或文化的界线划分

---

① 《马克思恩格斯选集》第 1 卷，人民出版社，1995，第 60 页。

的不同人群（如：山东人、农民、工人、青年人、穆斯林、女人、男人、资本家、弱势人群、各类明星等）。更经常的情况是，民族学/人类学研究的对象是同时包含几个不同类别，分属于不同阶层、单位的一个生活群体、一个小社会或一个地域（如：部落、村庄、街道、学校、城镇或一个地区等）。

2. 民族学与人类学都以田野调查为主要研究方法

我们说"民族学与人类学都以不同人群为考察对象"这样一种定位和解释，又显得又太过宽泛，因为所有的社会科学和人文学科，都主要或重点以人类或人群为研究对象。那么民族学的独特之处又是什么呢？我们可以归纳为三点：第一，它的研究重点是社会和文化；第二，它重点研究当代社会；第三，它的方法主要是"读社会"而不是"读文献"。即民族学/人类学比较多地强调对不同人群、民族的社会、文化的研究。在时空观念和研究方法上，重点是通过对当代的社会与文化进行实地的调查并开展研究。

科学研究是实证性的研究。实证性研究的基础是掌握第一手的资料（所谓第一手资料，就是根据人们亲眼所见或亲身经历所记录下来的资料）。各学科获得第一手资料的方式是不同的，如历史学主要靠查阅文献来寻找第一手资料，而民族学/人类学的第一手资料则主要靠实地的或现场的调查来取得。实地调查又称为"田野工作"（fieldwork）或"田野调查"。田野调查是民族学/人类学研究方法最重要的特点。民族学/人类学家将自己在调查中的发现和体验用较为细致的方式进行描述、归纳和分析，这主要表现为民族志的撰写。田野调查和撰写民族志，就成为民族学/人类学研究最基础的方法和基本的过程。

3. 民族学与人类学的研究领域相同

民族学和人类学在历史上曾经是西方国家以研究其殖民地的"异民族""初民社会"为主要对象而发展起来的学科，但是殖民主义的时代早已成为历史。学者们对全球人类学民族学的学科历史进行分期时，将第二次世界大战结束以前称为"殖民主义时期的人类学",也有人直接称之为"殖民主义的人类学"。二战以后,随着全球绝大多数殖民地的纷纷独立,人类学、民族学已经全球性地逐渐将研究本国、本土、本民族和发达社会作为重点或重点之一,并称之为学科的"回归"。因为已经没有早期西方学者那种明确的为殖民主义服务的政治目标,所以被有些人称为"现代和纯学术的人类学",由于其研究对象大量转向本土,又被称为"地方性的""多样性的"人类学。有国外学者预言,未来的人类学、民族学将是在地方多样性研究基础上发展出来的全球性人类学、民族学[1]。可见,从研究领域和研究对象上来看,研究本土、本民族、主体民族,研究城市、现代社会,已逐渐成为当代民族学/人类学研究的主流。[2]

任何一个学科都要有其主要扎根和生存的土壤,二战结束后,民族学/人类学生长的土壤已经逐渐从殖民地转向本土,从"初民社会"转向全人类,这是无法回避的事实。还在二战结束以前,著名人类学、民族学家马林诺夫斯基在给费孝通的《江村经济》所写的序言中说:"我认为那面向人类社会、人类行为和人类本性的真正有效的科学分析的人类学,它的进程是不可阻挡的。为达此目的,研究人的科学必须首先离开对所谓未开化状态的研究,而应该进入对世界上为数众多的、在经济和政治上占重要地位的民族较先进文化的研究。"马林诺夫斯基是以研究"初民社会"而成名的学者,当他读完费孝通研究中国本土的著作后,他说:"我们中间绝大多数向前看的人类学者,对我们自己的工作感到不耐烦,我们厌烦它的好古、猎奇和不切实际。""我怀着十分钦佩的心情阅读了费博士那明确的令人信服的论点和生动的描写,时感令人嫉妒。他书中所表露的很多箴言

[1] Jan Van Bremen & Akitoshi Shimizu, *Anthropology and Colonialism in Asia and Oceania*, Curzon Press, 1999, pp. 1 – 10.
[2] 好比说民俗学和民族学,民俗学和民族学是什么关系呢?我曾去德国的民族学研究所访问,德国学者怎么看这两个学科呢?他们说 Volkskunde(民俗学)就是研究自己的、自己民族的,德国人研究日耳曼人他们叫"民俗学";研究其他的、外国民族的、其他民族的他们叫 Völkerkunde(民族学)。从德语词汇来看,民族学与民俗学的区别仅仅是一个单数(民俗学),一个复数(民族学),他们说我们的理论方法都是一套,在他们那儿其实他们觉得就是一回事,它们之间的关系很近。

和原则，也是我过去相当长一段时间里所主张和宣扬的，但可惜我自己却没有机会去实践它。"① 人类学以研究人类社会和文化为目标，特别是以探讨和揭露人类的本性为最高目标。为达此目标，当代学者们也多认为"在本土研究可能更容易接近真理"。② 也就是说，不管是自称民族学还是人类学的学者，其研究领域都在同步地转变，他们始终扎根和生长在同一块土壤里。

在国际学界如上的转变和发展已有半个多世纪的今天，国内仍有人说，人类学是研究人类的，民族学是研究民族问题的，主要是研究少数民族的，它们是不同的两个学科。显然是不顾学科发展历史的一种望文生义的说法。

1949 年以前，中国民族学人类学界的研究领域，曾经是汉族和少数民族并重。在 20 世纪 50～70 年代，人类学和民族学作为一个学科相继被撤销了，在那个年代，民族学只能蛰伏于"民族问题研究"之中。现在，当历史已经拨乱反正，我们就没有必要再将民族学的研究领域局限于少数民族了。几千年来，中国的汉族与各少数民族历来是你中有我，我中有你，其社会与文化特点在形成过程中都跨越了明确的民族界线，关系密不可分。新时期以来，随着市场经济的发展和大规模人口流动与信息的高速流通，双方的社会与文化加速交流与趋同的趋势更加明显。在这些研究中处于前列的学者常会感到传统概念和方法已逐渐脱离了现实世界。所以，对民族问题和少数民族的研究仅是民族学的一部分内容，一个将占中国人口90%以上的汉族剥离出去的民族学，既难以对少数民族社会和文化有很全面和深入的理解，又对学科发展的学术目标和民族研究本身产生不利的影响。

其实，中国老一代学者在这个问题上一直有清醒的认识。早在 1957年，费孝通和林耀华在共同撰写的《中国民族学当前的任务》一文中就提

---

① 费孝通：《江村经济》，江苏人民出版社，1986，第3页。
② Xin Liu，"Past and Present：Two Moments in the History of Chinese Anthropology"，*The Making of Anthropology in East and Southeast Asia*，Edited by Shinji Yamashita，Berghahn Books，2004，p. 161.

出"民族学的研究对象是包括一切民族在内的","把少数民族和汉族分开来作为两门学科的研究对象是没有根据的"[①]。1980 年,林耀华撰文重新讨论当前民族学的对象和任务时,再次把开展对汉民族的研究和对世界民族的研究作为"迫切任务"中的两项。[②]

中国民族学会在 20 世纪 90 年代就成立了专门从事汉民族研究的分会。实际上中国民族学界对汉族的研究从来没有间断过。现在,我们欣喜地看到,经过多年的努力,我国民族学界在研究国内少数民族的同时,也对汉族以及海外民族做了不少调查和研究工作,并且取得了丰硕的成果。[③] 所以,如果再有人将民族学与人类学的研究领域划分开,说民族学仅仅是研究少数民族的,人类学是研究汉族的,显然是全无道理的。从学理和研究实践上看,事实很清楚,民族学与人类学的研究领域是相同的。

4. 民族学与人类学的研究理论是相同的一套

民族学/人类学研究的重要目标是创建理论。为什么呢?理论是我们认识世界、改造世界的工具,理论可以帮助我们解释现在、指导行动、预见未来。

社会科学有一个基本的认识,人类虽然分为各种各样的人群、民族,但人类的本性是一致的。所以我们各种不同的文化、不同的社会制度都是人类为适应各种不同的客观世界、客观环境所创造的。既然如此,我们就认为在相同的环境里,人类会有相同或类似的表现。我们把这各种不同环境中人类相应的表现总结出来,就是人类社会普遍性的规律和理论。有了这样的理论,我们就可以比较广泛地认识各种各样人类社会的不同现象。例如:婚姻家庭、流动人口、社会分层、族群关系等,都是把人在不同场景、地位、处境下的表现的规律性总结,这种总结就是相关问题的理论。

而理论是分层次的。自民族学/人类学创建一个半世纪以来,通过对

① 费孝通、林耀华:《中国民族学当前的任务》,民族出版社,1957,第 33 页。
② 参见林耀华、金天明《从历史发展看当前我国民族学的对象和任务》《民族研究》1980 年第 2 期,第 50~57 页。
③ 参见杨圣敏主编《中国高校哲学社会科学发展报告:1978—2008,民族学卷》第五章第一节"汉人社会研究和海外研究",广西师范大学出版社,2008。

人类各民族、群体各种层面、角度的探讨，学科理论已自成体系。如果按照理论所能够涵盖阐释的时空范围之长短、大小来划分层次，这个体系中的各种理论可以分为三个层次。

第一，宏观层面的理论：这类理论往往比较抽象，是对整个人类社会、人类历史发展规律进行宏观的思考，给予整体的阐释。比如马克思主义的唯物史观、进化论学派的社会发展阶段论等。第二，中观层面的理论：这类理论介于宏观与微观之间，是探讨人类社会的某个阶段、某一类现象得出的总结，是属于从某一局部或某一时段的历史文化现象中总结出来的理论。比如马克思对于资本主义社会性质的研究，学者们分别探讨游牧民族（如蒙古族）、绿洲农业民族（如维吾尔族）、穆斯林民族（如阿拉伯民族）等各种社会文化特点的总结等。第三，微观层面的理论：这类理论针对社会文化中大量涌现的可观察到的社会行为和事物，是对某个具体的社会文化现象作细致的研究。例如某个节日（中国的春节）、风俗（如某个民族的婚俗）、某种行为或仪式（如礼物之交换或成人礼）、关系（如夫妻或邻里关系）的研究所进行的理论阐释。这些理论所涵盖的时空范围更狭小，所以我们可以把它称为微观层面的理论。

理论还是分为不同视角的，是需要互补的。我们的世界在时间和空间上都无限广大，变化不息，复杂万象，而且事物都是多方面的。单独的个人或是有限的时代都无法解释清楚这个世界的面貌和本质。因此，我们的研究需要有不同的角度，不同角度互相补充，才能认识事情的全貌。例如，当以某一民族为研究对象时，我们可以从经济的角度，利用经济人类学的理论；或是从自然环境的角度，利用生态人类学的理论；或是从历史的角度，用历史人类学的理论分别去开展研究。也就是说，理论是认识和改造世界的工具，工具越多越好。科学研究的最终目的并不是创建理论，创建理论的目的是为了解决问题。世界的问题是无限的，作为解决问题的不同层面和角度的工具也是越多越好。

一个半世纪以来，民族学/人类学创建的理论由于层次角度不同，林林总总，不胜枚举。其中影响最大的理论往往被称为理论学派。这样的学派包括：19世纪中叶创建的进化学派；在进化学派之后于19世纪与20世纪之交出现的传播学派；20世纪初以美国的博厄斯为代表的历史学派；此后以马林诺夫斯基为代表的功能学派；到了20世纪60~70年代在西方流行的结构主义学派。

所有这些影响重大的理论都既是民族学的理论，也是人类学的理论。所以说，民族学与人类学的研究理论是相同的一套。

综上所述，民族学与人类学的学科理论、研究方法和研究领域都是相同的，它们其实就是同一个学科。

5. 学理之争还是位子之争

如上所述，近百年来，在中国同时有民族学和人类学两个学科名称的使用，最初是由于译自西方不同的国家和语言。[①] 在欧美国家尽管称呼各异，但一般来说并不存在名称的争议，因为每个国家在国内都主要沿用自己传统的称呼。二战以后，由于以美英为主的英语的强势地位，在欧洲大陆的德、法等国，"人类学"一词也逐渐流行，但学者们并不认为它与民族学是两个学科。也就是说，学者们都认为自己既是民族学家也是人类学家。而在中国和其他东方国家，由于这个学科都是来自西方，所以往往有类似中国这种同时存在两种称呼并划分为两套人马的情况（如在韩国也是如此）。两种学科名称的争论，在日本国则是另一种表现。日本曾长期存在一个占主导地位的民族学学会，同时也有部分学者使用人类学一词。日本学界一些人认为，日本民族学的研究比较重视个案和深描，人类学则更重视对案例的对比分析，也更国际化。与欧美国家不同，日本和中国国内都为民族学和人类学的关系争论不休。

1994年，日本民族学学会在接待了一个大型国际人类学会议以后，有人提议将"日本民族学学会"的名称改为"日本文化人类学学会"。理由是这两个名称其实是同一个学科，在大学和研究机构里，用人类学的名称更好确定课程和研究课题的名称，也可以加强跨文化研究和比较研究，再

---

① 例如，德国最著名的民族学研究机构"马普民族学研究所"挂着英、德两种文字的牌子，德文写成"Institut für Ethnologie"即"民族学研究所"。同时，牌子上的英文写成"Institute for Social Anthropology"即"社会人类学研究所"。

者，用人类学名称会让更多人认同这个学会。很多人希望日本的民族学更国际化，与国际接轨。① 当然是希望与美英的学界接轨。当时日本民族学学会的会长说，民族学这个名称太陈旧，这个名称已不能代表这个学科实际的研究领域的性质，而且到了 20 世纪 90 年代，日本多数大学的课程和研究机构的研究项目都已改用人类学这个名称。当时支持和反对改学会名称的两派人争执不下，1994 年 10 月学会召集大会进行投票表决，结果是反对改名的人以超过 50% 的微弱多数票获胜。反对者的理由其实并不是学理上的，他们主要的理由是，如果放弃已沿用了 60 年的民族学名称，就等于否定了 60 年的学科历史，他们特别担心，如果民族学改为文化人类学，就降低了学科的地位，民族学家们的个人名誉和地位也会因此而受损失。同时，多数人也不愿意看到该学会分裂为两个学会，不希望分裂为民族学家和人类学家两支队伍，那样对学科的发展和每个人都有不利的一面，个人的研究范围可能会被限定在某一个狭小的范围内，也就是大家都不愿意失去在更大范围内从事研究的可能性。因此，日本民族学学会更名的建议没有获得通过。② 日本学界关于民族学与人类学两个名称和名称之间关系的争论，让我们看到，这主要不是一个学理的争论，而是出于不同学术团体、单位和个人的资源、利益和名誉等方面的考虑。到了 2006 年，日本学界再次召集针对这个问题的会议，终于通过了将名称统一更改为人类学学会的决议。这样的更名也让我们看到了美英比欧洲大陆更强势的文化影响在日本的体现。

中国学界在民族学与人类学到底是一个还是不同的两个学科的争论也持续了多年，与日本的情况类似，其实主要也不是学理的争论。有国外学者指出，这其实是"争位子"的辩论，是已"走入死胡同"的辩论，从学

---

① Aoki Tamotsu, "Hangakumon no susume", Recommending semi-scholarship. in Bunkajinruigaku no susume, *Invitation to Culture Anthropology*, ed., Funabiki Takeo, Tokyo: Chikuma Shobo, 1998, pp. 64 – 74.

② Sidney C. H. Cheung, "Japanese Anthropology and Depictions of the Ainu", *The Making of Anthropology in East and Southeast Asia*. Edited by Shinji Yamashita, Berghahn Books, 2004, pp. 136 – 151.

理上看是没有意义的。①

　　中国老一代学者在这个问题上一直有明确的态度。如，费孝通先生说："在我身上人类学、社会学、民族学一直分不清，而这种身份不明并没有影响我的工作。这一点很重要，我并没有因为学科名称的改变，而改变我研究的对象方法和理论。我的研究工作也明显地具有它的一贯性。也许这个具体例子可以说明学科名称是次要的，对一个人的学术成就的关键是在认清对象，改进方法，发展理论。别人称我作什么学家是没有多大关系的。"②

　　实际上，民族学、人类学和社会学在西方国家经过一百多年各自的独立发展，现在已逐渐走向互相的渗透与联合。如，在西方有的大学（如加拿大的西蒙佛雷泽大学等），将社会学和人类学合建为一个系，称为人类学与社会学系。而人类学与民族学的关系，国际学术界早已将其基本归为一类。费孝通先生在 1992 年将北京大学社会学研究所改名为社会学与人类学研究所后说，这三个学科构成了一条江水，"我们都是同饮这条江水的人。……三科是一个集团"。③

　　一百多年来，这几个学科的理论、方法和研究领域都在不断发展变化，其中一个重要的趋势是更多地转向对现代社会、主流社会的研究。而当代社会的复杂性和经济全球化的拓展又推动这种研究不断扩大地去借用和参照其他学科、其他领域的知识，不断互相交叉与联合来研究共同的问题。④ 这都提醒我们，民族学/人类学与社会学学科将日益走向联合而不是

①　Xin Liu, "Past and Present: Two Moments in the History of Chinese Anthropology", *The Making of Anthropology in East and Southeast Asia*, Edited by Shinji Yamashita, Berghahn Books, 2004, pp. 152 - 183.

②　费孝通:《人类学与社会学在中国的发展》，转引自乔健《中国人类学发展的困境与前景》，杨圣敏主编《中国人类学民族学学科建设百年文选》，知识产权出版社，2008，第403 页。

③　杨圣敏:《费孝通先生对学科建设的指导》，《中国人类学民族学学科建设百年文选》，知识产权出版社，2008，第 457 页。

④　Xin Liu, "Past and Present: Two Moments in the History of Chinese Anthropology", *The Making of Anthropology in East and Southeast Asia*, Edited by Shinji Yamashita, Berghahn Books, 2004, pp. 152 - 183.

更清楚的分界。

6. 民族学/人类学的不断分支

一个半世纪以来，民族学/人类学研究的领域、视角和对象都在不断扩大，其分支学科也随之不断增加。

7. 研究地域的扩展

传统的民族学曾经以"初民社会"，以异域、边疆、乡村的人群为主要研究对象。但当代人类社会正快速走向城市化。如今，在西方发达国家，城市化已达到70%以上，从全球看，一半以上的人口已居住于城镇中①。中国的城镇人口比例也从1966年的18%上升为如今的超过50%。民族学研究如继续局限于乡村和边疆而回避城市，显然会脱离对多数人群的研究，也难以站到人类社会发展的前沿。于是20世纪60年代，都市人类学产生了。对复杂的、都市社会的研究，推动民族学产生了更多分支学科并促进了研究领域的扩张。如对城市的流动人口、社会网络、家庭结构、生产方式，城市的民族关系、宗教活动、妇女与贫困问题等的研究。

8. 研究内容的开放

实际上，在各学科中比较，民族学/人类学的一个突出特点是它的开放性。它是在几乎所有方面都对其他学科的加入持开放态度的学科，它的研究内容几乎涉及其他所有学科的知识，既包括社会科学的、人文学的，也包括自然科学的。它的研究越深入，这种联系和开放性就越强。

随着学科的发展，我们看到越来越多的民族学/人类学分支学科陆续出现。例如，与其他社会科学学科有关的心理民族学（心理人类学）、教育民族学（教育人类学）、经济民族学（经济人类学）、语言民族学（语言人类学）、政治民族学（政治人类学）、法民族学（法人类学）等，与自然科学有关的生物民族学（生物人类学）、医学民族学（医学人类学）、

---

① 1993年5月中国召开第一届都市人类学会议时，国际都市人类学学会主席安萨里先生曾在会上预言："在下一个世纪到来之时，世界所有地区将程度不同地实现都市化，农村生活如果那时还未消亡的话，无疑也将变得微不足道。"见李德洙主编《中国都市人类学会第一次全国学术讨论会论文集》，中国物资出版社，1994，第23页。虽然他的预言今天并未完全变成现实，但我们看到，随着现代化的加快，城市人口比例增加的这个趋势还在快速发展着。

生态民族学（生态人类学）等，与技术有关的如影视民族学（影视人类学）、计算机民族学（计算机人类学）等，与人文学科有关的如艺术民族学（艺术人类学）、文学民族学（文学人类学）等，不一而足，而且随着人类社会的发展和研究的深入，分支学科还会不断增加。

为什么民族学、人类学有如此开放的特点呢？因为它研究的是人、人群、人群关系、人群的社会与文化，所以与人有关的方方面面都会涉及和探究，只有从多种不同的视角去观察、探索、分析，才可能有更准确的解释和科学的判断。

这种开放性与合作研究发展的趋势，也在推动民族学/人类学与社会学之间的关系越走越近，而不是越走越远。

（三）民族学与社会学的关系

现代意义上的民族学与社会学几乎是同时在西方国家产生的。社会学的创建主要源于对西方社会本身的研究，因此过去曾被认为是以研究西方的现代社会、复杂社会、城镇和较大规模的工业社会为主的学科。而民族学是研究西方以外的殖民地的"初民社会"、无文献的小规模农业社会为主的学科。

这两个学科的研究内容既有重合之处，如都市人类学/民族学、社区研究、流动人口、社会分层、乡村社会学等，也各有不同的侧重。社会学重点针对不同的社会问题、社会现象、社会结构、社会关系等开展研究，力图从中总结出现代社会一些共同的规律。民族学的研究则侧重于不同族群和社会的文化特点，力图阐释这些特点存在的原因。这两个学科的差别主要在研究方法上。是不同的研究对象和关注的侧重点，造成了不同的研究方法。

传统民族学研究的是小规模、无文字的族群，研究对象的单元之间同质性强，适合那种场景和研究对象的方法就比较直观，主要是近距离观察，记录和参与其日常生活，然后写下这种文化的民族志。它强调局内的参与观察，即深入所研究的社区、人群、民族中进行比较长时间的观察、体验和访谈，并据此对其进行分门别类的详细描述，进而开展定性的分析和解释。

社会学研究较复杂的现代社会，社会多样且规模较大，同质性低，所以需要用更为复杂的定量的方法去进行调查和分析。针对大规模复杂社会，社会学的典型方法是依靠问卷等形式搜集大量的定量数据，所以，抽样调查，进行统计和量化分析成为社会学研究的基础。在微观和中观层面也创建了更多针对现代社会的理论。

这两个学科从事研究的出发点不同，归宿也不同。民族学要探究文化的影响、作用，它的侧重点是人类各群体的文化。如，习俗、观念、宗教、行为规范等。社会学以社会问题为重点，目的在于社会矛盾之解决。社会学主要研究的题目，如，社会行为和社会关系、基本社会制度、亲属制度、社会分化和分层、社会控制、社会整合、社会变迁、社会冲突等。

以上所述都是在二战以前民族学与社会学的特点和差别。二战以后，上述特点和差别则发生了明显的改变，变化的方向就是这两个学科日益靠近。

20 世纪 20 年代，一批自西方学习社会学和人类学的学者回到中国，在对中国社会开展研究后不久，就提出了这些学科需要本土化才可能在中国应用和扎根。本土化的一个重要举措就是将这两个学科的理论方法进行综合应用。如，曾担任燕京大学社会学系主任的吴文藻先生早在 20 世纪 30 年代就说："在作者看来人类学、社会学实在是二而一的东西，尤其在中国应该如此。"[1] 为什么在中国应该如此？因为人类学早期的理论和方法是西方人研究殖民地发展起来的，而中国没有殖民地，中国学者研究的对象是自己的本土，于是他提出社会学和人类学在中国是"二而一的东西"。所以他就创新一种方法叫社区研究，社区研究是什么方法呢？就是把人类学和社会学的方法结合起来做研究。后来英国非常有名的一位人类学家莫里斯·弗里德曼（Maurice Freedman）对中国学者开创的社区研究给予非常高的评价，他说："中国的社区研究应该是人类学史上非常重要的一章，

---

① 吴文藻：《边政学发凡》，《边政公论》1942 年第 1 期。

这是中国人类学界、社会学界对人类学的一个贡献。"① 中国学者把这两个学科结合起来做研究,他认为这是一个创新和进步。为什么这么说呢?因为在所有非西方的、没有殖民地的发展中国家,将人类学/民族学与社会学的理论方法结合起来开展研究都是一个必然趋势。

二战结束以后,殖民地纷纷独立,以研究殖民地为主要目标的人类学/民族学必须适应这个现实。民族学与社会学相结合的趋势不仅呈现于发展中国家,很快成为世界性的趋势。于是,民族学/人类学生长的土壤逐渐转向本土和工业社会。因此,马林诺夫斯基说:"研究人的科学必须首先离开对所谓未开化状态的研究,而应该进入对世界上为数众多的、在经济和政治上占重要地位的民族较先进文化的研究。"②

新中国成立后,从 20 世纪 50 年代到 70 年代,国内民族学研究的领域一度缩小为边疆少数民族地区,可是当今边疆少数民族地区和过去相比已发生了巨大的变化,面临的问题也越来越复杂,传统的民族学方法已经难以应对。一个简单的例子,在 20 世纪 80 年代之前,城乡之间缺乏流动,到 80 年代初,全国的流动人口仅数百万,而现在仅少数民族流动人口就已达到 3000 万,也就是说,1/5 以上的少数民族人口在流动之中。现在全国的流动人口则已超过 2.5 亿。少数民族大量进入东部、进入城镇,汉族人口大量进入少数民族地区。所以有学者总结说,我们的民族关系,过去是各民族背对背,接触很少,现在是各民族面对面,接触很多了,问题就复杂了。不仅在中国是这种情况,世界也是这样的趋势。在经济全球化和市场经济的推动下,第三世界由过去比较封闭的状态变得越来越开放,越来越城镇化,贫富差距的迅速扩大和社会的动荡导致贫困人口大量向发达国家,特别是向西方迁移,面临的问题也比过去复杂多了。这是世界范围的大趋势,所以将民族学/人类学与社会学综合起来开展研究的民族社会学就顺应这个趋势产生了。这个学科利用过去研究现代的城镇社会发展出来的理论和定量的方法来研究过去传统上由民族学研究的边疆地区和少数民

---

① Maurice Freedman,"Sociology in China: A Brief Survey", *The China Quarterly* 10 (1962): 166 – 173.

② 费孝通:《江村经济》马氏序言,江苏人民出版社,1986,第 3 页。

族问题。这就把社会学研究的领域扩大了，而同时，民族学/人类学的研究领域也扩大到了城镇，并且出现了都市人类学/民族学这样的分支。可见，半个世纪以来，在全球范围，民族学/人类学与社会学的逐渐合流已是大势所趋。不顺应这个趋势，就很难做好研究。

为此费孝通先生说："在我身上人类学社会学一直分不清，而这种身份不明并没有影响我的工作，这点很重要，我并没有因为学科名称的改变而改变我研究的对象、方法和理论，就是说我作为一个人类学家，或者说我作为一个社会学家，或者说我作为一个民族学家，我用的理论和方法都是一套。"① 他说"学科名称是次要的，对一个人的学术成就的关键是在认清对象，改进方法，发展理论。别人称我作什么学家是没有多大关系的"。

实际上，中国学者在半个多世纪以前已经把民族学与社会学的理论和方法综合起来做中国社会的研究。学科互相交叉、互相借用已成为国际学界的大趋势，社会科学和自然科学都是如此。科学发展到今天，需要淡化学科界限，互相借鉴与合作。当我们把民族学、社会学、人类学放在同一个学院里，学生就方便多学一点其他相近学科的理论和方法，从而有更开阔的眼界；教师们就能够更方便地互相借鉴，多种方法互相合作来达成对一种社会问题的阐释和研究。这是学科顺应社会发展形势所应走的正路，是我们这几个学科不成为空洞的玄学，而能够解决实际的社会问题，为社会做一些实际贡献的必由之路。民族学不仅在应用研究中需要与其他学科合作，在理论创新中也是如此。回顾民族学、人类学学科理论的发展史，可以看到借鉴其他学科的知识之重要性。例如，民族学进化学派的创建最初是借自生物学的理论，民族学的结构主义学派则是借鉴了语言学的理论。

笔者在多年的民族学研究实践中，也深感借鉴其他学科理论方法的必要性。仅举一例，我们在开展边疆民族地区民族关系调查的时候，开始时主要使用民族学传统的方法访谈、观察和问卷调查。可是人的态度是分为外显和内隐两种的，比如谈话、各种表情和动作等这些外显的表现，我们都可以通过访谈、观察、问卷调查出来。这就是民族学、人类学的方法，

---

① 费孝通：《关于人类学在中国》，《社会学研究》1994 年第 2 期。

但仅依靠这些方法得到的结果往往有较大的误差。因为被调查对象那些内隐的、潜意识的、不愿公开讲的内心的想法，我们这个学科的方法是调查不出来的。对于人的内隐态度的调查，心理学有较成熟的方法和技术。于是我们与心理学的学者合作，把内隐的一面揭示出来，就弥补了民族学方法的不足，从而对民族关系的调查有了较可靠的结果。① 民族学角度对中国社会多年的调查与研究实践已经清楚地显示，我们现有的理论方法是不够用的，不足以把事实揭示清楚，也不足以把问题分析透彻，我们应该有意识地去借用其他学科的方法与理论才能在研究中有所创新和突破。

其实，吴文藻、费孝通等前辈学者在半个多世纪以前就有了这样的认识，并且一直在这样实践。吴文藻先生说，民族学、人类学与社会学之间的学科界线将逐渐淡化，并终将逐渐统一。又说，过去将民族学/人类学与社会学的研究领域划分开的说法"已渐被废弃，最近两种学术日益接近，不久定将混合为一。因为二者所研究的目的、题材、观点及方法越来越趋于一致，几乎无分彼此，所谓文化社会学与文化人类学不过是异名同义的词"。② 老一辈学者们通过一生的研究总结出来的道理就是只有多学科合作才能在中国社会的研究中有所建树，并进而发展中国的民族学与社会学。

二 民族学研究与社会实践

学科无论如何发展，其最终目标只有一个，就是帮助我们认识、解释和改造世界。因此，民族学的研究与社会实践密不可分。如何正确认识和处理好这两者之间的关系，对民族学的进步至关重要。

（一）理论导向还是问题导向

1. 两种导向的不同特点和目标

一般来说，我们的研究可分为两类：第一，以验证某一理论为目标的

---

① 卢焕华、刘嘉、杨圣敏等：《民族关系研究中的内隐偏见调查综述》，《西北民族研究》2011 年第 4 期。

② 吴文藻：《边政学发凡》，《边政公论》1942 年第 1 期。

"理论导向的研究";第二,以解决某一社会实际问题为目标的"问题导向的研究"。

以上两种目标或两种模式的实证研究是相辅相成的,对于学科的发展来说缺一不可。学者个人可自由地选择任一种模式去从事自己的研究,但依笔者之见,从整个民族学学科来说,对于这两种研究取向应该是有所偏重的。问题是创新的起点,问题导向更有利于理论创新。从社会实践上来说,我国当前快速转型和高速发展的社会对于问题导向的研究有更多需要。

民族学搜集研究资料的主要方法是实地调查(田野调查)。一般来说,理论导向的研究是将某一既有的社会理论作为工具,作为实证的假设,作为解释的意义框架,对调查的资料,即对某些社会现象或事务进行分析。在这个过程中,一方面希望对号入座,借助此理论给予调查对象规律性的解释,同时也希望通过这种分析来验证该理论的普适性。在整个研究过程中,它的核心目标就是围绕已有的理论进行证明或证伪。这样的研究是目前我国的民族学、人类学界调查和研究比较普遍采纳的模式。

问题导向的研究目标则有所不同,它希望找出解决该问题的路径,因此它的首要目标不是调查对象能否与既有的某些理论对号入座,它的主要目标是集中于对该社会现象或事物的真相的调查,通过由表及里的观察、分析而从表面的现象中剥离出事实的真相。通过了解清楚该现象或事物的来龙去脉,影响事物性质和结果的主要变量,分析该事物各变量之间的互动与因果关系,总结该事物的性质并进一步总结出该事物产生发展的过程和原因,做出了这样的总结之后,解决问题的路径其实也就比较清楚了。在此基础上就可以总结出同类问题的因果规律。同类问题的原因结果和规律总结积累得多了,就可以上升为理论的阐释。

与理论导向的研究不同,问题导向一般没有一个固有的理论去论证,它的目标是探讨事实的真相,并试图找出解决该问题的路径。这种取向的研究较少受到固有的思维定式的束缚,有更强的主动性、目的性、求异性和创新性的特点。

科学研究都是在前人已建立的研究基础之上继续的。如果没有前人奠定的这些基础和智慧，我们的研究和生活都将陷入盲目之中，所以理论导向可以帮助我们认识和解释世界。但仅依靠旧有的理论是不够的，我们不断面对新的世界、新的问题，问题导向的思考和研究帮助我们认识新的问题，推动我们创建改造世界的新理论。

2. 为什么强调问题导向

问题是人们探索科学的动力，任何学科都在回答着人们实践中的一个个问题，解决这些新问题才会有理论创新。

马克思说："哲学家们只是用不同的方式解释世界，而问题在于改变世界。"[①] 改变世界就是要解决现实世界的问题，特别是以解决重大问题为根本指向和着力点。

习近平同志在党的十八届三中全会上特别提出了问题导向的重要性。他说："要有强烈的问题意识，以重大问题为导向，抓住关键问题进一步研究思考，着力推动解决我国发展面临的一系列突出矛盾和问题。我们中国共产党人干革命、搞建设、抓改革，从来都是为了解决中国的现实问题。"[②]

3. 传统的理论工具不够

我们说，理论导向和问题导向的研究是相辅相成的，缺一不可。而对于当前民族学的研究来说，需要更多偏重问题导向的研究，也就是说更多地深入参与社会实践，以解决当前社会实践中的问题为目标去开展研究。但也有些学者轻视社会实践中那些具体的焦点、热点问题的调查与讨论，认为验证或讨论以理论为中心的研究才是做学问，是科学，而具体的社会问题的调查研究鸡零狗碎，太繁杂平常，不是做学问，不是科学研究。其中有些人甚至对中国社会中的热点问题不感兴趣，仅仅津津乐道于国际学界某些所谓"前沿"理论。他们也做实地调查，而他们调查的目标仅仅是热衷于用中国的案例来证明这些国外学者总结的理论，以为只有这样才是

---

① 马克思：《关于费尔巴哈的提纲》，《马克思恩格斯全集》第3卷，人民出版社，2002，第6页。
② 习近平：《关于〈中共中央关于全面深化改革若干重大问题的决定〉的说明》，《人民日报》2013年11月16日第1版。

国际水平的研究，才是民族学、人类学。笔者认为，这种思想是片面的，甚至是错误的。

对于理论导向的研究来说，我们要检验的是哪些理论呢？众所周知，我们这几个学科的理论和方法基本来自西方，西方来的理论和方法当然是有借鉴意义的，近一个世纪以来，国内学者用这些理论和方法对中国社会进行了很多有益的探讨。但仅靠或者主要依靠这些理论，并不能很好地指导我们的社会实践，特别是不能解释中国社会中当前的一些重大焦点问题。

例如，以民族关系问题的研究为例。美国建国以后，民族与种族冲突一直十分严重，一百多年来，美国学者们对此开展了大量研究，总结出了很多理论，并一直影响美国政府出台了相应的政策。例如历史上的熔炉理论和同化政策，20世纪60年代以后的多元文化主义和去政治化的政策，曾长期是美国民族关系理论的主要观点。而目前影响最大的是"文化冲突"理论以及相应的针对少数民族和非西方国家、民族的文化与民族政策。① 这些理论政策与我国解决民族问题的理论政策是不同的。西方学者在民族关系研究中的有些方法值得借鉴，如美国学者戈登（M. Gordon）提出的测量民族关系的七个变量（标准）②；美国学者利用脑电图的测试来调查民族关系中内隐的态度等方法。但他们的理论和政策并不能解决美国社会中的民族和种族冲突，更何谈拿来分析解决中国的问题呢？这是因为我国的民族关系现状与美国等西方国家的状况是不同的，中国的族群文化区隔与美国的族群差别很大，中国的一些特殊情况，比如中国的民族区域自治制度，中国多民族长期生活于一个统一国家之中的悠久历史都是与美国、欧洲完全不同的。所以，仅靠西方总结的理论、方法解决不了我们的问题。我国学者运用西方这些理论对国内民族问题进行分析时争论激烈，分歧很大，原因在哪里？就是脱离实际地用已有的理论进行逻辑推理的结果。解决中国民族问题应该用什么理论、怎么归纳这些理论？对此问题，

---

① 〔美〕塞缪尔·亨廷顿：《文明的冲突与世界秩序的重建》，周琪等译，新华出版社，1998。

② 马戎：《民族社会学导论》，北京大学出版社，2005，第200～217页。

目前学界实际上是处于一种混乱状态。

举一个简单的例子，在关于少数民族发展道路的问题上，少数民族应该怎么发展其社会、经济和文化？有的人主张用进化论去分析和解释，认为一些少数民族社会发展阶段和科学技术的落后，导致其各种社会观念和习惯都比较狭隘落后，所以在经济文化上不要强调自己有什么特殊性，要全面向先进的地区和民族学习，以加快发展的脚步。[1] 另一些持文化相对主义观点者认为，加快发展的少数民族是"被现代化的"，文化本没有先进落后之分，少数民族不一定必须去学习经济比较发达地区和民族的文化，不一定必须去追求文化和社会的现代化。[2]

其实少数民族的发展道路问题并不是这样的理论或者类似的一些理论能够简单化地解释和解决的。我们从西方已有的理论中找不出解决我们的现实问题的办法，也就是说在学科已有的理论库中是没有答案的。所以要解决我们现实中的民族和社会问题，除了借鉴西方的理论之外，更多地还要靠我们自己到实际中去总结，到现实的边疆民族地区去调查和总结。

4. 脱离社会的旧文人传统与自信的丢失

我国民族学、人类学界在民族问题的研究中长期未能总结出系统的、能有效解释中国民族问题的针对性理论，这与学界相当一部分人的理论研究长期缺乏与实际相联系的传统有关。中国几千年的封建社会中，知识界曾长期是一个以读书人清高自居的士人阶层，其学术研究也往往超脱于大众和社会实际。这些旧思想传统在当今的知识界还是有影响的。在历史上，中国文人关于学术研究的目的曾被分为两种，一种叫经世致用，比如"齐家治国平天下""格物致知"，也就是追求实践出真知；另一种是修身养性，学术界称为"心学派"，这些人把读书做学问看作是超脱于普通民众的事，他们持一种读书人应超脱于社会政治的思想，这种思想和风气在

---

① 刘宜君、林岩青：《论少数民族思维方式的现代转型与民族地区现代化》，《和田师范专科学校学报》2006 年第 3 期；葛红兵：《走出民族主义与文化相对主义》，《社会科学论坛》2002 年第 2 期。

② 肖璐娜：《文化没有上下和优劣之分：文化相对论》，《湖北函授大学学报》2015 年第 7 期。

一部分人中是根深蒂固的，至今仍难以根除。

20 世纪 30 年代，在中国民族学和社会学界曾有一场争论，即这两个学科在中国初步建立起来以后，如何在社会中定位。也就是说，这两个学科从事研究的目的到底是什么？有两位著名的学者，一位说是"为了研究而研究"，另一位说是"为兴趣所驱去研究"。费孝通先生则持不同的看法，他说，你们觉得自己很超然，你们不要忘了，做学术研究也是有社会责任的，我们的责任就像农民种地，就像士兵打仗的责任一样，关乎社会的进步与生存。他认为社会科学研究的目标就是控制社会变迁的方向。他说，我们无法阻挡社会发展的脚步，可是我们可以想办法控制它走的方向，让它朝好的方向去走。所以我们的这个学术研究是为社会服务的，是一种工具，我们的理论也是工具，其目标是解决社会问题。① 至今，那种对学术研究抱着超然态度、长期脱离社会实践的旧文人风气在我们民族学界一些人中仍有市场。

当民族学界在开展中国社会的研究时，面临的一个严重问题是分析边疆民族地区问题的理论工具不够。我们的边疆民族问题比较复杂，特别是新时期以来，像新疆、西藏这些地区问题比较严重，学者们为此做了大量的研究，至今却少有能够把问题剖析清楚的成果，特别缺乏有足够解释力的理论总结和提升。参与研究和解决这些问题，特别是从理论上提出解释和解决之道，是中国民族学界义不容辞的责任。学界有对政府工作提出批评和建议的义务，但有些学者仅仅热衷于批评地方政府的一些政策，仅仅热衷于批评政府官员，称他们没有尽到责任。他们似乎很超脱，却忘记了自己的责任，忘记了解决这些社会的、民族的问题不仅是政府的、官员的责任，也是我们民族学、人类学界的责任。新时期以来，中国民族学、人类学界在这方面的研究进展较慢，特别是在一些事关大局的基本理论问题上，我们至今没有梳理清楚。如，民族的本质是什么？它发展演变的轨迹如何？在社会主义时期，宗教的社会功能是什么？如何给其定位？等等。

① 费孝通：《1937 年"再论社会变迁"》，《费孝通文集》第 1 卷，群言出版社，1999，第 507～508 页。

中国学界在理论上缺乏深入的研究和清楚的梳理，除了那些西方的理论之外，拿不出能解释中国问题的系统理论工具。我们没做好自己分内的研究，又如何引导社会去正确认识，如何为政府制定合适的政策提供理论基础？所以说，我们需要下更多的功夫去研究具体的社会问题，从中总结出更多的理论工具而不是一味用已有的西方理论去生搬硬套、生硬地解释，生硬地、纸上谈兵地去做理论导向的研究。

为什么过去国内学术界问题导向的研究不够，理论总结少？民族学、社会学这几个学科，从西方传入中国已经 100 年了，到现在为止，我们大学的民族学、人类学课堂上所学习的理论方法 95% 以上都是来自西方。为什么我们自己在学科的理论方法上一直依赖西方不能自立？我们在中国做了大量本土的研究，已经 100 年了，可是我们发展不出自己系统的理论，这是为什么？除了一些人脱离实际以外，还有一个历史原因，就是鸦片战争以后，中国学界失去了自信，被西方人打怕了，觉得自己什么都不行，只迷信西方的理论。当 19 世纪刚刚面对西方列强时，还是想"中学为体，西学为用"，只学西方的技术、自然科学，但这样还是失败，于是把自己的传统文化一概都否定掉，连自信一起丢掉了。于是，不仅自然科学学西方，社会科学、社会制度和观念都全盘照搬西方。鸦片战争以后，中国学界就失去了自信，不仅老几代人不自信，年轻人也缺乏自信，不信自己也能创建理论，不相信在中国也能产生出能够与西方对话的社会问题理论。在具体的学术研究中就以一种仰视的心态看待西方的理论，将其都视为经典、视为真理，完全用这套理论去阐释我们的社会问题、社会现象。对于学科的建设与发展，也是一切都向西方的大学看齐，用他们的语言和评价标准来规范自家行为，以至于委曲求全到丢掉自己的立场与根基。

早在 20 世纪 30 年代，学界就曾讨论中国知识界缺乏自信的问题。①当年的北京大学校长胡适认为，作为校长最重要的任务就是中国的大学要在十年之内不再事事依赖国外，"争取学术独立"，对于现代世界的学术要有独立的贡献。至今这个问题没有解决。北京大学著名文化学者陈平原教

---

① 鲁迅：《中国人失掉自信力了吗》，《鲁迅全集》第 6 卷，人民出版社，1981。

授说："改革开放 30 多年，若讲独立性与自信心，中国学界不但没有进步，还在倒退。"他还说："在我看来，胡适的十年计划依旧有魅力。当下中国大学……唯哈佛耶鲁、牛津剑桥马首是瞻，所谓学术独立，还有很漫长的路要走。"①

依笔者之见，从民族学社会学角度来看，100 多年来，西方理论在微观和中观角度对我们分析中国社会有较多启发和教益，但在宏观层面却存在太多明显的误导。

我们不能很自信地从中国实际出发去独立地判断和总结理论，缺乏这种独立的问题导向的研究，我们就很难有理论上的创新，建设适合中国社会的学科理论和方法，也难以对现实的社会问题进行深入的研究与总结。

5. 应用性没有发挥出来的历史教训

民族学、人类学和社会学都是应用性很强的学科，应用性是这个学科的一个优势，也是学科的社会责任。这个优势发挥出来了，学科发展就快、社会认可度就高，否则就会被社会所忽视。不仅中国民族学的学科史是这样，国际民族学界的发展史也是如此。我们在总结中国的民族学 100 年发展道路的时候，一些学者在各种学科史的回顾中，发泄了很多哀怨之气：怨社会对我们不理解，怨政府在五六十年代时曾把社会学、人类学定性为资产阶级学科而撤销。当时因为社会主义的苏联有民族学，所以中国的民族学得以保留下来。但到了 1957 年，中苏两党开始出现意识形态领域的分歧，中国的民族学学科也被作为修正主义学科而撤销。现在反思这段历史，分析这几个学科被撤销的原因，除了当时的政府和社会对学科不了解而导致错误的决定之外，学者们自己是否完全没有责任？

笔者认为，20 世纪 50 年代这几个学科遭到撤销还有另外一个方面的原因。

在民国之初至 20 世纪 30 年代，外有帝国主义势力的野蛮入侵，内有各地军阀的兵连祸结，致使民不聊生、国家分裂。面对日益激化的国内外矛盾和混乱的社会局势，民族学、社会学研究却少有直接针对时弊和统治

---

① 陈平原：《建立中国大学的独立与自信》，《商周刊》2012 年 5 月 28 日。

者的分析与批判。特别是 1921 年中国共产党成立以后，国共之间的斗争逐渐成为当时中国各种社会矛盾的焦点，是中国向何处去的核心问题。但作为以研究社会和文化为己任的民族学和社会学界，此时却几乎全体回避这个现实，避重就轻，完全避免对这些问题的介入，几乎见不到有关的研究成果发表。特别是在解放战争时期，当国共两党为中国向何处去而激烈厮杀、每天都有成千上万人为此而失去生命的时候，我们这几个学科的学者们集体性地对这场战争保持了沉默。

从更长的时段上来说，这个学科对中国社会的贡献很小，始终没有拿出能够有效推动中国社会进步的理论和研究成果，没有拿出有效的解决问题的工具，即学科中国化的理论。

1949 年 6 月，北平刚刚解放，当时在燕京大学民族学系主任林耀华教授家里，开了一个座谈会，费孝通、吴泽霖、雷洁琼等很多著名的社会学家、民族学家都参加了座谈。目的是总结学科以往的经验教训，探讨今后的发展道路。为此他们回顾了解放前半个多世纪社会学、人类学在中国的发展，他们总结说，"以前的研究是不为大众服务的，也不为统治者所重视，也有求客观之名，但更多是逃避客观之实"。解放前的社会学、人类学、民族学根本不研究社会焦点、重点问题，他们都是研究边边角角的问题。当时社会焦点的问题是国共的战争，他们全部回避。回避了社会焦点，只对中国社会边边角角的问题做一些研究，于是这个学科对社会的影响很小。所以解放以后这个学科被社会上很多人和政府认为距离社会实践很远，再加上所讲的内容都是美、英等西方国家的理论，就被扣上了资产阶级学科的帽子，政府遂将其撤销了。现在回想起来，学者们对于这个被撤销的结果也是有责任的，因为研究了几十年，只是研究些边边角角的小问题，或是空谈西方的理论，不研究中国社会中最迫切需要解决的焦点问题，研究了几十年也没有发展出解决中国社会问题的方案和理论。到了解放以后，学科应该怎么样发展？在 1949 年 6 月的那次座谈会上大家总结说："要问题导向培养学生，问题导向发展学科，针对中国实际问题之解决，谋求学科之发展。培养既有解决中国实际问题能力的学生，又要培养学生能担当实际问题解决的责任和能力。"归纳起来就是，淡化学科界线，重点解决实际的社会问题。学科理论和方法应该在解决实际的问题中得到总结和发展，学校的教学也要在这种实际问题的调查研究中培养学生的社会责任感和解决实际问题的能力。一句话，就是问题导向，才能发展学科。[①]

解放以后，虽然社会学、人类学两个学科被撤销了，但是这些领域的学者还在，并且多数人都参加了全国范围的民族大调查，这是民族学界很辉煌的一段历史，现在的学科史不断地强调这段历史对国家和学科的贡献。但是，我们也需要总结一下那段历史中民族学者们普遍存在的不足之处，即缺乏对当时的边疆民族社会问题的深入探讨和新的理论总结。民族大调查，现在分析起来，其实是一个理论导向的调查。因为这个大调查的理论是马克思主义的阶级斗争理论、社会进化理论，用社会进化论去分析少数民族社会，用少数民族社会的发展历史和案例来证明马克思主义将人类社会划分为不同阶段和阶级斗争理论的正确性。从理论上说，研究的目标仅此而已。所以对55个少数民族的调查，有将近1亿字的材料，出版了180多本社会历史调查书籍，都是用这个理论，这是理论导向的调查。这种理论导向的调查并没有很好地探讨当时边疆少数民族社会中的一些具体问题，自然也没有提出解决的办法和总结出新的理论。所以到了1957年中苏关系开始恶化以后，政府认为这个学科也没什么用，在理论上没有拿出新的工具，没有发挥学科的特点，可有可无，就将这个学科也撤销掉了，改为"民族问题研究"。

不仅中国的民族学、人类学存在这样的缺陷，当时苏联的苏维埃民族学也是类似的一种情况。苏维埃民族学的特点是重视历史的角度，重视宏观角度的分析，以民族为研究对象，以政府的民族问题理论为指导。这个学科的学者们在边疆地区做了大量的调查，出版了大量的著作，但这些著作也是理论导向，其主要目标并不是通过调查研究解决边疆地区的社会和发展问题，而是用对边疆地区少数民族发展的调查报告证明马克思主义是正确的，证明社会发展阶段论是正确的，证明阶级斗争的理论是正确的。

---

① 杨圣敏、胡鸿保主编《中国民族学六十年》，中央民族大学出版社，2013，第25～27页。

当然，那个时候有其特殊的社会背景，苏联与西方的斗争很激烈，学者要配合政府，配合这些政治斗争。可是它没有问题导向的研究和总结，单纯为了证明马克思主义的理论，用大量的案例来证明马克思主义的宏观理论。因此苏维埃的民族学和人类学，针对当时苏联社会主义社会中各种具体和现实问题的研究和理论总结很少，发展很慢，苏联一解体，民族学受到了很大的冲击。现在俄罗斯的民族学、人类学转而学习西方，引进西方的那些理论，苏维埃学派留下的理论遗产并不多。这是一件很可惜的事情，因为民族学、社会学在国际上分为两大体系，一个体系是西方传统的体系，在西方占主流地位，另一个体系就是马克思主义的民族学、社会学。在苏联，苏维埃民族学是马克思主义民族学的一个代表，但它仅停留于用民族学研究来验证马克思主义，而不去研究解决社会主义时期的实际问题，只是用历史和现实来证明马克思主义已有的社会发展阶段论和阶级斗争理论，完全是一种理论导向的研究，并不想在理论方法上有所创新，所以才会出现这样的一个结果。现在，俄罗斯的社会学、民族学界全盘接受西方主流的人类学、民族学理论，基本上是跟着西方走。前车之覆，后车之鉴。苏联学界的经验，不重视问题导向研究的教训，值得中国民族学界思考和汲取。

（二）如何产出更有深度的成果：长期集中于一点的研究

如何产出更有深度的成果，在理论上有所创新呢？我认为有两点是我们要做到的：第一是前文所讲的学科更加开放；第二是本节要讲的内容，每个人的研究更加专门和集中。

不同的学科就是不同的工具。前文讲学科要开放，也就是说民族学在开展研究时，多借用几种工具来解决我们研究的问题。在学科开放，也就是多借鉴其他学科的理论方法的同时，我们每个人在做研究时还要讲究"集中"。笔者从事民族学研究30年，有一个重要体会，就是说，作为个人来说，应该做长期集中于一点的研究。

我们经常讲民族学、人类学、社会学应该从各个方面全面了解社会，多角度了解各方面的问题，而作为个人你怎么去全面了解它？你是不是说这个月我研究蒙古族，下个月我研究藏族，不久我又去研究维吾尔族；我到处去跑，今天我在新疆，明天我在云南，后天我又去哪儿，各个方面我都要去做研究，作为个人是不是这样做研究？我觉得这样做研究未必能做好，我自己的经验就是长期集中于一点的研究方法，才可能做出有深度的成果。要长期集中于一点，如何集中呢？第一，集中于一个社区、一个民族、一个区域或一个人群，这样的一种研究。第二，集中于一个角度的研究，如集中于经济角度的经济人类学、环境角度的生态人类学、历史角度的历史人类学或流动人口研究、妇女人类学的研究等。

也许有人会说，你讲的长期集中于一点的研究，不就是费孝通先生的"微型社会"研究法吗？我想，此处强调的"长期集中于一点"与费孝通先生的"微型社会"研究法有相同之处，但又不完全相同。对于"微型社会"研究法，费孝通先生多有论述。他说："微型社会学是以一个人数较少的社区或一个较大的社区的一部分为研究对象，研究者亲自参与当地的社会活动，进行亲密的观察。"[①] 他还说："微型研究就是在一定的地方，在少数人可以直接观察的范围内，同当地人民结合起来，对这地方居民的社会生活进行全面的研究。这种微型研究是过去社会人类学常用的方法。我们也做过这种研究，比如我的《江村经济》、《禄村农田》等都是例子。……微是指深入到生活的实际，而不是泛泛地一般化的叙述，要做到有地点、有时间、有人、有行为，这样才能是直接的观察。型是指把一个麻雀作为一个类型的代表，解剖得清清楚楚，五脏六腑，如何搭配，如何活动，全面说明；而且要把这个麻雀的特点讲出来，它和别的麻雀有何不同，为何不同等等。这样的微型研究是民族研究的基础，通过比较不同的型，就能逐步形成全面的宏观的认识。"[②]

可见，费先生所讲的微型，主要是指一个"微""小"的社区。这样的研究法并非费先生一人所主张，也不是他最早提出。费孝通先生留学时的英国导师，号称"英国人类学之父"的弗思（Raymond Firth）教授早在

---

① 朱晶进：《读费孝通先生微型社会学理论》，《成都大学学报》2008 年第 1 期。

② 费孝通：《民族社会学调查的尝试》，《费孝通文集》第 8 卷，群言出版社，1999。

他之前多年就系统地提出了这种研究法，并被命名为"微型社会学"。费先生出国留学前在燕京大学社会学系时的老师吴文藻先生早在20世纪30年代提出的"社区研究"法，其实也是微型社会研究法。吴文藻的"社区研究"还曾被西方部分学者认为是中国人类学的一大特点和对国际人类学的贡献。总之，在一个较小的社区开展深入细致的研究，是他们共同的主张，也是与本文强调的"长期集中于一点"的相同之处。同时，与微型法不同之处在于，"长期集中于一点"除了空间、地域的微小之外，还有另外一个向度，即研究问题角度的集中。也就是我们主要从单一角度或问题（如经济、环境、流动人口、妇女问题等）去开展研究。当角度单一时，我们就不局限于一个狭小的地域或社区，而是从较为广大的范围去开展这个角度的研究，这是另一种集中。笔者讲的"集中"就是地域空间或问题角度这两种集中。

为什么要长期集中于一点开展研究呢？有人说你老是在一个地方做研究，你的思路就很窄，我不反对这种观点，因为人类学、社会学、民俗学的研究都有一个重要的方法就是要比较，主张集中并不是不比较，一定要比较，你要到其他地方去、其他的问题也要研究，也要了解其他人的成果。可是我们看其他的研究不是为了分散，而是为了跟我自己集中研究的那一点、那群人、那个问题进行比较，以便更深入全面地分析我自己要研究的问题。为什么要集中？有两个理由。第一，只有集中才可能细致深入。第二，深入和细致才可能探讨人性。

关于这第二点，是我们民族学人类学以往的研究中比较薄弱，而实际上又非常重要的一个方面。因为我们人类学、社会学研究的最高目标之一就是研究人性，就是了解人到底是什么，你了解了人的本性，才能明白不同社会的人为什么要那么做。因为不管是中国人还是美国人，男人还是女人，维吾尔族人还是蒙古族人，古代人还是现代人，2000年以前的人和现在的人，他们的本性都一样，都没有变，生下来的本性是一样的。儒家说"人之初，性本善"，法家说"人之初，性本恶"。不管怎么说，人之初都是一样的。如果本性不一样，我们就没有人类学，就没有社会学，我们就没有国际上大家通用的一些人类学理论。但人为什么又有不同的表现？因为他们所处的环境不一样。

传统上，当我们针对某一社区、某一人群、某一社会现象或社会问题开展研究时，通常会从如下几个角度去调查和分析，如政治（社会组织、制度等）角度、经济（生产、收入、环境等）角度和文化（风俗习惯、思想观念、宗教等）角度，而较少有学者从"人性"（人的本质、人的特点）这个角度开展实地调查和分析。而这个角度的研究实际上与前几个角度同样重要。

自从人类意识到自己与其他动物有所区别，就开始了对人类本性的探讨。但过去这种探讨长期局限于哲学角度，结果是对人类本性始终停留于一些抽象的概念的争论而不得要领。马克思开始从物质的角度、经济的角度，从资本入手开始分析人性的特点、人性的本质，这项研究才有了明显的进展。从这个角度入手，马克思指出了资本主义生产关系的反人类性质。马克思虽然并没有完成他对人性的研究，但他给我们指出了研究人性的方法和角度，即人性不是抽象的，人性是具体的，是物质的。我们必须到现实的社会生活中去开展调查和分析，才可能揭示人性的本质。因此，民族学、人类学从自己的实证研究中探讨人性，也应该是十分重要的一项工作。以往已有少数学者在这方面做出了令国际学界瞩目的研究，如美国斯坦福大学的武雅士（Arthur P. Wolf）教授对"小婚"的研究。①

我赞成这样的观点："丢掉了人性分析，对人文现象而言就等于失去了本根。因为人的一切活动，人类社会和人类历史的一切现象都基于人性、表现着人的本性。"②

我们所讲的集中，在一个点上或一个角度上作深入的研究，不仅仅是两个月、三个月在一个点或一个角度上，而是 5 年、10 年甚至 20 年的长期坚持，重点地集中做研究，你才能深入地了解人性、人之间的关系。了解了人性、人的本质、人在各种环境、各种矛盾冲突中的行为规律，你才能理解为什么人要抱一个"团儿"结成民族？人为什么要信仰宗教？也才

① Arthur Wolf, *Marriage and Adoption in Chinese Farm Family*, New Jersey: Prentice Hall, Inc., 1980. 1995 年，笔者曾短期参与该项研究。

② 高清海：《论人的本性》，《社会科学战线》2002 年第 5 期。

能帮助你解决、剖析、理解那些大的社会问题和现象。所以说虽然是很窄的一个点，在这个点上长期深入的研究，最后帮你理解的是人类大的问题。在这个点上你深入了解了人性、人的行为规律，你才能更深入地理解学者们总结的各种理论，因为那些理论都不是超人的，都是对人性在各种关系、事情、场景和环境中的总结。

后现代论者像格尔兹这样的一些人，他们总结学界过去研究中的一些缺陷、一些经验，他认为过去的研究比较肤浅，不太可信。那么，今后我们的研究应该怎么做？他认为应该更深入地去观察和厚重地描述，把这种方法称为"深描"。怎么样深描呢？我想不仅仅要深描一个社区、一个小社会，其实最重要的深描是什么呢？最重要的是深描人的本性，通过你研究的那个点、那个人群，长期地、深入地去了解他们，深描人的本性，通过对人的本性和行为规律的了解，去理解和检验那些理论，看哪些理论是符合人性规律的，哪些理论我们认为不太合适，需要修正或推倒重来。这样我们的研究才可能深入，你才可能对社会中一些大的问题有准确一些的解释。

三　本土化与国际化

（一）　国际民族学社会学界分为两大体系

从世界观、阶级立场和方法论的角度来看，国际民族学社会学界历来划分为马克思主义民族学、社会学和西方传统民族学、社会学两大体系。自民族学产生的一个半世纪以来，西方传统的体系一直在国际上占据主流的地位。

马克思主义与现代意义的民族学、社会学都是 19 世纪中叶，在同一个时代产生的。马克思和恩格斯在创建马克思主义的过程中曾大量引用当时民族学、社会学的研究成果来支撑他们的理论。[①] 同时，他们也发表了多

---

① 如摩尔根的《古代社会》，亨利·萨姆纳·梅恩的《古代法制史讲演录》，约·拉伯克的《文明的起源和人的原始状态》等。

部民族学、社会学著作，对人类社会和历史发展规律有完全不同于以往的阐释，从而开创了一个有别于西方传统的马克思主义民族学、社会学。①

马克思主义诞生的一个半世纪以来，多数西方国家的政府对其持敌对态度，马克思主义民族学也一直受到西方主流民族学界或明或暗的排斥，并没有得到系统的发展，至今在理论体系的建设和研究成果上仍然是比较薄弱的。

二战以前，苏联学界将俄罗斯传统民族学和马克思主义民族学相结合，形成了民族学的苏维埃学派，直至苏联解体之前，苏维埃学派曾长期是马克思主义民族学的主流学派。二战以后，国际局势的变化使马克思主义越来越深入人心。西方民族学界一些进步学者开始应用马克思主义观点来论述民族学问题，从而产生了多种新的马克思主义民族学思潮，但其在国际民族学界仍处于边缘的位置，至今如此。

一个半世纪以来，马克思主义民族学与西方主流的民族学之间既有紧密联系，又有尖锐的冲突。在对人类社会中观和微观层面上的观察和研究的方法、资料的利用等方面有较多的互相借鉴与重合，也可以说，这方面的研究成果是共享的。但由于在政治立场、世界观等方面的截然不同，在对人类社会发展规律的宏观解释上，双方一直有鲜明的对立和斗争。马克思主义民族学另一个鲜明的特点是阶级分析方法。

（二）1949 年以前，中国主流的民族学、社会学界属于西方体系

从 19 世纪末至 1920 年前后，是民族学被初步介绍移植到中国的时期。这个时期，从西方传来了两种不同的思想体系，一种是马克思主义的，另一种是非马克思主义的。

当时，在中国的高等院校和研究机构中，是全盘照搬了西方传统的民族学、人类学的学科体系和理论，也即非马克思主义的学科体系。

到了 20 世纪 30 年代，抗日战争爆发后，严重的民族和边疆危机，促

---

① 如《德意志意识形态》《摩尔根〈古代社会〉一书摘要》《卡尔·马克思的民族学笔记》《家庭、私有制和国家的起源》《劳动在从猿到人的转变中的作用》《英国工人阶级的状况》等著作。

成中国民族学界将学自西方的学科理论与方法更紧密深入地应用于中国社会的调查与研究，经过多年本土化的实践，到了20世纪40年代，中国民族学界初步形成了重视应用、重视历史文献、重视边疆和少数民族研究的特点，特别突出的是重视应用研究，即问题导向的研究，而且在这种研究中民族学与社会学不分家。这些特点在中国民族学界传承至今，特别是在教学与研究中，将民族学与社会学的理论方法相结合，提倡实证性的社区研究是中国学界一个突出的传统。尽管形成了自己的一些特点，但从世界观上看，民族学界多数学者未接受历史唯物主义；从立场上看，多数学者在研究中持小资产阶级自由主义立场，对社会研究的态度是避重就轻，主张改良而非革命。① 因此，这些研究仍基本属于西方传统的民族学体系。

（三）为什么要创建中国学派

民族学传进中国以后的近百年来，西方学界仍在不断发展，而我们却一直亦步亦趋地跟在他们后边。在我们的课堂上，在我们的教科书中所讲的理论和方法仍是几乎全盘来自西方。

我们感谢一百多年来西方学界给予我们的启发，我们今后还会不断借鉴学习国外学界的研究成果，但我们不能永远鹦鹉学舌，永远只做学生。

我们为什么要创建中国学派呢？仅仅是想标新立异吗？主要是为了争口气吗？是不是虚荣心和民族主义作祟？如果都不是，那么我们为什么不能总是跟在西方学界之后呢？我们该如何看待和评价西方的民族学/人类学呢？

民族学、人类学创建一个半世纪以来，其研究成果使我们大大加深了对人类自身的认识，帮助我们能够比较科学理智地看待和解释各种人类社会和形形色色的文化现象，使得不同文化和社会的人能够互相宽容和理解。创建自西方的民族学、人类学对人类是有贡献的，但这仅是事情的一个方面。另一方面，西方主流的民族学也有其局限甚至负性的一面。

其一，西方民族学起源于殖民扩张，本是殖民主义的工具，至今部分

---

① 参见1949年6月16日在燕京大学燕南园有费孝通、林耀华、雷洁琼、李有义、吴景超等人参加的座谈会纪要。纪要原件手稿藏于中央民族大学闻宥先生家中。

西方学者在研究目的、理论和方法方面仍有殖民主义思想的残余；其二，西方民族学的理论范式并不是普世的真理，未必能够准确地解释东方的和中国的社会；其三，二战以后，原来为殖民主义服务的西方民族学、人类学已经大大改变（例如研究现代社会和本土人类学思潮兴起），但总体上看，它从整体上肯定西方现有的社会制度和观念，仅主张改良，不主张革命。因此它的研究所产生的理论和观念仍然是西方价值理念的基础之一，是西方在全世界的文化强势地位的基础之一。

社会科学任何学科的思潮、理论都有其产生的社会背景。二战结束后，西方民族学的研究逐渐转向现代社会和本土，但这些研究仍是为西方的国际战略和国家利益服务的，在西方相对于广大东方和第三世界的世界性文化优势中扮演了重要角色。也可以说，这个学科也是西方的世界性文化霸权的学科基础之一。

在国际社会，西方在舆论、文化、价值观念、行为规范等观念范畴的强势地位一直得以维持。这种强势地位是由西方的哲学支持的。民族学在西方主流价值体系之内，从来不是一个超脱客观、中性的学科。在这种情况下，我们是否还有必要与西方学界一个口径，一起起舞，全盘照搬西方的学科理论呢？

什么时候中国学界能通过自己深厚的理论研究，梳理和提炼出我们的价值理念、我们对世界的认识、我们的思维方式和我们的研究方法，并以中国学派的名义在国际学界竖起自己的旗帜？这不是简单的虚荣心和民族主义作祟，而是中国社会发展的需要，是提高中国理念的国际话语权的需要，是我们的责任。

新中国建立以后，中国学界一直提倡在马克思主义基础上，特别是在世界观和方法论上，以历史唯物主义、辩证唯物主义为指导，结合中国本土特色，建设社会科学的各学科，尽管我们已经形成了自己的一些特点，但是，一个马克思主义的有中国特色的民族学、人类学学派尚未形成。中国的人类学、民族学仍然是以西方学界的理论方法为主要依托的学科。因而，中国学派的建立任重道远，是我们的历史使命，也是我们的机会和光荣。

（四）创建中国学派的时机

自马林诺夫斯基以后，我们在多数的学科史中都将人类学、民族学称为一种现代的社会科学，我们认为这个学科的研究方法（主要是实地调查的方法）以及一个半世纪以来学者们归纳出的各种理论已经建立起了一门科学，它可以描述出各种不同人群的社会、文化的真实特点，并且能够利用自己的理论对这些特点产生的原因进行分析和给予解释。我们踌躇满志地认为自己的研究能够为人们带来一种理性的、客观的、科学的认识。可是，后现代思潮的出现，特别是后现代民族学、反思民族学对民族学传统理论和方法的批判，已经逐渐打破了传统民族学研究方法的光环，让我们看到了它的局限性和明显的缺陷：民族学传统研究方法可信吗？它真的能够还原并揭露事实的真相吗？

20世纪60～80年代，后现代思潮曾被认为是一种离经叛道的思想，但现在它已经成了全球的一种流行思潮。为什么呢？因为它对现代社会科学的很多批判确实是击中了要害。他们举出大量事实，对民族学家所撰写的民族志的真实性和客观性提出质疑。例如：有些民族学家的政治的或其他角度的观点对其民族志的真实性、客观性的妨碍；民族志中过多的修辞破坏了真实性；民族志往往是学者的一言堂；对异民族语言的理解不充分，限制了民族志的可靠性；对事件背景难以充分了解导致对人物和社会事实的曲解等。因此，传统的民族志调查和研究存在着很多非科学性因素，在很大程度上并不是被调查者的真实情况，而是民族学家的主观臆断、主观创造。过去学者们通过实地调查的实例，论证成功的很多理论，被证明是过度解释，是"削足适履"的结果。

后现代主义民族学的思想是在90年代以后才对中国民族学界产生实质的影响。当时正是这一思潮在西方得到急剧传播扩散的时期，并曾一度造成民族学认识论虚无主义的流行，嘲讽实地调查，使一部分学者堕入空谈。所以，当时我国少数学者由于未能全面理解反思民族学、后现代民族学的本意，未能接受其积极的一面，仅接受了其负面的、消极一面的影响，轻易地放弃了实地调查的实践和认识论，也堕入从理论到理论的研究。从事这样的研究或许可以成为一个好的教书匠，在课堂上介绍西方的学科理论，却脱离实际和社会，就像仅在书本上推导而脱离实验的物理学、化学研究一样，永远也不可能成为有创见的学者。这个道理是显而易见的。这样的人现在多已年近花甲，近年来虽然已经醒悟，但再改弦更张去做实地调查已经有点力不从心了。他们的教训是年轻学人的前车之鉴。

面对后现代的批判，民族学界应该如何去改进我们的研究方法呢？很多学者对此进行了积极的探索。其中，最著名者，也是最有成就者当属格尔茨。[①] 他再次为过去很多学者曾反复强调的"深描"定义，认为过去所谓"深描"其实都还是"浅描"。如何深描呢？虽然他提出了一些办法，也做了一些探索和示范，但实际上并没有给出一个真正可行的办法，于是有人批评他的示范也是在"过度诠释"。[②]

民族学研究方法的出路在哪里呢？这是国际民族学界都在思考探索的问题。后现代思潮对传统人类学、民族学研究的有力批判，可以帮助我们进一步认清西方传统的民族学理论方法之局限，继续步西方后尘的道路已经走不通了。在国际民族学界普遍开展的反思中，对我们来说这显然是一个时机，以马克思主义理论为指导，结合中国实际，探讨中国经验，总结中国学界的研究，创建中国人类学、民族学学派的时机和时代已经到了。

---

①　石奕龙：《克利福德·格尔茨和他的解释人类学》，《世界民族》1996 年第 3 期；王铭铭：《格尔茨的解释人类学》，《教学与研究》1999 年第 4 期。

②　裴玉成：《解释的可能：读格尔兹的深描观点》，《西北民族研究》2007 年第 1 期；徐榕：《解释人类学述评》，《百色学院学报》2007 年第 4 期。

民族学百年回顾与新时期的总结

杨圣敏

　　1978 年十一届三中全会的召开，标志着中国的历史进入了改革开放的新时代。与之同步，中国的民族学也迎来了学科的新生与春天。

　　在此以前，部分学者的民族学研究尽管还在"少数民族问题研究"的名义下继续，但实际上，作为一个学科，民族学在中国大陆已经被撤销了多年。中国大陆已经没有以民族学命名的教学和研究机构，学校没有民族学专业，也没有任何民族学专业的刊物甚至专栏。所以，与历史、哲学、文学等传统学科不同的是，对于民族学来说，中国新时代的开始不仅意味着春天的来临，还意味着一个消失的学科获得了再生。

　　民族学（Ethnology）又称为"文化人类学"（Cultural Anthropology），作为一门独立的学科，于 19 世纪中叶产生于西方。如果从 1895 年汉译本《天演论》（严复译）在中国问世之日算起，或从 1903 年汉译本《民种学》① 出版之日算起，民族学传入中国已有一百年的历史了。如果以它在中国高等教育中被列为正式课程算起，② 在中国也有一百年的发展历程了。

　　回顾中国民族学一百年来的发展道路，我们可以将其大略划分为旧中

---

① 林纾、魏易译，原英译本为 Ethnology，由英国学者鲁威（J. H. Loewe）译自哈勃兰（Michael Haberland）的德文著作 Völkerkunde，即德文"民族学"。

② 1903 年清朝学部颁布的《奏定大学堂章程》中第一次将"人种学"，即今天我们所说的"民族学"列为大学的课程。

国、新中国前期和新时代（1978 年以来）共三个阶段，每个阶段又有不同的分期。

一 旧中国时代的民族学

（一）传播与萌芽时期

1. 引进西学改造旧中国

民族学、人类学在西方国家产生半个多世纪以后，于 19 世纪末或 20 世纪初才逐渐传入中国。从 19 世纪末自西方传入之日起至 1920 年前后，是民族学、人类学被初步介绍到中国的时期，或可称之为该学科在中国的"萌芽时期"。

民族学、人类学是与社会学一起传入中国的。而且在相当长的时间里，中国学界并不对这两个学科划分界限。它们于这个时期传入中国，与当时中国的政治形势直接相关。近代以来，在与西方文明的遭遇中，清帝国屡遭重创，特别是 1840 年鸦片战争以后，亡国灭种的危机使中国人痛感闭关锁国的危害和向西方学习的必要。从最初仅仅学习西方制造"坚船利炮"的技术，到学习西方的典章制度和社会科学，当时的有识之士为救亡图存，纷纷向西方国家寻求改造旧中国、建设新社会之道理。洋务派领袖张之洞主张"中学治身心，西学应世事"①，维新派领袖康有为则进一步主张"鉴万国强盛弱亡之故，以求中国自强之学"，并倡导大量翻译西方书籍，提出"欲令天下士人皆通西学，莫若译成中文之书，俾中国百万学人人人能解，成才自众，然后可以给国家之用"②。他还亲自在广州开学堂讲授西方的"群学"（社会学）。

辛亥革命推翻封建的清王朝之后，中华民国民主共和制度的建立，既是中国人民救亡图存的选择，也是中国的资产阶级在政治上学习西方的结

---

① 张之洞：《会通第十三》，《劝学篇》，两湖书院印，光绪二十四年（1898）。
② 康有为：《答朱蓉先生书》，《康有为全集》第 1 集，上海古籍出版社，1987，第 1034 ~ 1043 页。

果。同时，新政权迫切需要建设新的社会秩序，现代的行为规范和新的社会、国家、民族的观念。旧中国在政治、经济等各方面沿袭了数千年的封建制度，三纲五常的行为规范，适应于封建社会的一整套文化都需要改造和更新。政府和社会都需要一套全新的制度、文化和话语以代替几千年陈旧落后的封建制度、思想和文化。于是，学习西方文化、制度，学习西方的社会科学成了建设新社会之迫切任务。当时，虽然中国的社会大众，包括中国的学者们对西方的民族学、人类学和社会学为何物尚不清楚，但他们相信，这些学科的理论显然对如何认识和建设中国多民族的统一国家有借鉴意义。继1903年清政府将"民种学"（即"民族学"）列为大学的课程之后，1906年，著名国学大师王国维（时任清政府学部总务司行走）在其给朝廷的《奏定经学科大学文学科大学章程书》中提出，在文学科大学中，可以设经学、理学、史学、国文学和外国文学四种，其中前三科的课程都应包括社会学，史学课程中还应包括人类学。可以说，西方的民族学、人类学和社会学于此时被积极地介绍进中国，是当时统治集团和整个社会对西方社会科学知识迫切需求的一种结果。

2. 翻译与介绍中的问题

在这一时代背景之下，初步接触过或在国外学习过该专业的少数中国学者，虽然还未能真正从事民族学、人类学的研究，但他们积极地翻译西方著作并发表一系列文章，将该学科介绍给国内的学界和社会大众。其中，最著名的是严复先生。1895年，严复翻译了英国学者赫胥黎的《天演论》（*Evolution and Ethnics*），目的是给中国人提供一种观察问题的新方法，懂得"适者生存，不适者淘汰"的道理。1898年，他翻译了英国学者斯宾塞的《群学肄言》（*The Study of Sociology*），1903年，他翻译了甄克思的《社会通诠》（*A Short History of Politics*）。

在翻译和介绍的过程中，学科名称与内涵的解释、界定都译自美、英、法、德等不同国家的著作和文字，甚至还有自日文转译成中文的情况，于是也就有不同的汉文译法。最初的翻译和介绍往往不够翔实、准确和全面，有的文章还有片面甚至错误的解释。这种情况的出现，有一个重要的原因，在西方，特别是在英、美和欧洲大陆各国之间，对民族学的内涵和分类还没有完全统一的规范，各有自己的界定、分类法和命名（美国称之为"文化人类学"、英国称之为"社会人类学"、德国和法国称之为"民族学"和"民俗学"）。

人类学的划分：

欧洲大陆（德、法等国）划分法（两大分支）

①　体质人类学（生物人类学）

②　文化人类学

欧洲大陆的德、法等国将人类学划分为两大分支，即体质人类学与文化人类学。其中的文化人类学又划分为考古学、语言学、民族学与民俗学三个部分。他们将对本国本民族的社会文化的研究称为"民俗学"，将针对外国或其他民族的社会文化的研究称为"民族学"。

英国与美国划分法（四分支）

英、美两国将人类学划分为四个分支，其中的文化人类学（英国称为"社会人类学"）就相当于德法等国的民族学。

可见，欧洲大陆的民族学与英美的文化人类学、社会人类学的内涵是相同的，其研究所使用的理论和方法也是相同的。

西方各国尽管对这个学科有不尽相同的称呼和划分法，但西方学者都清楚其理论方法和基本内涵的一致性，因此是互相认同为一个相同学科的。但在中国的情况就有些不同。首先，中国的学者或是因为留学自西方某一国家，或是因为通晓某一种西文，往往各自采纳某一种解释和称呼；

其次，过去中国学者对这门学科接触时间短，又缺少个人的研究经验，对其认识较浅，就有很多不够准确的解释；再次，翻译时使用的中文词汇也不够准确且难以统一，仅学科名称就有"人种学"、"民种学"、"人类学"和"民族学"等多种不同译法。这与其他原殖民地国家、第三世界国家和一些东方国家，如日本、韩国等国的情况类似，同一个学科，虽然都是来自西方，却有来自多国的不同界定方法甚至名称同时在一个国家内并用。当时，自德国留学归国的蔡元培将这门学科译为"民族学"①，并在他担任中央研究院院长时建立了民族学组。而在清华大学，则有自英美等国留学归国的学者建立了人类学系。

另外，在西方国家，尽管社会学与人类学、民族学是相近学科，但它们之间的界线是比较清楚的。除了社会学在研究方法上更多偏重于量化研究之外（与之相比，民族学、人类学较多偏重于质性研究，如访谈、观察、比较等），在研究领域上看，社会学主要产生于对本国的研究（偏重于城市社会问题的研究），与产生于对殖民地异民族研究的人类学、民族学的研究对象有比较清楚的界线。但在中国这样一个并无殖民地的国家里，从一开始，中国的学者们就将学自西方的民族学、人类学和社会学的理论方法都综合应用于中国社会的研究，因此，从人类学、民族学和社会学传入中国之日起，中国学界对社会学与人类学就没有明确的界线划分。当时的社会学家一般都同时也是人类学家和民族学家。例如：1916年孙学悟先生在撰文介绍人类学时，称民族学、文化人类学（当时又译为"人种学"）即"群学"。② 当时这个"群学"又被另一些学者译为"社会学"。实际上，中国学者不去刻意划分民族学、人类学与社会学之间界线的这种态度，一直保持了半个多世纪，如潘光旦、吴文藻及他们的学生费孝通、林耀华等人都是如此，他们既是民族学家、人类学家，也是社会学家。他们当年的著作被认为既是人类学、民族学著作，也是社会学著作。直到1978年学科重建以后这种情况才有改变。

---

① 孑民：《说民族学》，高平叔主编《蔡元培全集》第一卷，中华书局，1926。
② 孙学悟：《人类学之概略》，原载于《科学》1916年第2卷第4期，转载于杨圣敏主编《中国人类学民族学学科建设百年文选》，知识产权出版社，2008，第2页、第9页。

在早期介绍西方民族学的工作中，西方民族学、人类学各理论流派的重要著作都相继被翻译成汉文出版，特别值得一提的是，20世纪20年代，恩格斯的《家庭、私有制和国家的起源》《劳动在从猿到人的转变中的作用》和马克思的《摩尔根〈古代社会〉一书摘要》等马克思主义的和历史唯物主义的民族学著作也被翻译成中文出版。也有个别学者还撰写了相关的介绍性著作，如1918年陈映璜著《人类学》一书出版。经过学者们多年的努力，民族学、人类学的社会价值和学术价值逐渐被中国学界和政府所认识并接受。于是，在中国设立该专业的条件逐渐成熟了。

（二）学科初创时期

1. 建成独立学科

20世纪20年代至1937年抗日战争爆发前，是中国创立实体的民族学教学科研机构的时期，中国学者从此开始独立地进行民族学的研究。这一时期中国的多所大学建立了民族学、人类学系或专业，更多的大学开设了相关的课程。到了1934年，全国各高校和研究机构中的相关学者们聚会于南京，成立了中国民族学会，这标志着中国的民族学学科开始作为一门独立的学科跻身于中国的学术界。

蔡元培被学界很多人称为是将西方的民族学传入中国的奠基者，他于1907年留学德国学习民族学，回国后（1917年），在他担任北京大学校长时，在北京大学开设了人类学讲座，还创办了中国第一个民俗研究刊物《歌谣》周刊。

20世纪20年代以后，一些国立大学，如北京大学、中央大学和中山大学等较早设立了民族学等相关专业。另外，与西方联系较多的教会大学和部分私立大学也较早设立了民族学和社会学专业，如燕京大学、清华大学、复旦大学、同济大学、金陵大学、华西大学、岭南大学、辅仁大学、沪江大学和中法大学等。当时民族学和人类学的课程大多设在社会学系内。如1922年，厦门大学开设社会学课程，不久又设立历史社会学系，其中有人类学课程；1931年中山大学建社会学系时，系主任胡体乾就讲授人类学、民族学课程。

最早开设这些课程的大多是外籍学者和从西方留学归国的学者。比较早在中国的大学中讲授这些课程的外籍学者有史禄国（Shrokogoroff）、史图博（Stibel）等人。较早讲授这类课程的海归学者有留学德国的蔡元培，留学法国的凌纯声、杨成志，留学美国的李济、吴泽霖、吴文藻、潘光旦等人。他们大多是 20 世纪 10 年代至 20 年代从西方学成归国的社会学和民族学博士，他们回国后，分别在各大学开办了民族学、社会学或人类学系并登台讲课。如李济于 1923 年回国后，在南开大学任人类学和社会学教授。吴泽霖于 1928 年回国后历任上海大夏大学社会学系和人类学系主任，清华大学人类学系主任等。潘光旦于 1929 年回国后任清华大学社会学系主任，讲授民族学、家族制度史等课程。吴文藻回国后先后在燕京大学、云南大学任社会学系主任，讲授社会学和人类学课程。20 世纪 30 年代初有一批学者留学归国：自法国留学归国的杨堃，先后在中法大学、燕京大学和北京大学讲授人类学民族学课程，并曾担任云南大学社会学系主任；1931 年，林惠祥留学回国后任厦门大学历史社会学系主任；杨成志从法国留学归来后历任中山大学人类学部主任和人类学系主任；同样从法国留学归国的凌纯声则担任了中央研究院民族学研究所所长；陶云逵在德国获得民族学博士学位，回国后在中央研究院从事云南少数民族研究，并曾担任云南大学社会学系主任。

到了 20 世纪 30 年代初以后，中国学者基本取代外籍学者而成为各大学中讲课的主力，教材和参考书也从外文为主向更多使用汉文过渡。除了教学机构之外，一些专门从事民族学研究或培养研究生的机构也相继出现。

1927 年，傅斯年和顾颉刚在中山大学创办历史语言研究所，招收人类学、民族文化、民俗等方向的研究生。在该所周刊的发刊词中明确指出研究宗旨是要实地搜罗材料，到各种社会中去采风问俗，建设新学问。国民政府于 1928 年建立的中央研究院，为全国最高科学研究机构，蔡元培担任院长并在研究院的社会科学研究所内设民族学组（后改称"民族学研究所"），亲自担任组长。以后，民族学研究又归入该院历史语言研究所。不久以后，研究院又添设体质人类学，并成立人类学组和民族学陈列室。

民族学作为独立学科出现的标志还有另一个重要的事实，即 20 世纪 20 年代以后，中国的民族学界开始开展实地调查（田野调查）工作。实地调查是民族学搜集研究资料的主要途径，这种调查有一套学科公认的规范，也是这个学科研究方法的最重要特点。1928 年，中山大学历史语言研究所和中央研究院社会科学研究所开始进行民族学的实地调查，揭开了中国学者独立进行规范的民族学调查研究的序幕。当年夏，中山大学杨成志等人为了研究云南少数民族，前往川滇交界的山区，他们跋山涉水，过村落 200 余，行程数百公里，在彝族和苗族聚居区进行社会组织、生活、习惯、思想、语言和文字等方面的调查，前后一年零八个月。同样在当年夏，中央研究院蔡元培院长派遣社会科学研究所颜复礼和商承祖等人赴广西凌云对瑶族和苗族进行了前后 6 个月的调查。当年 8 月，蔡元培又派遣历史语言研究所的黎光明等人到川北的松潘、汶川等地做羌、土等族的民族学调查，前后 10 个月。

1928 年，是中国学者进行实地调查的起始年，此后，中国的民族学实地调查就大规模地开展起来。这一时期比较著名而且其成果至今仍有明显影响的调查还有：1929 年凌纯声的松花江赫哲族调查（调查报告《松花江下游的赫哲族》），1932 年何联奎对浙东数十县调查后写的《畲民的图腾崇拜》，1933 年凌纯声、芮逸夫对湘西苗族的影视人类学调查。另外，影响较大的调查还有多次，如：1934 年凌纯声、陶云逵等人在滇西对拉祜、佤和傣族的民族文化、体质特征等方面的调查及调查报告《滇西边区考察记》；1933 年石启贵等人在湘西苗族地区的调查及其《湘西土著民族考察报告书》；1934~1937 年陈达对闽粤社会和南洋华侨的调查及其著作《南洋华侨与闽粤社会》；当年华西协和大学的庄学本等人对藏、羌等族的调查；中央博物院马长寿等人对川西彝、羌等族的调查及他们发表的调查报告；1935 年燕京大学的费孝通和中山大学的杨成志分别对广西和广东瑶族的调查；1934 年以后，中央研究院和岭南大学的史图博、伍锐麟、杨成志等人对海南黎族的调查及拍摄的电影纪录片等。除了少数民族地区外，学者们对汉族地区也开展了深入的调查与研究。其中，影响较大的有 1930 年起燕京大学许仕廉、吴文藻等人的清河镇调查；李景汉主持的连续七年的河北定县调查；还有 20 世纪 30 年代费孝通在江苏的开玄弓村（江村）调查，在广西大瑶山的调查；林耀华在福建家乡的调查；杨懋春的山东抬头村调查；许烺光的云南白族调查等。以后，他们根据这些调查写下的著作《江村经济》《花篮瑶社会组织》《金翼》《一个中国村庄：山东抬头》《祖荫下——中国乡村的亲属、人格与社会流动》等，都成为国际民族学界的经典名著，至今仍吸引着国内外的民族学家去这些地点做跟踪调查和研究。除此之外，学者们还对汉族的支系进行研究，如岭南大学对广东疍民的研究，中山大学和中央研究院对客家的研究等，在这些领域，都有开创性的影响。

这一时期，中国的民族学除了教学科研实体的纷纷创立和实地调查与研究的开展，在学科建设上还有很多突出的进步。如，在研究方法上进行规范性建设，在理论运用上兼收并蓄、更加成熟，主要表现于第一代学者们继续投入很大精力从事西方民族学理论和知识的翻译介绍与教学。当时留学归来的学者中，很多人都直接师从西方民族学、人类学各种理论学派的大师。如蔡元培在莱比锡大学求学时，他的导师是德国第一位民族学教授哈伯兰先生。潘光旦在美国哥伦比亚大学研究院学习时，师从历史学派大师博厄斯（F. Boas），并受著名的进化学派民族学家摩尔根（L. H. Morgan）很大的影响。吴文藻留学哥伦比亚大学人类学系期间，该校人类学系几乎集中了当时美国最著名的人类学和社会学界的精英。如历史学派的创始人博厄斯，还有本尼迪克特（R. F. Benedict）、玛格丽特·米德（Margaret Mead）等，他们都是名震国际人类学界的大师级教授。杨成志则在法国巴黎大学获得民族学博士学位，并接受了功能学派理论。

蔡元培、潘光旦、吴文藻、杨成志等人都全面掌握了西方民族学、人类学和社会学最前沿的理论和方法。吴文藻的博士论文还获得了哥伦比亚大学"近十年最优秀外国留学生奖"。他们回国后撰写论文或翻译著作，开课讲学，积极进行了这些学派理论的介绍。当时西方民族学界的进化学派、传播学派、历史学派、法国社会学年刊学派和功能学派的理论都在中国得到系统的介绍。如吴文藻对功能学派理论的介绍和推广；杨堃对法国社会学年刊学派理论的分析；戴裔煊对美国历史学派理论和民族学理论方法的综合介绍等。学者们大量撰文对这些理论、方法进行梳理和分析，使得国际学术界各种主要学派的理论方法都在中国得到传播和应用。同时，他们还聘请西方著名学者来华讲学，并把自己的学生派到国外，请名师指点。费孝通、林耀华等人正是这时由吴文藻分别派到英国和美国去学习的。同时，值得一提的是，西方以马克思主义理论为指导的一些民族学著作也部分得到了翻译和传播。总之，这一时期，中国的民族学界尽管初出茅庐，但已比较全面地掌握了西方各学派的理论和方法。当时，各大学的民族学、社会学课程往往直接使用西方的英文原版教材与著作，中国学者的著作也往往直接用英文写作或译成英文并在国外刊物上发表，因此与国际学术界的沟通频繁顺畅。尽管这种教学方式存在着如何进一步将西方词汇转化为中国本土概念的问题，但当时中国民族学界与国际学术界的主流学者们确实一直保持着紧密的联系和互动。仅举一例，1936 年，马林诺夫斯基重要的代表作《文化论》刚写完，尚未出版，吴文藻就借来手稿，让费孝通将其翻译成中文在中国发表。

　　1934 年 12 月 16 日，中央研究院院长蔡元培等人联合多所大学的学者，在南京中央大学创建中国民族学会，此时会员共有 33 人。学会选举孙本文等 7 人为理事，蔡元培等 3 人为监事。学会并制定章程 15 条，决定会务为 4 项：一是研究，二是调查及搜集资料，三是组织学术演讲及开会研讨，四是编行刊物。第二年，学会在南京国际饭店举行第一届年会，英国的拉德克利夫·布朗教授应邀参加会议并在会上作"社会人类学最近之发展"的演讲。年会选举蔡元培、杨堃和刘国钧等三人为监事，选举吴文藻、杨成志、凌纯声等人为出版委员会委员。1937 年第 1 期《民族学报》出版，1938 年中央研究院《人类学集刊》第 1 期出版。这一时期，中国的民族学已经在实体的教学研究机构的设立、专业队伍的形成、独立的研究教学活动和对学科前沿理论的全面掌握上完成了学科建设的初步任务，已经建设成为一门独立而具有比较完整系统的学科。

　　2. 学科发展目标的争论与探讨

　　1937 年抗日战争全面爆发以前，中国的民族学、人类学尽管已建设成为具有比较完整系统的学科，尽管学者们已开始对中国社会进行实地的调查与研究，但多数学者将民族学、人类学研究应用于中国社会的改造的意识还不明确，有人甚至比较淡漠，各高校中的人类学、民族学系主要偏重于对学科理论和方法之介绍，多数研究作品还局限于对一些司空见惯的社会现象做比较单纯的学术角度的理论分析，因此其读者不多，社会影响很小。即便是在学术界，多数人也不知道民族学、人类学是研究什么的。所以，直至1936年，吴文藻先生还说："社会人类学在中国还是一门正在萌芽的学问，一向没有引起国内学者的注意。我自己数年来在悄悄地埋头研究，常有独学无友，孤陋寡闻之感。"① 但是一个学科的发展前景，与她在社会中的功用和她的社会影响密切相关。所以，如果学者们不能自觉地将这个学科的研究与中国的社会问题相联系，如果不能解决如何将来自西方的理论应用于研究并改造中国社会的问题，学科就会难以发展和在中国生根。

在中国数千年的封建社会中，有一个以"读书人"清高自居的士人阶层，在士人阶层的传统文化中，一直有一种将读书人即知识阶层的存在和他们所从事的学术研究超脱于社会大众之外的思想。认为"万般皆下品，惟有读书高"，认为知识阶层是一个有知识有良知，因而在人格和社会地位上都高于普通社会大众的阶层。五四运动以后，曾有人严厉批判这种思想。例如，20世纪20年代，周谷城先生就曾撰文提出："人类社会不应有独立的知识阶层存在。"他认为社会大众都有良知，不承认另外有什么"独立的知识分子的良知"。他甚至认为："独立的精英阶层是国家进步的障碍。"② 但是，传统的以读书人自居、清高自诩的思想，将读书做学问视为既超脱于社会大众，也超脱于社会政治的思想，在一部分人的观念中是根深蒂固的，直至今日仍是如此，在20世纪30~40年代自然也有不少知识分子持这种观点。这有些类似于西方学界所称的"学院派"。但是，在那个积贫积弱的旧中国，大部分出国留学的中国知识分子，都有比较强烈的科学救国的思想。因此，他们不甘于将来自西方的一门学科仅仅作为象

---

① 吴文藻为费孝通所著《花篮瑶社会组织》一书写的导言，见《费孝通文集》，群言出版社，1999，第481页。
② 周洛华：《精英阻碍国家进步》，《中国经营报》2011年1月10日。

牙塔里的纯粹学术来对待。于是，持不同观念的学者就在民族学、人类学和社会学如何在中国发展和应用的问题上出现了争论。

中国的民族学、人类学和社会学学科在初步建立起来之后，学科如何进一步发展，如何在中国社会中定位，也就是说，这些学科从事研究的目的到底是什么？对于这个学科发展的目标和方向问题，在抗日战争爆发之前，在学者们中间有不同的看法，并曾经有过激烈的争论。1936年有人撰文说自己从事这门学问研究的目的，是"为研究而研究"和"为兴趣所驱去研究"的观点。[①] 持不同看法的费孝通就写文章对这两种说法进行了批驳。他说：

> 他说我们是为"研究而研究"。我觉得不然，我们研究文化的人，天天说文化现象有它的功能，但是却常自以为我们研究的工作本身不是文化现象，所以没有功能。只是所谓"兴味"而已，不问其他。当然，你们一唱一和，觉得自己很超然。但是我却认为你们忘记了用"实地研究方法"来分析自己。……以我自己说，我是没有兴趣的，也许兴趣是在耕田，但是我明白我的责任，因为我知道，我自己所做的工作是有功能的，我们的大社区中需要我们这种工作。这种工作间接地有关人家的福利。我自己幸而或不幸受到这种训练，我就得担负这个责任，有趣味很好，没有趣味也得干，这是纪律，这是成败。若有一个士兵走到一半，忽然没有兴趣去打仗，他可不能随意卸甲归田。[②]

他认为社会科学的研究是一种工具，是一种"控制社会变迁的实用的工具"。他说：

> "我觉得中国的社会，无论你如何想法，它总是要变了，没有回头路可走。但是走到哪里去，如何走法？我们是人，有控制的可能"。

---

① 林耀华：《实事求是》，天津《益世报·社会研究》复刊32期，1936年12月16日。
② 费孝通：《1937年"再论社会变迁"》，转载于《费孝通文集》第1卷，群言出版社，1999，第507~508页。

"‘为研究而研究’是一辈‘寄生性’学者的护身符。‘学术尊严’！我是不懂的，我所知道的是‘真正的学术’，是‘有用的知识’。学术可以做装饰品（亦是功能），亦可以做食粮（亦是功能），若叫我选择，我是从食粮。"①

　　费孝通先生在青壮年时代就反对那种以学术研究作为自己身份的"装饰品"的观念，他非常明确而坚定地认为，学术研究的目标就是改造社会。这种服务和改造社会的思想，贯穿于他此后七十年的学术生涯。他一生努力追随和深入不断变革的社会，直至八旬高龄还栉风沐雨、昼夜兼程，在中国大地上"行行重行行"，深入实地调查，掌握时代的脉搏，并笔耕不辍地随时写下对时事和社会的看法。② 这应该是他的学术贡献和学术影响巨大的一个重要原因。

　　实际上，当时在西方学习社会科学的中国学者，大多抱有科学救国的思想。因此他们多希望把学到的理论和研究方法应用于对中国社会的实际研究。经过回国后几年的教学和应用学科理论方法对中国社会的初步调查，第一代学者们对如何将这门学科应用于中国社会的发展道路做出了初步的总结。吴文藻在这方面做了较多的开创性工作。在他担任燕京大学社会学系主任期间，极力推动西方民族学、人类学和社会学理论的中国化，即对中国社会的研究与应用。具体做法是，编写汉文教材，在课堂上用汉语讲课，要求学生必须深入中国基层社会做实地的调查并在此基础上开展研究，要求他们首先要成为某一个社会问题、某一个地域或民族的专家，在此基础上才可做出理论的归纳和总结。他提出："以实地研究始，以实地研究终，……根据自己实地研究的经验，而来建立一般的社会法则。"为此，他派他的学生李有义去西藏调查，陈永龄去新疆调查，林耀华去凉山彝族地区调查。这些人以后都成了所调查地区或民族问题的权威学者。

　　如何利用来自西方的民族学、人类学理论为研究和改造中国社会服务

---

① 费孝通：《1937 年"再论社会变迁"》，转载于《费孝通文集》第 1 卷，群言出版社，1999，第 507～508 页。

② 参见费孝通《行行重行行》，宁夏人民出版社，1992。

呢？在20世纪30年代，西方的学者们经过近一个世纪的探索，先后创立了多种理论。不同的学者群在解释分析各种社会现象时，偏重使用的理论各不相同，就划分成了不同的理论流派。各种理论流派在传入中国以后，其影响之大小是有明显差别的。

最早传进中国的是进化学派理论。严复、蔡元培、梁启超等最早一批翻译介绍西方民族学人类学理论的学者都接受了进化论理论，并利用之重新分析和解释中国的历史现象和一些旧的文化传统，如民族的族源，古代部落的图腾、艺术的意义和发展轨迹，古代的婚姻、家族制度的演化等。但很少利用进化学派理论来研究中国当代的社会和民族问题。实际上，任何一种理论对人类社会的解释力都有一定的局限，进化学派理论比较适合于对人类社会宏观角度的、纵向发展过程的解释，而对于很多社会现象缺乏微观角度解释的能力。

比进化学派稍晚传进中国的是播化学派的理论。这个学派产生于德国和奥地利，因此又被称为"德奥"民族学派。这一理论较早由在华执教的德国学者雷冕在辅仁大学讲授，雷冕在辅仁大学历史研究所开设民族学课程时，系统讲授这派的理论。中国学者接受并使用这个理论的代表人物是陶云逵。他早年曾留学德国，回国后曾任云南大学社会学系主任。播化学派与进化学派强调纵向的、历史的和宏观地看待事物的角度不同，它着重于比较琐细的实证描述和分析，着重于横向的对比分析。通过对不同人群、文化的琐细对比，来找出其相互之间的关系，特别是相互之间的影响。还希图找出不同文化之间传播的过程，以及文化特点与地理环境和历史背景的关系。因为中国学者留学德国者较少，这一派理论在中国学界的影响也较小。

20世纪20年代以后，以美国哥伦比亚大学人类学系博厄斯为首的历史学派在西方学界声名鹊起，当时在哥伦比亚大学留学的潘光旦、吴文藻都听过博厄斯的课，到了20世纪30年代，这个学派的理论被吕叔湘、杨成志和戴裔煊等人系统介绍进中国。在中国接受这派理论的代表人物主要为中央大学社会系主任孙本文和曾在哥伦比亚大学受教于博厄斯的黄文山，还有戴裔煊、吴泽霖等人。该派理论反对单线进化论，主张文化传播的多元论。在研究方法上比较强调对各种细节资料，特别也包括历史资料的详细搜罗、全面掌握。这派理论虽然曾在高校的课堂上得到比较广泛的传播，而在中国社会的研究中却很少得到实际的应用。因此最终也就没有太大的影响。

1925 年，法国巴黎大学创建了以培养所谓职业民族学家，实际上即培养殖民官吏为主要目标的民族学院，学院创办者莫斯、雷维布和瑞伟三人以杜尔干的法国社会学派的理论为基础，创建了法国民族学派。这个学派的特点是强调民族学的研究以"史前民族"和"落后民族"为重点，不太重视对当代"文明社会"（本社会）的研究。在研究方法上，以调查的细致入微著称，但比较忽视对事物内部结构的理论分析。中国学者杨堃、凌纯声、杨成志、徐益棠、卫惠林和芮逸夫等人接受并在其调查与研究实践中较多应用了这派理论。所以在他们的调查报告中也有较为细碎繁琐而缺少理论分析的特点。

纵观以上传自西方的各学派理论，都在某一个方面或从某一种角度帮助人们加深了对人类社会的认识，或推进了研究方法的进步和更加科学化。但以上各派理论都不能对当时中国社会的各种主要问题给出深入解析。也就是说，对当时渴望从西方寻求真理，渴望科学救国的中国知识分子来说，这些理论缺乏实用性。

20 世纪 20 年代，英国的马林诺夫斯基和布朗分别发表了《西太平洋的航海者》和《安达曼岛人》两部著作，标志着功能学派的建立。功能学派的特点是重视理论的应用，主张运用功能理论解释社会实际中的各种问题，主张运用民族学、人类学知识为人类社会服务。在研究方法上，则强调实地调查的重要性。

吴文藻留学归国后，经过几年的深入思考，在西方各种理论流派中，他经过权衡和结合中国社会的具体情况，认为功能学派的理论对社会的解释力最强，也最适合用来研究中国社会。他说：

> 功能学派以前的英国人类学，不论其为进化论派，或播化论派，都与实用无关。唯有功能学派，因其极重视原始文化的实在运用及其

机构，遂为应用人类学供给了正当的理论基础。……（并因此）而得到了迅速发展的机会。[①]

因此他提出以功能学派为主来进行本土的研究。他说：

> 近两年来自己常常感到国内社会科学材料内容的空虚，颇想利用此派的观点和方法，来尝试现代社区的实地研究。我深信如果我们有计划地来区分调查国内各种文化水准发展不同的社会实况，则对于我国固有的社会结构，以及西洋文化接触以来所引起的社会变迁（不论其为常态的或变态的），必能得到更亲切的认识，更深入的了解。不但如此，功能观点还可以给我们一种抉择文化元素的取舍标准，因为功能派之考察社会文物制度，最重视一种文化元素在整个文化体系内占什么样的位置？发生什么样的功能？满足什么样的需要？换一句话说，就是一种旧文化特质，若失了功能，即失去了它存在的价值，又如一个西洋文化丛，若不能满足我国的需要，即无输入的价值。[②]

为此，1935 年，他还专门邀请英国功能学派的创始人之一的拉德克利夫·布朗教授为燕京大学社会学系的客座教授并给学生授课，并请他担任了自己的学生林耀华的硕士论文《义序宗族研究》的材料组织导师。由于燕京大学社会学系主任吴文藻的积极宣传与提倡，功能学派在中国学界得到了广泛传播。以后，他的学生费孝通、林耀华和许烺光等人在各自的研究中运用功能学派理论取得了影响重大的成果，吴文藻因此成为功能学派在中国最重要的代表人物，功能学派也成为在中国学界影响最大的理论。

在研究方法上，吴文藻认为中国的学者们应打破民族学、人类学与社会学之间的学科界线，综合地利用这两个学科的方法来研究中国社会，为此他提出了"社区研究"的概念和方法。他的这些思想都成为中国第一代

---

① 吴文藻：《布朗教授的思想背景与其学术上的贡献》，《社会学界》1936 年第 9 卷。
② 吴文藻：《功能派社会人类学的由来与现状》，《北平晨报》副刊《社会研究》1935 年 4 月 17 日。

和第二代学者们的共识，并且被实际地贯彻于具体的教学与研究中。因此，一个显而易见的事实是在那个时代中，中国的学界，特别是在大学里对于这两个学科不但没有着意的划界，而且往往在教学和研究中都将其归并在一起讲授和使用。

（三）初现繁荣时期

1937～1949 年，是中国的民族学得到较快发展和实际应用的繁荣时期。中国的民族学在这个时期的发展中，通过本土化的努力，将学自西方的民族学应用于对中国社会的深入调查与研究，在理论和方法上都有所创新和发展，已初步形成了自己的特点和风格。另外，20 世纪 30 年代末和40 年代初，中国民族学、人类学和社会学界的第二代学者许烺光、费孝通、林耀华、李有义和岑家梧等一批人或自西方留学归国，或自第一代学者门下毕业，进入大学执教，中国的民族学、人类学和社会学力量壮大，成为国际民族学界一支引人瞩目的新生力量。民族学、人类学是一个实践性和应用性较强的学科，在这一时期她的较快发展，还特别得益于当时的社会需要，即当时在中国抗日救亡的形势下保卫建设边疆的需要。

1. 重点西移

抗日战争爆发后，日本策划满蒙独立，中国出现边疆危机。加强对少数民族和边疆地区的研究，已成为救亡抗日的需要。加上当时东部沿海各省相继沦陷，大部分高等院校自东部向西部和边疆地区大转移，同时政府对边疆问题更加关注，边政学一时兴起，使得民族学、人类学家们也随之将研究的重点转向西部边疆和少数民族地区。以至当时有人说，人类学在西方是研究异域的"蛮族学"，在中国则是研究边疆少数民族的学问。[1] 吴文藻在论述边政问题研究的《边政学发凡》一文中指出，边疆包括了"政治边疆"和"文化边疆"两个概念，民族学、人类学就是要促进文化边疆的研究，推动边疆文化的发展及其与内地在文化上的融合统一。[2] 此后，

---

[1] 马长寿：《人类学在我国边政上的应用》，《边政公论》1947 年第 3 期。
[2] 吴文藻：《边政学发凡》，《边政公论》1942 年第 1 期。

中国的民族学更多地卷入了边疆和少数民族问题的研究，研究领域的这种偏重从此就形成了传统，这个传统在中国民族学界沿袭下来并一直保持至今。

民族学界研究重点的西移，既开拓了西部少数民族研究的新领域，也为巩固边疆和开发少数民族地区做出了贡献。大夏大学自上海迁贵州后，由吴泽霖主持了对苗、瑶、水等族的调查；金陵大学自南京迁四川后，与华西大学一起，在闻宥主持下对川康等地的藏、羌、彝、瑶、纳西、布依等族进行了调查；中山大学由杨成志、黄文山主持，对粤、桂地区的苗、瑶、黎等族展开了调查；岭南大学、珠海大学由陈序经、江应樑主持，对苗、瑶、黎、傣、高山等族进行了调查；南开大学由陶云逵主持，对彝、纳西、傣等民族开展了调查；中央大学孙文本、马长寿主持了对新疆和西南民族的调查。当时大批学者云集云南，遂就地深入研究云南各民族，以至有关研究的名著迭出。如费孝通的《禄村农田》、林耀华的《凉山彝家》、方国瑜的《卡瓦山调查》、许烺光的"民家"（今白族）研究著作《祖荫下》等名著，这些著作的出版以及新闻媒体对他们的研究活动的追踪报道，在全国各界都造成了影响，使得大家更加关注边疆和少数民族问题。至今，当年出版的这些著作仍被民族学、人类学界视为经典。

抗战爆发后，虽然原来的各种期刊因经费困难等原因多有停印的情况，可是民族学类的刊物却因为受到各界重视而大大增加。当时新创刊出版的民族学类或与民族学、边疆文化研究等有关的刊物就达30余种之多。如：《人类学集刊》（1938年创刊）、《民族学研究集刊》（1936年创刊）、《西南边疆月刊》（1938年创刊）、《边政公论》（1941年创刊），还有《风物志》《边疆文化》《人类学丛刊》《边疆人文》《蒙藏月报》《西北论衡》《社会学界》《边疆通讯》等，① 都是抗战时期创办的刊物。

2. 形成特点

民族学界对中国社会深入的研究，既回报了社会的期待，也使得它自

---

① 陈永龄、王晓义：《20世纪前期的中国民族学》，《民族学研究》第1辑，民族出版社，1981。

己从一个完全拷贝来的外来学科，逐渐发展出了本土化特点，这些特点的形成不仅标志着中国的民族学已经逐渐成熟，而且引起了国际民族学界广泛的关注和评论。归纳起来，这些特点如下。

（1）重应用而轻划界

比起西方民族学界，中国的民族学者更重视民族学对解决社会实际问题的应用。因为以天下事为己任，历来是中国知识分子的传统，特别是近百年来中国外忧内患的国情迫使学者们更多地关注现实。在学科建立之初，先有清末民初建设新国家、新社会的需要，后有抗日时期救亡图存、保卫和建设边疆的目标。于是，学者们更多地把学科看成一种服务社会的实用的工具，而不仅仅是学术研究的领域。正如吴文藻先生所说："学问之道，在研究时确需分门别类，而在实行时，都是息息相通的。"① 费孝通先生也说："我们研究各民族的社会历史的目的是在帮助各民族发展起来，而在研究过程中我们需要比较社会学的知识和社会发展一般规律的理论作为我们分析具体社会的工具，这就是说，我们的理论是和实际相结合的。我们并不是为了解而了解，为提出一些理论而去研究，我们是为了实际的目的，为了少数民族进行社会改革提供科学的事实根据和符合少数民族利益的意见。"②

把学科看成工具，重应用而轻划界，也是中国的民族学、社会学和人类学之间一直没有严格界限的原因之一。无论在大学还是研究单位，往往存在于一个学科名称之下而兼具三个专业的课程。所以中国老一代的社会学家大多也都是民族学和人类学家，直至20世纪中叶依然如此。

（2）南北学派都重视历史

从理论流派和研究方法及研究的重点等方面划分，当时中国的民族学、人类学界大略可以划分为南北两派。南派以华东、华南的学者为主，以中央研究院和中山大学杨成志等人为代表，在理论上较多接受美国历史学派的影响，比较重视古代文献和考古材料的使用，以不同族群的文化为

① 吴文藻：《边政学发凡》，《边政公论》1942年第1期。
② 费孝通：《从事社会学五十年》，天津人民出版社，1985，第70页。

重点调查与研究的对象。在研究中，以进化论为主要理论视角，比较重视细致的描述和全面的考察，重视资料的积累。北派以燕京大学为核心，以吴文藻等人为代表，主要利用欧洲功能学派的理论进行分析，在初期比较强调汉人社区研究。与南派重视资料积累的特点相比，北派更重视理论的阐释，强调研究的重点在于调查分析各种社会现象背后的关系和联系。同时，也重视历史文献。

南北两派都重视历史文献的利用，这是中国民族学重要特点之一。但两派对历史文献的使用各有不同的特点。南派比较重视历史上的民族志资料，并且直接进行民族史专题的研究，如各族的族源问题、历史上的民族关系问题等。所以在南派，民族史研究直接归入民族学范围，因此南派学者在古代民族史方面建树颇多。如岑家梧的《史前艺术史》《槃瓠传说与瑶畲的图腾制度》，芮逸夫的《苗族洪水传说与伏羲女娲的传说》等。

而北派对历史文献的利用有不同的态度和方法，认为民族学利用历史文献与历史学家研究历史不同。吴文藻对此有较清楚的论述，他认为，民族学利用历史文献主要采用"溯流而上的方法，即现在回溯过去的方法"。"因为我们要知道的历史，是现在制度上尚能发挥作用的历史。"[1] 也就是对现实仍有影响的历史。这就是说，民族学、人类学和社会学在研究时对历史文献的追溯，其目的主要不是叙述清楚历史过程本身，而是通过考察历史来说明当代某些社会现象和事物的性质，考察当代这些社会现象的历史背景，这样研究当代社会，才可能对其有更深入清晰的解释。

中国有数千年浩如烟海的历史文献，有深厚的历史传统。对中国这样一个复杂的社会，照搬西方学者研究殖民地简单社会的方法显然是不合适的。虽然使用历史文献的方法和角度不同，但重视对历史的考察，是南北两派都具有的特点，也是中国民族学在国际上独树一帜的特点之一。美国著名人类学家弗里德曼和施坚雅等人都曾专门论述中国学者在这方面的建树，指出：以中国社会历史之悠久、人群之复杂，必须有一种能够更宏观

---

[1]　吴文藻：《边政学发凡》，《边政公论》1942年第1期。

地观察分析的方法，历史法是其中之一。[①]

（3）本土民族学与社区研究

在西方，从传统上讲民族学是研究殖民地的，特别是研究那些没有文字历史的民族和社会，被西方学界称为对"初民社会"的研究，对异民族的研究。但是，中国是一个没有殖民地的多民族国家，中国只有边疆和少数民族地区与内地的区别，没有宗主国与殖民地的划分。吴文藻说："西洋人类学之应用，在于殖民行政，中国应在边政、边教、边民福利事业、边疆文化变迁之研究。"[②] 中国学者在本国内从事的民族学研究就发展成了不同于西方的本土民族学。这推动传统意义上的民族学发生了研究领域、方法及理论解释上的很多改变，引起国际学术界的关注。

西方的民族学与社会学在研究领域与方法上曾经是有明确区分的。社会学主要考察和研究本社会，"文明社会"，研究城市；民族学主要考察和研究异民族，"初民社会"、乡村社会，无文字的社会。吴文藻将社会学的区位学研究方法，即考察人口、地理及社会组织三者之间关系的方法，与民族学考察异民族、乡村的客观观察、实证的方法相结合，利用功能学派的理论分析，进行中国本土的研究，称为"社区研究"。为此，他还专门提出了民族学、人类学与社会学之间的学科界限将逐渐淡化，并终将逐渐统一的预言，在国际学术界也产生了很大影响。他还专门进行方法论的总结，写道："在作者看来，人类学、社会学实在是二而一的东西，尤其在中国应该如此。在西洋人类学与社会学向来视作两种学术训练，分多合少，通常以为人类学是研究有色人种的初民社会及低级文化；而社会学则研究白种人的近代社会及高等文明；又说，人类学研究社会起源，社会学研究社会演化，这种说法，渐被摈弃，最近两种学术日益接近，不久定将混合为一。因为二者所研究的目的、题材、观点及方法，越来越趋一致，几乎无分彼此。所谓文化社会学与文化人类学，不过是异名同义的词儿。"[③]

---

① G. Willam Skinner ed. , *The Study of Chinese Society*, Stanford University Press, 1979, Part five.

② 吴文藻：《边政学发凡》，《边政公论》1942 年第 1 期。

③ 吴文藻：《边政学发凡》，《边政公论》1942 年第 1 期。

当时以社区研究法从事的本土民族学的研究在国际人类学、民族学和社会学界都产生了多部影响很大的著作。如费孝通的《江村经济》、林耀华的《金翼》、李景汉的《定县》、许烺光的《祖荫下》等。马林诺夫斯基在为费孝通的著作写下的序言中称："我敢于预言费孝通博士的《中国农民的生活》（即《江村经济》）一书将被认为是人类学实地调查和理论工作发展中的一个里程碑。"

至今仍有西方学者称：中国的"社区研究"应该是人类学史上非常重要的一章。[1] 虽然他们认为这种方法可能受到刚刚开始的美国乡村社会学的启发，但美国的人类学直到此时仍是以海外研究为主，而中国的民族学、人类学研究已经以本土研究为主了。

一个原来全盘依托于西方理论方法的民族学，现在已经逐渐成长为比较独立的中国民族学了。一个中国学派已经呼之欲出了。因此有人认为这个时期中国的民族学、人类学研究水平达到了至今难以逾越的高度。[2]

3. 马克思主义与中国民族学

在国际民族学和社会学界，一直存在着用马克思主义理论对社会进行分析和研究的一派学者。但在西方社会，各国政府在政治上的导向导致对马克思主义一定程度上的轻视，特别是对于马克思主义用阶级斗争的观点分析社会和政治经济学的理论，接受者较少。这当然影响了它在学术界和西方社会中的传播。因此，在以西方学者为主流的国际民族学、人类学界，一直以来都是其他各种学派的理论自由发展并占据主导地位。但民族学、人类学学科本身的性质决定了其用于解释社会的理论必须建立在实证的基础之上，因此以往各学派的理论都有一定的社会调查的依据，都或多或少，或从宏观层面或从微观层面反映了社会现象真实的一面。西方有的民族学家，虽然在研究中没有直接引用马克思的理论，但其结论却是与马

① Maurice Freedman, "Sociology in China: A Brief Survey", *The China Quarterly* 10 (1962): 166 – 173.
② 胡鸿保：《中国人类学史》，中国人民大学出版社，2006，第 103 页；Xin Liu, "Past and Present: Two Moments in the History of Chinese Anthropology", Shinji Yamashita Edited., *The Making of Anthropology in East and Southeast Asia*, New York: Berghahn Books, 2004, pp. 152 – 183.

克思主义相吻合的，如摩尔根对美洲印第安人的研究就是如此。因此恩格斯在《家庭、私有制和国家的起源》一书的序言中说："摩尔根在美国，以他自己的方式，重新发现了四十年前马克思所发现的唯物主义历史观，并且以此为指导，在把野蛮时代和文明时代加以对比的时候，在主要点上得出了与马克思相同的结果。"① 在西方民族学界，与摩尔根的研究结论类似的学者还是不少的。但也有的西方民族学家对社会某个角度的分析是反对马克思理论的，如韦斯特马克（Westermarck）的《人类婚姻史》是反对马克思主义关于人类社会发展阶段有关婚姻家庭进化过程的学说的，该书的观点却一直在西方学界受到多数人的认可。

然而，马克思主义毕竟是 20 世纪对全球影响最大的学说，所以无论在西方还是中国，它一直对社会科学各个领域的研究有着或轻或重的影响。

在 1949 年新中国成立前，马克思主义理论对中国民族学研究的影响也是一直存在的。主要表现于多数中国学者实际上接受进化论的历史唯物主义观点，但对于马克思主义的阶级斗争观点、政治经济学理论等，则接受者不多。这当然与当时中国国民党政府的反共亲西方政策和整个社会包括学术界对马克思主义的生疏隔膜有直接关系。但是，在解放区，特别是在延安，在中国共产党领导下，学者们进行了初步的民族问题研究，其中有代表性的作品有《回回民族问题》《蒙古民族问题》等。1941 年，中共还在延安创建了延安民族学院（今中央民族大学的前身），一方面培养少数民族干部，同时也进行有关民族问题的研究。另外，还有一批中国历史和文化发展史的著作，如范文澜的《中国通史简编》、侯外庐的《中国古代社会史》等，都努力用马克思主义理论来对中国的民族问题和历史进行新的阐释和分析。解放区对中国民族问题、中国社会和历史这些初步的马克思主义理论角度的研究和分析，为 1949 年以后中国民族学界和其他社会科学领域的马克思主义理论普及工作打下了一定基础。

4. 回迁萧条与迎接解放

1945 年抗战胜利后的几年，迁到西部和内地的各大学纷纷向东南和大

---

① 恩格斯：《家庭、私有制和国家的起源》第一版序言，《马克思恩格斯选集》第 4 卷，人民出版社，1972。

城市回迁，民族学人类学界的学者们也在这股回迁的热潮中努力重振学科的发展。回迁以后，1948 年 4 月 12 日，中国民族学会在南京召开第三届年会，做出了进一步发展学会工作的计划。民族学会的西南分会在回迁后设立于中山大学人类学部，出版了《民族学刊》（周刊）。抗战胜利后，暨南大学、清华大学、中山大学、辅仁大学和浙江大学都分别建立或重建了人类学系，目的是培养边疆建设的人才。中央大学和西北大学的边政系也都开展民族学、人类学和蒙古文、藏文、维吾尔文等边疆少数民族语文的教学。但是，不久爆发的内战使得社会动荡，报考人类学和民族学系的学生很少，有的系甚至只有一个学生。同时，边疆危机的缓解使抗战时期研究边政和民族问题的热度降低，部分著名的学者如吴文藻、凌纯声等人则放下学术研究而转向参与政府的东部重建工作。民族学陷入萧条时期。

抗日战争结束后的几年内战时期，民族学、人类学和社会学界的学者与其他领域的知识分子一样，要在两党的斗争中做出个人的判断和选择。多数民族学、社会学界的领袖人物都相继站到了反对国民党独裁统治、争取民主的潮流之中。费孝通为此还曾遭到当局的恐吓而躲入美国使馆。在全国解放前夕，他曾在数百人参加的大会上宣布："让我们在黑暗中等待着黎明，黎明已经不远了。"他们的这种认识和立场，源于对国民党政府长期以来黑暗统治的失望，对共产党和解放军奋斗目标的初步了解。特别是那些有机会到过解放区的人，看到了人民对共产党的真心拥护，看到了新社会新中国的曙光，让他们深受教育和鼓舞。

1948 年，费孝通和其他几位知识分子乘卡车进入解放区，亲赴当时中国共产党总部所在地石家庄拜见毛泽东主席。进入解放区以后，一路上的见闻让他激动不已，他说：

　　"远远近近，进行着的是一个个，一丛丛、一行行，绵延不断的队伍。迎面而来的是一车车老乡们赶着的粮队，车上插了一面旗，没有枪兵押着，深夜点了灯笼还在前进，远远望去是一行红旗——这印象打动了我，什么印象呢？简单地说：内在自发的一致性。这成千上万的人，无数的动作，交织配合成了一个铁流，一股无比的力量。什么东西把他们交织配合的呢？是从每一个人心头发出来的一致的目标，革命。""我曾参观过英国海口军舰的行列，也曾目睹过大战时非洲盟国空军基地的规模。那时却没有这次在黄土平原上看粮队时的激动。从前者只能知道力量之巨大，从后者才能明白力量之深厚。……像我这种没有积极参加过革命行列的知识分子对于潜伏着深厚的活力是陌生的，不熟悉的，甚至是不易理解的，因之，对于历史的发展没有把握，对于人民的翻身也缺乏信心。就在这一点之差，失之千里，使自己过去对世界局面的估计陷入错误。也就是这一点之差，使自己感觉得了不起，大言不惭，自以为秀才闭门而知天下事了。"①

旧中国的黑暗，人民解放事业的宏伟现实，让他看到了人民、共产党的伟大和自己的渺小。费孝通当时的感想是真实的，这种感想应该代表了当时相当多的知识分子的心理状态。

费孝通的老师，曾担任中国驻日本代表团政治组组长的吴文藻在全国解放后不久，拒绝了美国耶鲁大学的邀请而从日本回到祖国大陆。解放初期，很多著名的民族学家也积极地加入了少数民族地区的解放工作。如，1950 年，解放军进藏前，民族学家李安宅、任乃强等人，为解放军进藏前了解西藏情况和筹划进藏路线提供了宝贵的第一手资料，他们还作为十八军的顾问随军进藏，协助解放军在西藏办学校、办藏语培训班等，受到贺龙元帅的高度评价。1949 年 10 月，兰州大学谷苞教授随解放军进入新疆，此后一直在新疆做民族研究工作。林耀华、宋蜀华、王晓义等人也都曾随军进藏参与西藏解放初期的工作。杨成志则在中央民族事务委员会负责资料组工作，编写了大量关于少数民族人口、分布、文字、地方旧政权等方面资料供中央决策参考。

解放初期，民族学人类学界的这批知识分子大多都是抱着真诚的态度积极地参加各项革命的工作，同时，他们也认识到了自己不仅要在行动上跟上形势，在思想上也有学习和改造的必要。费孝通说："1949 年在我是

---

① 费孝通：《我这一年》，《费孝通文集》第 6 卷，群言出版社，1999，第 104～105 页。

一个'学习年'。在这一年中看到了多少一生中没有看到过的事，听到了多少一生中没有听到过的事。不但如是，就是平素常见常闻的，在这一年中也显示出了以往没有显示过的意义。一个富于生命的大千世界庄严地在我眼前展开，一切使我低头。……我愿意低头了，但毕竟还是个旧知识分子。……思想的改造是长期的，像我这样已经40岁的人，受到旧社会的熏育，过去10多年来更在旧社会里做过事，传统知识分子的性格必然是深入骨髓……虚心才是学习的基础，承认现实，逐步改造。"① 他们是带着要学习和改造的想法走进新中国的。不久这个想法就变成了事实——轰轰烈烈的大规模洗礼。

二　新中国时代的分期与总结

新中国前期的民族学（1949~1978）

1949~1964年，中国民族学界经历了两场大规模的洗礼，第一场洗礼是大规模的自身改造；第二场则是全面参与全国民族大调查并创造辉煌。

中国民族学的自身改造是指中国民族学界全面批判"西方资产阶级民族学"，同时全盘接受民族学学科的苏联模式和苏维埃民族学派的观点，也可称为民族学学科接受社会主义改造洗礼而"脱胎换骨"的时期。同时，中国的民族学界由于在政府主持的史无前例的民族识别和少数民族社会历史调查中发挥了中坚作用，积累了大量民族志资料而创造了学科史上的一段辉煌。

（一）脱胎换骨：接受苏联模式

1. 院系调整与研究部

全国解放后，中国在政治、军事、经济、文化上全面倒向以苏联为首的社会主义阵营，高等教育自然也不例外。在苏联，社会学已于20世纪30年

---

① 费孝通：《我这一年》，《费孝通文集》第6卷，群言出版社，1999，第104~105页。

代被作为资产阶级学科撤销，人类学仅保存了体质人类学部分，从事人类体质进化等方面研究而存在于生物学领域。文化人类学则与社会学同时被撤销。新中国成立后不久，作为全面学习苏联的必然结果之一，在中国，社会学和人类学也都被作为西方的"资产阶级学科"而撤销；体质人类学则存在于科学院的古生物与古人类研究所，完全脱离了社会科学领域；民族学则以苏联的学科分类为样本，作为历史学的一部分得以保留。民族学虽然有幸保留下来，但在1952年的全国院系调整中，所有的民族学系都被撤销，民族学的教师队伍被压缩，民族学专业也不再招收本科学生。

新中国成立以前，中国的民族学专业大多存在于社会学系和人类学系之中，这几个相近学科在中国本来就没有明确分界。因此，中国的人类学和社会学家们大多同时也是民族学家。例如，费孝通、林耀华等人的名著，如《江村经济》《金翼》等，在中国既被称为社会学著作，也很自然地同时被认为是民族学或人类学著作。由于学科界限的模糊，在院系调整时部分社会学家没有被改行发派到其他领域。如原清华大学社会学系主任潘光旦、原燕京大学社会学系主任吴文藻、原清华大学人类学系主任吴泽霖、原中山大学人类学系主任杨成志，在其所在的系被撤销后，都被调到了北京的中央民族学院研究部从事民族学的研究工作。

1952年，全国高等院校进行调整，各大学的民族学、社会学和人类学系都被撤销，于是，原燕京大学、清华大学、中山大学、辅仁大学、北平研究院等单位从事民族学、社会学、人类学及民族史等方面研究的权威学者大多被调到中央民族学院研究部。中央民族学院的研究部就成了民族学、社会学最后的大本营，也是新中国创建最早的民族学学科教学与研究中心。其中包括翁独健、潘光旦、吴文藻、闻宥、杨成志、费孝通、林耀华、翦伯赞、吴泽霖、李有义、冯家昇、王钟翰、程溯洛、施联朱、陈永龄、吴恒、王辅仁、宋蜀华等著名学者。

中央民族学院研究部于是成了当时中国顶尖级的民族学家、社会学家、人类学家和民族史学家最集中的地方，随同这些名师前来的还有燕京大学民族学系全体师生。最初，研究部主任由翁独健教授担任。研究部下设西北研究室（室主任冯家昇）、东北内蒙研究室（室主任翁独健）、西南研究室（室主任翦伯赞）、西藏研究室（室主任林耀华）、中东南研究室（室主任潘光旦）和图书资料室（室主任汪明瑀），以后又设立了国内少数民族情况研究室（室主任吴文藻），原属中央民族学院院部的民族文物研究室后来也归并到研究部（室主任杨成志）。费孝通先生则在研究部任职的同时，还兼任中央民族学院副院长。

各大学的民族学系虽然被撤销，但苏联的高校中有民族学专业（在历史系中），于是中国在中央民族学院也保留了民族学专业，这个专业不招收本科生，主要是作为少数民族问题研究的学科由研究部招收几十个研究生。当时研究部曾创办了培养民族学副博士学位的研究生班，在这个研究生班授课的除了当时研究部的教授之外，还有来自苏联的民族学家。1956年中央民族学院的历史系建立后，林耀华担任历史系副主任，教授原始社会史，并曾在系内设民族学教研室。历史系也不招收民族学专业的本科学生，该教研室的任务是为历史学专业的学生开设民族志等课程。

2. 批判"资产阶级民族学"

新中国的建立，不是简单的政权更替，而是要与旧中国彻底决裂。因此首先要进行新的社会制度、新的思想和观念的建设。高等教育也必然要进行破旧立新的改造。新制度和思想有苏联的榜样可学，而在学习建立新的思想观念之前，必须破除一切旧观念、旧思想。民族学虽然得以保存下来，但当时整个民族学学科的基础理论框架都是从西方引进、学习来的，于是，首先要对西方的民族学理论进行彻底的批判。其中包括批判西方民族学的体系，也要批判教师头脑中，特别是旧社会受西方教育的教师头脑中的旧思想、旧观念。

从1951年9月开始，在全国范围开展了4～6个月连续的教师思想改造运动。运动以学习马克思列宁主义基础理论和思想教育为中心，学习中共新民主主义革命纲领，马克思主义哲学、政治经济学和社会发展史，了解并讨论国内外大事。教材以马克思、恩格斯、列宁和毛主席著作选读为主。民族学专业的教员们，还重点学习了恩格斯的《家庭、私有制和国家的起源》《劳动在从猿到人的转变中的作用》、马克思的《摩尔根〈古代社会〉一书摘要》、斯大林的《马克思主义与民族问题》《马克思主义与

语言学问题》等。思想改造运动都采取了听报告、学习文件和材料，开展
批评和自我批评的一套过程，最后每人写出个人思想总结。

在联系民族学研究进行的批评和自我批评中，多数学者都对过去个人
从事的教学和研究工作做了深刻反省。首先，过去所接受的西方民族学理
论和方法被认为是一种奴化教育，过去的研究被认为是缺乏说服力的，甚
至是错误的。在具体分析过去的民族学研究时，大家都认为，多数作品主
要的错误是没有无产阶级的观点和立场，没有阶级分析，经验主义作怪。
当时不仅对西方民族学、人类学的代表作品和基本理论观点全盘否定，认
为那是为资产阶级、为殖民主义服务的，是唯心主义的、种族主义的，而
且对过去个人的研究也全面否定。对于过去在学校的教学工作，也进行了
彻底的批判，认为那是代西方资产阶级宣传。

学者们都经历了旧政权的腐败，了解历史上西方政府对中国的霸道与
欺压，现在亲眼看到了新中国的欣欣向荣，对共产党和社会主义是拥护
的，他们多数人对过去的批评和检讨也是诚心的。但是，对过去所掌握的
学科理论方法和过去研究成果的彻底否定，也造成了心理上的自卑和学习
苏联民族学的迫切愿望。他们纷纷表示，决心尽快将自己改造为红色专
家、红色知识分子。

3. 向苏联学习

如何做一个红色的知识分子呢？在彻底批判了旧中国的"资产阶级民
族学"之后，如何建立"无产阶级的民族学"，让民族学为新中国服务呢？
只有一条路可走，即向苏联学习，用苏联模式取代西方模式。

实际上，苏联在新政权建立初期，也曾对传统的民族学、社会学和心
理学等学科重新定位。1929年，在苏联学术界，以历史唯物主义的研究取
代其他社会科学学科成为主流趋势，心理学、社会学和民族学都被称为
"西方资产阶级学科"而遭到批判，并被撤销（在1931年的"肃反"时
期，莫斯科大学民族学系的系主任甚至被枪毙）。① 当时传统民族学领域的

---

① 2010年10月俄罗斯科学院民族学研究所米哈伊尔教授访问中央民族大学民族学与社会学
学院时的演讲以及2011年1月8日该所所长克兹洛夫教授与杨圣敏的谈话。

研究活动仅剩原始社会史研究还在继续，这种情况一直延续到 1939 年底，在莫斯科大学才恢复了民族学系（1960 年恢复社会学，并于 1966 年重建社会学学会）。苏联的民族学界在原始社会史、古代社会研究的资料搜集和理论分析方面都有突出成就。到了 20 世纪 50 年代，苏联的民族学已形成了在国际上独树一帜的苏维埃学派。该学派产生于 20 世纪 20 年代末，30 年代后期形成具有自己特点的独立学派。它主张将民族学、人类学（体质人类学）和考古学结合成三位一体。可归纳为：（1）在方法论上力图以辩证唯物主义、历史唯物主义和进化论为指导思想，民族学研究紧密结合国家的社会主义建设；（2）特别重视对苏联各民族的民族起源的研究，重视民族学、人类学和考古学综合考察族源问题；（3）突出对原始社会史的研究；（4）有目的地对某一民族的物质文化和精神文化做系统的调查研究；（5）重视对国外民族的研究。[①]

中国的民族学学习苏联的第一步是学科的划分完全采用苏联模式。原来美英的划分法是将人类学分为四分支，民族学（文化人类学）、语言学、考古学和体质人类学。改为苏联模式就是将人类学撤销，将这四分支分别作为独立的学科设立。苏联的民族学专业一般都设于历史系，于是在中国的学科分类中，民族学也被划归为历史学之下的一个分支（虽然如今研究生教育的学科分类已将民族学列为与历史学平等的一级学科了，但至今中国教育部关于大学本科学科分类仍沿袭这个规定，即将民族学划归在历史学科内）。高等教育学习苏联的第一步就是翻译苏联的教材和有关著作。20 世纪 50 年代初，苏联向中国提供了数量巨大的各类教材和专业书籍。据统计，1949～1955 年，中国出版了 3000 部译为中文的苏联书籍，共发行了 2000 万册。[②] 过去，中国的民族学完全学自西方，对苏联的民族学比较生疏，但通过短期内的大量翻译介绍和突击式的学习，学者们很快熟悉了苏联民族学并且表示崇拜不已，甚至有人公开写道："俄国无论是革命

---

① 参见 Bromley ed. , *Soviet Ethnology and Anthropology Today*：Part I，Paris：Mouton & The Hague，1974；并参见宋蜀华主编《中国民族学五十年》第 6 章第 2 节。

② 顾定国：《中国人类学逸史》，社会科学文献出版社，2000，第 157 页。

前或苏联时期，这一科学（民族学）的理论水平远为世界其它各国所不及。"① 当时，大量苏联专家，包括民族学家来中国讲学，并且与中国学者合作研究民族学的课题。去苏联学习的中国留学生则达 11000 人，其中也包括学习民族学的学生。最著名的来中国讲学的民族学家是莫斯科大学民族学教研室主任切博克萨罗夫教授，他在中央民族学院研究部开办的民族学专业研究生班讲授苏联民族学课程。当年这个研究生班毕业的学生，日后大多成为中国民族学界的著名学者。而且按照西方学者的看法，他们中多数人的学术观点，至今仍属于苏维埃民族学派。

中国民族学专业的基本教材大多翻译自苏联的教科书。如当时苏联学者托尔斯托夫等人著《普通民族学概论》《苏维埃民族学的发展》《为帝国主义服务的英美民族学》，柯斯文的《原始文化史纲》，布琴诺夫的《资产阶级民族学批判》，列文的《什么是民族学》等著作。苏联学者关于民族历史和其他国家民族的著作，也都大量出版，如《民族史译文集》《非洲民族志》《美洲民族志》等。苏联学者发表的论文和研究动态，则在《民族问题译丛》中随时翻译出版。经过学习，中国的多数民族学研究者不久就基本掌握了马克思主义的相关理论，并开始依照苏联人的模式从事中国的民族问题研究。

苏维埃民族学强调为苏联的国家建设和苏共的民族政策服务。同时，民族学也被视为维护马克思列宁主义，与西方帝国主义斗争的一个阵地。因此，苏维埃民族学强调研究主题的政治性和应用性。受苏维埃民族学的影响，中国民族学界的研究重点很快也具有了同样的倾向。其中，有几个方面的选题特别受其影响。这就是"原始社会史研究"、"经济文化类型研究"和"民族定义与识别的研究"。

原始社会史被认为是"阐明历史唯物主义基本理论的一个基础"② 而受到重视。林耀华根据教育部委托编写了《原始社会史课程教学大纲》，杨堃编写了《原始社会史和民族志》讲义。这些大纲和讲义都备受苏联柯

---

① 中央民族学院研究部编《民族译丛》1955 年第 4 期编后记。
② 林耀华：《原始社会史》，中华书局，1984，第 32 页。

斯文等人《原始文化史纲》等著作的影响，只是其所引用的案例则多为中国的材料。大学的历史系和部分政治系、文学系都开设原始社会史课程。"经济文化类型"研究是根据苏联学者提出的理论所进行的研究，林耀华和来华讲课的切博克萨罗夫合著了长篇论文《中国经济文化类型》于1961年发表。其中的理论是切氏提出的，而讲的具体案例则是中国的各少数民族。其实，这就是今天我们所说的生态民族学（或叫生态人类学）角度的研究。据我们所知，按这个发表的年代来看，这个角度的研究比西方人类学和民族学界比较成熟的相关研究提早了几年。所以，苏联的民族学界与西方民族学界相比，除了在基本理论上坚持马克思主义之外，在其他方面确实也有些独到之处。"民族定义与识别的研究"则是中苏两国学者都十分关心的题目。因为当时中国政府已开始在全国实行民族识别工作，民族学界必须在理论和方法上拿出可供参考的标准和技术方案。

经过学习苏维埃民族学和学习马克思主义理论的社会主义教育和改造，中国民族学界的面貌很快焕然一新。在研究的重点、理论和方法方面都改换了面貌。1956年，中国民族学界两个领袖人物费孝通和林耀华合著的长篇论文中提出了中国民族学当前的主要任务有四项：（1）关于少数民族族别问题的研究；（2）关于少数民族社会性质的研究；（3）关于少数民族文化和生活的研究；（4）关于少数民族宗教的研究。[①] 国务院科学规划委员会制定的《1956－1967年哲学社会科学规划草案》中，也把民族学的主要任务规定为以上四条。可见当时民族学界费孝通等人在学科发展方向等重大问题上还具有重要发言权并受到中央政府的认可。值得注意的是，当时费、林两位在该论文中特别强调了民族学的研究范围，他们说：

> 我们在本文中所提出的是当前民族工作提给民族学的四项任务。这些任务都是属于我国少数民族研究的范围。并不应当引起这样的误会，以为民族学是一门专门研究少数民族的学科。把少数民族和汉族

---

① 费孝通、林耀华：《当前民族工作提给民族学的几个任务》，原载《人民日报》1956年8月，后载于《中国民族问题研究集刊》第6辑，1957，第9~31页。

分开来作为两门学科的研究对象是没有根据的。西方资产阶级学者由于民族主义的偏见，歧视殖民地的各民族，曾经把所谓文明人的研究划在民族学或社会人类学的范围之外。这是错误的。我们将以苏联民族学为榜样，批判这种资产阶级错误思想，而肯定民族学的研究是包括一切民族在内的，在中国范围里，不但要研究少数民族也要研究汉族，……民族学的研究范围并不限于我们在本文中所提出的四个问题，……我们的意思只是说上面所提出的问题比较重要，而且和当前民族工作有着更为密切的关系。……民族学在中国还可以说是一门比较新的学科，因此还有许多人对于这门学科的名称，内容和方法有不同的意见。我们在这里不想从定义、学科分类上来进行讨论。为了避免这种讨论成为学究式的辩论，我们认为最好从这门学科所进行的研究工作的本身来说明它的内容，而且只有在研究工作的发展中，一门学科的性质和范围才能逐步明确起来。一门学科的发展，我们认为，并不依靠开始时把范围划清，界碑树好，而是依靠密切结合实际生活所提出具体的问题来进行自己的研究工作。实际生活是丰富的、变化的，一门学科能从这个丰富和变化的源泉出发，它的工作也是活泼的、常新的。①

他们在 50 多年前对民族学学科定义和学科研究范围的这种论述，至今值得中国民族学、人类学界的学者们借鉴。因为近十几年来，国内学界确实不断出现他们当年所说的对这个问题的学究式的讨论。

美国学者顾定国在评论苏联民族学对中国的影响时认为，苏联学者教中国同行学会了如何将民族学、民族史、考古学等学科与社会主义建设结合起来。② 20 世纪 50 年代中国民族学界能够很快围绕政府的民族工作发挥重要作用并做出突出贡献，与苏联民族学的榜样力量是有关的。

中国的民族学学科被改造成了完全的苏维埃学派，同时对西方的各学

---

① 费孝通、林耀华：《当前民族工作提给民族学的几个任务》，《中国民族问题研究集刊》第 6 辑，1957，第 9~31 页。

② 顾定国：《中国人类学逸史》，胡鸿保、周燕译，社会科学文献出版社，2000，第 158 页。

派采取完全排斥的甚至敌视的态度。这与中国政府在外交上完全倒向苏联阵营一样，中国的民族学也成为一边倒的学科。中国民族学与西方民族学界完全割断了联系和交流，但作为苏维埃民族学派的一支，与当时的社会主义阵营国家如民主德国、保加利亚、捷克斯洛伐克、朝鲜、罗马尼亚、外蒙古、越南等国也有一定的交流，主要是在《民族问题译丛》中翻译介绍这些国家民族研究的一些成果。

（二）创造辉煌：民族识别与社会历史调查

作为一个多民族的国家，20 世纪 50 年代初，新中国政府的民族政策之创立、相关理论的构建、基本情况和资料的搜集与积累，都需要民族学工作者参与。已初步掌握马克思主义理论和苏维埃学派理论的中国民族学界，遂全面转向边疆和少数民族研究。尽管学科本身的建设受到限制，但学者们参与的民族调查与研究工作还是受到政府和社会的高度重视，并且得到政府的倚重。从 1950 年开始，民族学家们协助政府开展了连续 14 年的全国范围的民族识别和 8 年的少数民族社会历史调查，对全国各少数民族的社会性质进行了全面的综合研究并得出了初步的结论。各省区的调查组共发表了 400 余种、6000 多万字的各民族社会历史调查丛书和民族史志、民族语言志等丛书。保存在各地的民族研究机构和学者手中未发表的调查资料还远远多于这些数字。民族识别和大调查，为新中国民族政策的制定和此后的民族研究工作打下了厚实的基础，做出了突出的贡献。

1. 参加大调查与民族识别工作

自 1950 年起，政府启动民族识别工作，大规模的调查从 1953 年开始，一直延续到 1964 年，至 1979 年才完全结束。经过十几年大规模的调查和研究，全国各地申报的 400 多个民族成分被归纳识别为 56 个民族。这是中国历史上第一次比较科学地辨别清楚国内的民族成分。社会历史调查从 1950 年开始，全国范围的大规模调查延续到 1958 年，此后各地调查组陆续撰写调查报告，并分地区开展个案调查，整个工作延续到 20 世纪 70 年代才基本结束。

当时全国各地的民族学工作者都参加了这两项工作。其中，中央民族学院研究部和中国社会科学院民族研究所的学者们发挥了最重要的作用。在开始进行全国少数民族社会历史调查之前，由研究部专家起草了《社会性质调查参考提纲》，并主持培训调查员，为参加调查的人员讲解有关社会历史调查的基本知识和方法。从1953年起，研究部的学者们全面加入全国各地的大调查，并且多人担任各地调查组的领导。其中，赴内蒙古调查的有林耀华、傅乐焕、王辅仁、陈雪白等人；到湘西进行土家族识别的有潘光旦、汪明瑀、胡克瑾、杨自翘等人；到云南进行民族调查的有林耀华、施联朱、王辅仁、黄淑聘、陈凤贤、王晓义等人；到贵州进行穿青人、穿蓝人的识别调查的有费孝通、宋蜀华等人。

他们主持的调查和识别对于当时中国的民族识别工作起到了指导性和示范性作用。研究部的许多学者在实地调查之后提出了对于各民族识别的意见，发表了一些有影响的论著。如费孝通的《关于少数民族族别问题研究》、傅乐焕的《关于达呼尔的民族成分识别问题》、汪明瑀的《湘西土家概况》、潘光旦的《湘西北的"土家"与古代巴人》及宋蜀华等人的《撒拉族的历史来源问题》《青海互助土族的经济生活》等。

2. 编辑出版《民族问题译丛》及《中国民族问题研究集刊》

1954年，中央民族事务委员会参事室开始编辑《民族问题译丛》，作为内部资料出版。1955年由中央民族学院研究部继续编辑，并改为公开发行。1958年，《民族问题译丛》更名《民族研究》，由中国社会科学院民族研究所编辑出版；自1955年9月，由研究部开始不定期出版《中国民族问题研究集刊》，刊登了对于新中国民族研究和民族工作有影响的论文和调查报告。《民族问题译丛》与《中国民族问题研究集刊》都是当时国内最主要的民族学和民族理论刊物，许多人接受民族学方面的初步熏陶就是从学习和阅读这两种刊物开始的。

3. 其他研究和社会工作

中央民族学院研究部成立之后，成为当时国家制定民族政策、处理民族事务的最重要的研究咨询机构之一。全国各地许多机关、团体和个人时常来信，询问有关民族问题，了解民族政策和民族知识。中央民族事务委员会也将各地有关信件转到研究部，请有关同志解答。除社会调查外，研究部学者还编印出版了一系列重要的研究著作，如翦伯赞和吴恒等翻阅大量资料，编纂了《历代各族传记会编》，由中华书局出版；石钟健、孙铖、刘尧汉、周汝诚、杨甲荣等编著了《有关中缅国境线上少数民族的专著及论文索引》，由研究部印行。此外，还出版了林耀华、李有义、宋蜀华、王辅仁合著的《西藏社会概况》，冯家升、程溯洛、穆广文合编的《维吾尔族史料简编》等。

1956 年，研究部分出部分人员组建中央民族学院历史系，其中设立了新中国第一个民族学专业，并招收副博士学位研究生。研究部本身则继续从事民族学等方面的研究工作。1957 年，开始筹建中国科学院哲学社会科学部民族研究所（今中国社会科学院民族学与人类学研究所前身）。该研究所于 1958 年 6 月 23 日正式成立，这个研究所的基本队伍，即调中央民族学院研究部成员组成。

4. 简评

20 世纪 50 年代中国民族学的苏维埃化，使得中国民族学界比较全面地接受了用马克思主义理论来研究和解释社会的方法，这种方法直到现在仍对中国民族学界的研究起着重要影响。但是，有得也有失。20 世纪 50 年代中国一边倒的外交政策，也使得中国民族学界与社会主义阵营以外的学界完全失去了联系。有国外学者在评论中国民族学界这段历史时认为，这时的中国民族学界已变成了"聋子和戴着眼罩的人"，即除了苏维埃学派的声音以外，听不见任何其他学派的声音，而且在对其自身的历史和国外其他各学派进行评论时，是一种戴着有色眼镜的片面的批评。[1] 这种评论无疑有一定道理。因为，西方的民族学并非如当时苏联学者所说之一无是处。西方的民族学研究无疑是该学科绝对无法缺少的重要组成部分。历史证明对西方的学者和作品一概批之为"资产阶级民族学"是一种简单化的做法，是没有学术根据的，对学科的发展也是有害的。

这一时期，民族学、人类学者们的工作为新中国民族政策的制定和此

---

① Maurice Freedman, "Sociology in China: A Brief Survey", *The China Quarterly* 10 (1962): 166 – 173.

后的民族研究打下了厚实的基础，他们本人则受到政府和社会的重视与优待，不少人担任了全国政协委员、全国人大代表。费孝通还特别受到重用，被任命为中央民族学院副院长、中央民族事务委员会副主任、国务院专家局副局长、民盟中央委员等职务。

（三）民族研究取代民族学

1957 年，全国性的"反右"运动开始。民族学界的领袖人物多数受到冲击。其中，潘光旦、吴文藻、陈达、杨成志、吴泽霖和费孝通等人都被定为右派分子，他们的研究成果都作为"资产阶级民族学"的"毒草"受到批判，从此失去了从事学术研究和发表作品的权利。在少数民族社会历史调查队 200 人左右的队员中，就有 22 人被定为右派分子。所有的右派分子都受到了十分严厉的公开批判。1957 年 7 月 7 日，中央民族学院召开"批判费孝通大会"，在会上费孝通被称为是"章罗联盟"的第一号主谋人、"军师"和"野战指挥官"，说"费孝通几次召集社会学讨论会，阴谋恢复反动的社会学，以抵抗苏联民族学"。在会上，其他几位著名学者潘光旦、陈达、吴文藻、吴景超、李景汉也受到点名批判，说他们"彼此勾结起来，互相标榜吹捧，利用合法组织进行非法活动，制造空气，阴谋进行资产阶级社会学复辟活动"。①

另有不少人虽然没有被定为右派，如杨堃、李有义、岑家梧等人，但也因其"资产阶级言论"而受到了公开点名批判，从此在学术研究中噤若寒蝉，少有作品发表。所有这些人都被冠以"资产阶级民族学者"的帽子。1958 年 6 月，由全国人民代表大会民族委员会、中国科学院和中央民族学院共同召开民族研究工作科学讨论会。会议以阶级斗争为主调，批判资产阶级民族学、社会学对社会调查的影响，宣布要"拔资本主义白旗，插社会主义红旗"，批判一批老民族学家。会议通过了民族研究工作中的"跃进规划"，强调在民族学调查和研究中要"政治挂帅，厚今薄古"。

---

① 1957 年 8 月 2 日的《工人日报》相关报道和 8 月 30 日的文章《费孝通的资产阶级社会学是一些什么货色》。

1958 年中央民族事务委员会给中共中央的报告中说："最近中国科学院民族研究所和中央民族学院等单位召开了一次全国性的民族工作科学讨论会，总结了过去两年来的少数民族社会历史调查工作的经验，比较彻底地批判了在少数民族社会历史调查工作中的反动的资产阶级民族学的观点、方法和资产阶级民族主义的错误倾向。"①

在此之前的民族识别和少数民族社会历史调查工作中，民族学家们都担任各支调查队的学术领导，因此调查工作能在较大程度上按照民族学的实地调查规范开展。但 1957 年以后，这些学术规范大多被批判为资产阶级民族学，从此以后，民族识别和社会历史调查也就失去了民族学的学科规范而代之以"大跃进"式的群众运动方式。社会历史调查工作因此而受到损失，民族学也从此更加失落和受到冷淡。

1958 年以后，多位著名的民族学家被称为"资产阶级民族学者"而遭批判，对西方传统民族学理论的批判也更加严厉了。民族研究还在继续开展，而民族学作为一个学科的地位被进一步削弱。学科理论和方法的研究基本停顿，但是研究的模式、框架和重点仍保持着苏维埃民族学派的特点，直至 1978 年民族学学科开始重建时仍如此。

1958 年"反右"运动开展不久，中央民族学院的一位主要领导撰文指出："当前社会的主要矛盾是无产阶级与资产阶级的矛盾，反映在民族学研究上，就是无产阶级思想和反动的资产阶级民族学的两条道路的斗争。资产阶级民族学是为帝国主义服务的，旧中国的资产阶级民族学者，就是一批给帝国主义供给情报的文化买办，中国人民对资产阶级民族学素来就是从原则上加以否定的，在全国解放以后，当然不能允许它继续毒害人民。……只有民族工作的实践才是获得民族学科学知识的根本源泉。"针对费孝通等人为民族学研究方法所做的辩解，他说："功能学派要用功能分析法代替马克思列宁主义的阶级分析法，以达到为帝国主义服务的目的。……他们认为资产阶级民族学除去它为帝国主义服务的反动性质外，

---

① 中共中央文件（中发 58，658 号）《中央转发民委党组关于在今后一年内完成少数民族社会历史调查工作的报告》，国家民委机要室存。转引自王建民等《中国民族学史》下卷，云南教育出版社，1998，第 189 页。

他的方法论还是有用的。我们认为资产阶级民族学是彻头彻尾的反动的伪科学,不论怎样图谋使其复辟都是必须加以坚决反对的。"他说:"正是由于资产阶级民族学的极端反动性,才被资产阶级右派分子用作向党、向人民、向社会主义猖狂进攻的工具。右派分子费孝通就直言不讳地讲他是利用过去的民族学的训练进行民族研究工作的。他借着参加少数民族社会历史调查的机会,极其恶毒地挑拨民族关系,反对少数民族的社会改造。他更狂妄地主张把独龙族的落后面貌保存起来,当做一个活的标本,图谋扼杀独龙族的繁荣发展。"最后他又说:"苏联民族学对于我们是有参考价值的。"①

在这种火药味十足的高压下,没有被批判的学者们也要在反右运动中表态,他们对西方的民族学理论展开了又一轮批判。如当时有著名学者撰文,对西方的各种民族学、人类学和社会学学派展开全面批判。将过去自己在西方学习的功能学派、历史学派等各种理论都称为"为帝国主义服务的资产阶级学派""为资产阶级服务的反动理论"。② 在学者内部也展开了对右派和其他被点名为"资产阶级民族学者"的人的批判,费孝通甚至被称为"帝国主义的走狗",由于他写作了《乡土中国》一书,被称为"农民阶级的叛徒"。③

此时,西方的民族学理论和方法都被称为"反动的伪科学",而发展民族学的主要依靠力量已不是这些学者,依照前述中央民族学院那位主要领导的说法:"民族学研究的基本力量存在于党的机关和党领导下的民族工作机关以及广大的民族工作者之中。"④

从1958年开始,中苏关系开始恶化,次年,苏联单方面废除数以百计的援助和合作协议,撤走全部在华专家,来华的民族学专家也在这时回国,中苏的学术交流,包括民族学界的交流全部停止,其中包括中苏学者

① 苏克勤:《在民族学研究中拔掉白旗插上红旗》,《民族研究》1958年第2期。
② 梁钊韬:《人类学、考古学、民族学与阶级斗争的关系》,《学术研究》1964年第6期。
③ Maurice Freedman, "Sociology in China: A Brief Survey", *The China Quarterly* 10 (1962): 166-173.
④ 苏克勤:《在民族学研究中拔掉白旗插上红旗》,《民族研究》1958年第2期。

合作编写《东亚民族志》的计划、苏方出版纪念中国民族学专辑的计划等都取消了。特别是中共发表九评苏共中央的公开信以后，中苏的决裂在中国社会中也全面公开化。于是，原来被视为学习榜样的苏联民族学也马上被批判为"修正主义民族学"，甚至连从事苏联民族学研究的学者也受到牵连。继批判右派和资产阶级民族学之后不久，又开始批判"修正主义民族学"。此时，中国的民族学实际上已无处安身。因此当时有人提出，根本不存在马克思主义民族学，民族学本身就是资产阶级的学科。①

1958年，中国科学院原打算建立民族学研究所，但在正式成立时，用的是民族研究所的名称。20世纪60年代初，"民族研究"完全取代了民族学。

1963年以后，随着全国都在强调"不要忘记阶级斗争"，学术界对现代修正主义和资产阶级学术思想的批判又升温了，民族学的学科地位问题遭到清算。一些著名的老民族学家也撰写长文，批判"资产阶级和修正主义民族学"。② 1964年，一篇署名史进的文章颇具代表性，该文对民族学是否科学提出质疑，指出："从名义上讲，有各种各样的民族学，有西方的民族学，有苏联的民族学，有旧中国的民族学；实际上讲，都是资产阶级的民族学。这些资产阶级民族学都不是科学，而且所有资产阶级的社会科学都不是科学。社会主义的中国对于资产阶级社会科学只有批判的问题，没有继承的问题。……旧中国的民族学在社会主义的新中国，应该说，是没有继续存在的余地的。对我们来说，只有马克思列宁主义、毛泽东思想的民族问题学说，它是研究一切民族问题的最根本、最完备的科学。因此，我们认为，没有在马克思列宁主义、毛泽东思想的民族问题学说之外，另搞一个什么马克思主义民族学的必要。如果在马克思列宁主义，毛泽东思想之外另搞一套民族学，那么，这种民族学无非是资产阶级的民族学，贴上了马克思列宁主义的标签，穿上了一件红色的外衣而已，实质还是资产阶级的民族学的老一套。"③

---

① 宋蜀华等：《中国民族学五十年》，人民出版社，2004，第245页。
② 王建民等：《中国民族学史》下卷，云南教育出版社，1998，第228页。
③ 史进：《对民族学的质疑：向杨堃先生请教》，《学术研究》1964年第2期，转引自王建民等：《中国民族学史》下卷，云南教育出版社，1998，第218页。

中央民族学院历史系原有民族学教研室，在当时是中国高校中唯一用民族学命名的教学机构，也于 1964 年改成了民族志教研室。当时，"民族问题研究"已代替民族学。民族学在中国大陆实际上已经走到了尽头，它的死亡，只差一个正式的官方宣判了。

（四）"文化大革命"时期

"文化大革命"时期，民族学很断然地被宣判为"资产阶级学科"，原来在民族问题研究名义下进行的一些学科的教学和研究活动也都完全停止了。

在此期间，中国的高校中民族学唯一的大本营——中央民族学院研究部，也是一片萧条。研究部的学者，包括吴文藻、杨成志、费孝通和林耀华等都被送到"五七干校"劳动锻炼。至"文化大革命"后期，为编写中国少数民族概况和编译有关边界和民族研究资料，将在干校劳动的部分人员抽调回校，并建立中央民族学院研究室。吴文藻、费孝通、谢冰心、邝平章、李文瑨等负责编译工作，宋蜀华、施联朱、王辅仁、吴恒、陈凤贤、朱宁、黄淑娉等负责编写各民族概况。1974 年 12 月，以研究室名义印行《中国少数民族简况》（征求意见稿，共 12 册），编辑出版了内部刊物《民族问题资料摘译》，翻译了关于国外民族情况、沙俄侵华史、中国国外侨民等方面的资料，共出版了 13 期。还为国家的外交、边界谈判等工作编译了大量有关边疆地区历史、民族等方面的资料。

新时期以来的民族学 （1978～2009）

1978 年十一届三中全会的召开，标志着中国的历史进入了改革开放的新时代。与之同步，中国的民族学也迎来了学科的新生与春天。

在此以前，部分学者的民族学研究尽管还在"少数民族问题研究"的名义下继续，但实际上，作为一个学科，民族学在中国大陆已经被撤销了多年。中国大陆已经没有以民族学命名的教学和研究机构，学校没有民族学专业，也没有任何民族学专业的刊物甚至专栏。所以，与历史、哲学、文学等传统学科不同的是，对于民族学来说，中国新时代的开始不仅意味着春天的来临，还意味着一个消失的学科获得了再生。

1978年，当新时代来临的时候，中国的民族学已经磕磕绊绊走过了坎坷曲折的70年。70年中，这个学科经历了20世纪之初从海外引进，到20世纪20~30年代初步建成比较完整的学科，再到1937年以后十余年的本土化努力和初步繁荣，到了40年代，已经发展成为国际民族学界一支初具特色并引人瞩目的新生力量。1949年以后，中国民族学经过一场脱胎换骨的改造，与西方学界完全切断了联系，并且抛弃了此前从西方学来的各学派理论，完全倒向苏维埃民族学派。1960年以后，又与苏联民族学界断绝联系。此时，"旧社会的民族学"、"西方的民族学"和"苏联的民族学"都被称为"反动的资产阶级学科"，于是在中国大陆，民族学作为一个学科已走到了尽头，"民族问题研究"遂代替了"民族学"。民族学者们还在不懈地努力工作，但到了1964年左右，中国的高校中已没有民族学的位置，民族学作为一个学科已濒于消失。

1978年春，第五届全国人民代表大会召开，在大会通过的政府工作报告中，把民族学与哲学、法学、经济学和历史学等并列，确认为中国社会科学领域中的一门独立学科。民族学作为一个学科获得了新生。

（一）重大变化

1978年以后的30年，中国的民族学发生了以下三个方面的重大变化。

（1）它获得了新生。在全国几十所高校已建立民族学、人类学专业，在全国大部分省区都建立了民族学研究机构。

（2）它摆脱了孤立。在与西方学术界断绝来往30年之后，特别是自1959年以来，在与国际民族学、人类学界完全断绝来往近20年以后，它再次融入国际学术界，成为国际民族学界的一员。

（3）在国内，它已有更多独立性，面对国际民族学界，不再会自囿于某一学派或观点，它已全面开放并已初步自立门户。1949年以前，中国的民族学界主要向西方民族学诸学派学习，依托于西方民族学界的各种理论学派；1949 年以后，它又改为追随苏联民族学，成为苏维埃学派的一支。现在，经过近 30 年的发展，在学术上它已初步形成了自己的本土化特点，一个民族学的中国学派正在形成。

（二）发展分期

最近 30 年来，中国民族学的发展可以大略划分为如下三个时期。

（1）20 世纪 80 年代：恢复与重建时期

这一时期，中国的民族学、人类学教学、研究机构相继恢复与重建，十余所高校中建立了民族学、人类学学院、系或研究所等机构，几十所高校中开设了民族学、人类学课程。相关的期刊、专栏等也相继建立起来，国外有关的各类著作得到大量翻译和出版，国内学者的民族学、人类学著作和教材也陆续推出。

（2）20 世纪 90 年代：初步的发展与研究领域的拓展

到了 20 世纪 90 年代，特别是 90 年代中期以后，中国大陆改革开放以后的快速发展所带来的各种社会问题大量涌现，冷战结束以后世界性的民族主义浪潮对我国边疆民族地区的冲击，给中国带来了很多新的民族问题，这些都需要民族学、社会学等社会学科去研究和给予解释。政府和社会对民族学、人类学的研究更加重视，民族学界也积极参与到中国当前各种社会问题的调查研究中，获得了更快的发展，从引介国外理论方法为主发展到初步的创新性研究，研究领域也拓展到了几乎所有国际民族学界现有的各分支学科之中。

（3）21 世纪初期：进入发展的黄金时期

2000 年以后，中国民族学的研究受到政府和社会更大的关注和支持，与国际学术界的交流也更加密切，进入百年来发展的黄金时期。经过近 30 年的努力，中国民族学、人类学已能够与主流的国际学术界进行平等的讨论和对话，在学术上已初步形成了自己比较鲜明的特点，部分研究成果已列于国际学界关注的前列，在国际民族学界，它已初步自立门户，一个民族学的中国学派正在形成。

（三）进展概述

以下，我们对这 30 年所取得的进展分类作一扼要的概述。

1. 教学与研究机构

1980 年，中国民族学学会重建，目前全国有民族学会会员近 2000 人，其中约 45％为少数民族会员，包括 40 多个民族的成员。中国民族学学会下设三个分会：汉民族分会、回族分会和影视人类学分会。在各地方还相继建立了一些以地方的社会和民族研究为重点的民族学会。如：中国西南民族学会、黑龙江省民族研究学会、吉林省民族学会、新疆维吾尔自治区民族学人类学学会、云南民族学会、广东省民族研究学会、广西民族研究学会、湖北省民族研究学会、福建省民族研究学会等。一些民族还成立了单一民族的研究会。1981 年成立了中国人类学学会，目前有会员近千人。

以中央民族大学为首的中国十五所民族院校，大多建立了民族学教学与研究的学院、系或研究所。另外，云南大学、中山大学、厦门大学、兰州大学、北京大学等十余所高校也设立了民族学、人类学系、研究所或相关的专业。近年来，还不断有更多高校开设相关的课程。

在 20 世纪 80 年代高校恢复民族学、人类学专业的工作中，由于当时中国的多数民族学、人类学和社会学的顶尖级学者，如吴文藻、杨成志、费孝通、林耀华、陈永龄和宋蜀华等人，都集中于中央民族大学的研究部，所以走在了全国的前头。1983 年，中央民族大学在原研究部的基础上，最早建立民族学系。首任系主任林耀华先生在 1982 年全国民族学研究会举行首届会议的发言中，就对于如何重建民族学专业和民族学系做了详细的说明，实际上他的这个说明成为此后国内各高校建立民族学系、人类学系和从事民族学研究的指导性纲领。关于民族学的性质、特点和研究范围等问题，他说：

> 西方所谓人类学包括体质和社会（文化）两方面，而社会人类学等于民族学；因此，人类学和民族学在名词上是互通的，而国际人类

学和民族学协会也就是以两学科名称并举的一个国际学术团体。民族共同体的产生，远在原始时代就有了，从而我们不得不追溯人类的起源和发展，也就是人类本身的发展阶段和人类社会形态的发展有什么关系的问题。与此同时，人类发展到今人（新智人）阶段，又划分为世界各地不同种族，而种族和民族二者又有区别又有关系，甚至有时种族问题和民族问题是二者相同的一个问题，如美国的黑人问题就是这样。作为一个民族学者，如果不懂人类学知识，不仅在科学分类上弄不清楚，而且会把人和社会之间的错综复杂的关系搞糊涂了。……我们认为：人类学（体质人类学）、考古学、语言学和原始社会史应该作为民族学专业的基础课程。……第三类课程就是民族学专业课，如民族学调查方法、实地调查研究、民族学史、中国民族志、世界民族志等课程。……第四类选修课，学生读到三四年级时，按自己学习研究的方向，可以挑选系内外有关专业的课程，诸如地理学、民俗学、宗教学、民间文学、家庭婚姻发展史、人口问题、社会学等课选修课的开设主要看专业教师和有关专业教师在哪些方面有专门研究。这可以帮助同学确定将来的专门的研究方向，使他们既有广泛全面的专业基础知识，又有比较深入的向专门问题探讨的入门知识。……由于资产阶级利用民族学为本阶级利益服务，它的学者们标新立异，各立学派，把民族学作为研究所谓野蛮、落后、史前民族的一门科学。他们的目的很清楚，就是为资本帝国主义的殖民主义政策服务。苏联学者认为，民族学只是研究各民族的文化生活的科学，一直把它看做历史科学的一部分，很少联系现实的意义。新中国建立之后，我们的民族学研究，是在中国共产党领导下，结合革命实践发展起来的，它是既有理论意义，又具有现实意义的一门科学。换言之，新中国的民族学是在马列主义、毛泽东思想指导下，依据无产阶级世界观和历史唯物主义的原则，研究中国和世界各个发展阶段的民族共同体的一门学科。民族学在我国是社会科学的一部分，它的具体研究方法主要通过社会实地调查，结合有关学科材料和历史文献等，对各民族的起源、发展、社会经济、政治制度、文化生活、意识形态等各个部门进行全面的研究，以便探索和揭示民族这个共同体的发展规律（包括民族迁徙、同化、分裂和融合等）。这样做的目的，在国内是加强各民族之间的互相联系，促进民族团结，祖国统一；在国外增进对世界各国人民的了解，加强友好往来，共同合作并依据三个世界的理论，为建立国际统一战线，为反帝、反殖、反霸服务，以维护世界和平和促进人类的进步。①

中央民族学院于 1993 年改称中央民族大学，大学的民族学系于 1994 年扩建为民族学研究院，下辖六个系和研究所等单位（包括民族学系、藏学系、民族理论政策系、民族博物馆、民族研究所和岩画研究中心），2000 年又改名为民族学与社会学学院。该学院于 20 世纪 80 年代最早建立了本科、硕士、博士和博士后站几级完备的教学培养体系，目前有本科生、硕士和博士研究生共 1000 余人（研究生占一半），研究领域包括中国各民族社会与文化、世界民族、民族学理论与方法、应用民族学、历史民族学、民族经济、民族理论与政策、民族关系与认同、民族学史、生态民族学、民族文物、考古学、体质人类学等二十几个方面。该校是高校民族学教学与研究机构中师资力量最强、研究领域最全面的单位。

另外，云南大学、北京大学、兰州大学、厦门大学、中山大学和全国另外 15 所民族院校的民族学与人类学系（院、所）也有较强的师资力量，分别在民族学（人类学）理论与方法、历史民族学、都市人类学、地方民族研究等方面有突出的成绩，其中有近十所高校设有民族学或人类学博士点。

在社会科学院系统，中国社会科学院的民族学与人类学研究所、研究生院民族系是高校系统以外在民族学与人类学领域实力最突出的研究机构。

---

① 林耀华：《创立民族学系培养民族工作人才》，《民族研究》1982 年第 6 期。

2. 基础理论研究与应用研究

（1）民族学（人类学）理论与方法的研究

费孝通先生在谈及中国社会学、民族学和人类学的研究现状时曾说："我们的学者需要'补课'，我们的学科底子薄弱，在这样一个瞬息即变的世界里，我们所掌握的研究办法能否适应研究对象？适应了研究对象又能否提出有深度、有历史感的看法？"①

费先生所说的学科底子薄弱，主要是指多年来我国民族学界在学科理论和研究方法上缺乏积累，缺乏对国际学术界有关成果的了解与吸收，自然更缺乏对学科理论的创新。从我国民族学理论的研究来看，目前仍然在做"补课"的工作。国内学者主要是以各种方式在学习、介绍和跟踪国际民族学（人类学）界理论的发展。这主要表现于在教学和研究中，较多地集中于介绍、翻译和评介国外民族学的经典理论和著作，当前研究的动态和后现代的理论走向。②

20世纪80年代，在民族学和人类学恢复的初期，国内学者翻译介绍的重点是通论类和教科书类的著作。如辽宁人民出版社于80年代出版的"人与文化丛书"中就有多部这类著作。也翻译一些学科介绍性文章，如，中国社会科学院民族研究所和中央民族学院民族研究所编译的《民族学译文集》③。90年代以后，中国学者也开始编写出版本专业的教科书。④ 同时，翻译介绍国外著作的重点则转向了20世纪20～50年代的一些经典著

---

① 费孝通：《21世纪人类学面临的新挑战》，《广西民族学院学报》（哲学社会科学版）2000年第5期。

② 〔美〕C. 恩伯等：《文化的变异：现代文化人类学通论》，杜杉杉译，辽宁人民出版社，1988；〔美〕F. 普洛格等：《文化演进与人类行为》，吴爱明等译，辽宁人民出版社，1988；〔美〕R. M. 基辛：《文化·社会·个人》，甘华鸣等译，辽宁人民出版社，1988；〔苏〕勃罗姆列伊等主编《民族学基础》，赵俊智译，中国社会科学出版社，1988；〔美〕罗伯特·F. 墨菲：《文化与社会人类学引论》，王卓君等译，商务印书馆，1991。以上五部皆为美国和苏联人类学、民族学专业的教科书。

③ 第一、二集由中央民族学院出版社分别于1987年和1989年出版，第三集由中国社会科学出版社于1991年出版。

④ 林耀华主编《民族学通论》，中央民族学院出版社，1990；周光大：《民族学概论》，广西民族出版社，1992；司马云杰：《文化社会学》，山东人民出版社，1990。

作。如，华夏出版社的"现代人类学经典译丛"于 2002 年出版的第一批译著就有 5 部。① 近年来，中国学者已经更多倾向于重点翻译介绍国外学者更新的当代著作，主要是近十余年来发表的著作和论文。② 近年来，西方一些民族学、人类学杂志上的论文已经可以几乎同步地以中文出现了。这一方面因为中外学术的交流更加频繁与深入，另一方面因为出现了英文杂志的中文版形式。③ 同时，也出版了一批对西方民族学著作进行评介的著作。④

近三十年来的翻译和评介的工作，实际上是继 20 世纪之初所开始的大量译介国外民族学类著作的热潮之后，再次大规模地引进作为完整系统的西方民族学（文化人类学）的理论和方法。同时，中国民族学界结合中国的国情，结合中国民族学发展的历史和特点，在民族学与人类学理论、方法本土化方面也有一定的进展。例如：在有关"民族"的定义和"族群"的认同与关系等理论方面，有较多深入的讨论。其中有学者在《理解民族关系的新思路——少数族群问题的去政治化》⑤ 一文中提出了以文化化代替政治化的主张，有较大的影响。在"民族"与"族群"两个概念的讨论

---

① 马林诺夫斯基：《文化论》，费孝通译；雷蒙德·弗思：《人文类型》，费孝通译；拉德克利夫·布朗：《社会人类学方法》，夏建中译；马林诺夫斯基：《西太平洋的航海者》，梁永佳等译；埃文思·普理查德：《努尔人》，褚建芳等译，华夏出版社，2002。

② 〔德〕沃尔夫冈·查普夫：《现代化与社会转型》，陈黎等译，社会科学文献出版社，2000；〔美〕乔治·E. 马尔库斯等：《作为文化批评的人类学》，王铭铭等译，三联书店，1998；〔意〕艾柯等：《诠释与过度诠释》，王宇根译，三联书店，1997；马原曦等编《社会性别与发展译文集》，三联书店，2000；〔英〕安东尼·D. 史密斯：《全球化时代的民族与民族主义》，龚维斌、良警宇译，中央编译出版社，2002；〔英〕奈杰尔·巴利：《天真的人类学家》，何颖怡译，上海人民出版社，2003；〔美〕M. E. 斯皮罗：《文化与人》，徐俊等译，社会科学文献出版社，1999。

③ 联合国教科文组织于 1949 年创办的英文学术刊物《国际社会科学杂志》（*International Social Science Journal*）就在中国创办了中文版，已经由社会科学文献出版社同步出版15年。

④ 鲍晓兰主编《西方女性主义研究评介》，三联书店，1995；中国社会科学杂志社编《人类学的趋势》，社会科学文献出版社，2000；戴裔煊：《西方民族学史》，社会科学文献出版社，2001；夏建中：《文化人类学理论学派》，中国人民大学出版社，1997；刘霓：《西方女性学》，社会科学文献出版社，2001。

⑤ 马戎：《理解民族关系的新思路：少数族群问题的去政治化》，《北京大学学报》（哲学社会科学版）2004 年第 6 期。

上，部分学者的论文将中西学者有关的理论进行了比较，提出了一些新的解释。在方法的研究上，近年来学者们较多地在实地调查的方法、历史学与民族学的结合等方面进行了探讨。如对口述史方法的讨论①，用历史学与民族学相结合的方法，用民族学的质性与社会学的量化相结合的方法对当代民族社会文化的研究等②。近年来，出版了较多有关民族学、人类学方法论和田野调查方法的著作。③

（2）民族学的应用研究

中国的民族学学科发展的根本途径就是紧密地联系中国社会，从民族学、人类学的角度正确地解释中国各民族的社会实际，并以此为中国的社会发展服务。在这种结合中，通过对大量第一手资料的分析，才可能不断创新民族学的理论和方法并实现本土化。近年来，中国民族学在结合实际的应用研究方面，与理论和方法的研究相比，取得了较明显的成绩。主要表现在发展问题、环境问题和民族关系等问题的研究方面。

其中，影响最大的是由中央民族大学、北京大学和国家民委合作承担的"中国人口较少民族经济和社会发展调查研究"项目。该项目自 2000年开始展开，2002 年第一期调查报告完成并上报国务院，④ 国务院据此发出第 44 号文件，给予 22 个人口较少的民族以数十亿元的发展支持。

在民族发展问题的研究中，首先值得注意的是近年来学者们开始重新审视什么是我们所需要的"发展"，更多的论文讨论的是现代化和国家的

---

① 定宜庄：《口述传统与口述历史》，《广西民族学院学报》（哲学社会科学版）2003 年第 3期；胡鸿保：《口述史的田野作业和文献》，广西民族学院学报（哲学社会科学版）2003年第 3 期。

② Yang Shengmin：*Characteristics of Social Organization in Arid Environment*，Environment Development and Culture in Asia-Pacific Societies，31 March 2003，No. 6，pp. 120 – 129（Tokyo Japan）；杨圣敏：《民族学研究的方法：田野调查与民族志》，《光明日报》2003 年 6 月 17日第 4 版。

③ 容观瓊：《人类学方法论》，广西民族出版社，1999；宋蜀华、白振声：《民族学理论与方法》，中央民族大学出版社，1998；汪宁生：《文化人类学调查》，文物出版社，2002；叶至诚：《调研方法与调研报告》，中国纺织出版社，2002。

④ 该报告获得国家民委 2002 年优秀调研报告一等奖。

西部开发背景下少数民族发展的道路问题①。在现代化和西部开发的过程中，如何维持可持续的发展，如何使传统文化与经济协调发展，如何保护环境，是近年来学者们讨论较多的问题②。这些研究对于社会、政府和当地的社区与民族都有较重要的参考价值。

关于民族关系问题的研究也有较多的成果发表。其中有的研究针对全球范围的不同民族与文化之间的冲突③，有的针对全球化与民族多元文化之间的冲突④，也有的则讨论通婚、语言等因素对民族关系的影响⑤。

3. 成果与创新

近年来，中国民族学在基础理论研究和应用研究上都取得了非常丰富的成果。其中一部分成果对国际民族学、人类学界普遍关注的传统理论有修正和发展的意义，一部分成果进一步丰富、突出了中国民族学研究的理论和方法上的本土化特点。

（1）分支学科逐渐建立起来

经过多年的努力和积累，近年来，我国民族学和人类学的一些分支学科已经初步建立起来。这主要表现在：出版了一批分支学科的教材和著作；各高校的民族学和人类学系都新开设了相应的课程；特别是学者们的研究已经越来越明显地划分出了不同的理论和方法的视角，从而增加了研究的深度，也推动了一些分支学科学会的建立和分支学术会议的召开。

近年来，主要有如下一批分支学科的教材、通讯和著作出版：经济人

---

① 于长江：《现代化过程中的赫哲族：文化还是生产方式》，《广西民族学院学报》（哲学社会科学版）2003 年第 2 期；高永久：《西北民族地区城市地域空间结构研究》，《中南民族大学学报》（人文社会科学版）2004 年第 6 期；石奕龙：《经济趋同与表意文化的特化：中国现代化过程中少数民族发展的双重性》，《思想战线》2004 年第 4 期。

② 李亦园：《环境、族群与文化》，《广西民族学院学报》（哲学社会科学版）2003 年第 2 期；杨圣敏：《环境与家族：塔吉克人文化的特点》，《广西民族学院学报》（哲学社会科学版）2003 年第 2 期；良警宇：《旅游开发与民族文化和生态环境的保护》，《广西民族学院学报》（哲学社会科学版）2005 年第 1 期；才惠莲：《西部大开发与环境权探析》，《中南民族大学学报》（人文社会科学版）2003 年第 6 期。

③ 范可：《文明冲突与和而不同》，《广西民族学院学报》2003 年第 5 期。

④ 王锋：《全球化的挑战与民族文化的应答》，《西北民族研究》2004 年第 3 期。

⑤ 马戎：《语言使用与族群关系》，《西北民族研究》2004 年第 1 期；梁茂春：《什么因素影响族际通婚》，《西北民族研究》2004 年第 3 期。

类学①、影视人类学②、体质人类学③、都市人类学④、宗教人类学⑤、应用
人类学⑥、青年人类学和生态人类学等⑦。另外，法人类学、妇女人类学等
分支学科虽然还不见教材出版，但已有多部相关的研究著作和译著问世⑧。
近年来，历史人类学、审美人类学、教育人类学、移民人类学、乡村人类
学和医学人类学等分支学科也都有一批学者从事研究，并且其成果已形成
一定的影响。⑨

（2）对国际民族学界传统理论的冲击

民族学、人类学是来自西方的"舶来品"，在中国发展的时间不长，
又几经坎坷，因此在学术成果、研究队伍方面比较薄弱，在国际学术界的
地位有待提升。近年来中国民族学界的研究水平有较明显的提高，其研究
成果日益受到国际学术界的关注，有的成果对国际民族学界的传统理论形
成了冲击，在国际民族学、人类学界产生了一定的影响。其中，有关婚姻
制度的研究成果⑩，引起欧美民族学和人类学界的注意。此著作出版后，

---

① 施琳：《经济人类学》，中央民族大学出版社，2002。

② 影视人类学分会编《影视人类学概论》，社会科学文献出版社，2000；影视人类学分会：
《影视人类学通讯》1996～2004；杨建新主编《视觉对话》，民族出版社，2003。

③ 朱泓：《体质人类学》，高等教育出版社，2004。

④ 周大鸣：《现代都市人类学》，中山大学出版社，1997；阮西湖：《都市人类学》，华夏出
版社，1991；周大鸣：《都市人类学三题》，中山大学出版社，1991；李德洙：《都市人类
学与边疆城市理论研究》，中国航天出版社，1996；中国都市人类学会编：《中国都市人
类学会通讯》，1990～2004。

⑤ 金泽：《宗教人类学导论》，宗教文化出版社，2001；牟钟鉴主编《宗教与民族》，宗教文
化出版社，2003。

⑥ 石奕龙：《应用人类学》，厦门大学出版社，1996；谢剑：《理论与实践：当代应用人类学
简介》，四川人民出版社，1990。

⑦ 曹兴等：《青年人类学》，吉林人民出版社，1991。

⑧ 唐纳德·L. 哈迪斯蒂：《生态人类学》，郭凡等译，文物出版社，2002；刘树松主编《经
济·文化·环境》，中央民族大学出版社，1998；《环境与社会》，肖晨阳等译，天津人民
出版社，1998；周勇：《少数人权利的法理》，社会科学文献出版社，2002；刘霓：《西方
女性学》，社会科学文献出版社，2001。

⑨ 参见《广西民族学院学报》（哲学社会科学版）2003 年第 3 期、2004 年第 1 期、2004 年
第 3 期和 2005 年第 3 期；《思想战线》2005 年第 1 期。

⑩ 蔡华：《无父无夫的社会》法文版，巴黎：法国大学出版社，1997；并见施传钢、翁乃群
等人相关研究。

世界一些著名的人类学家如法国的列维—斯特劳斯、英国的罗德尼·尼德姆、美国的克利弗德·格尔茨等人都发文评论，给予很高的关注。①

中国学者在婚姻制度和云南摩梭人研究领域的成就，是几十年来学术积累的结果。早在 20 世纪五六十年代，老一代中国民族学家就相继进行摩梭人的调查研究并且发表了多部专著。② 对于此问题的解释尽管在国内外都有不同意见，③ 但这项研究本身说明了中国民族学界经过几十年的积累，已有越来越多的成果达到世界一流水平并对国际民族学的理论发展做出了贡献。

（3）结合实际的应用成果突出

中国民族学界的传统特点是结合社会问题实际的应用研究优于基础理论研究。特别是近 30 年来，随着中国社会巨大的发展与变革，很多新的社会、民族问题凸显出来。民族学界的研究几乎介入了所有这些问题。其中包括经济全球一体化与地方民族文化多元化的关系问题，民族关系与民族冲突问题，现代化背景下的宗教发展趋势，西部开发背景下的少数民族地区的发展问题，民族传统文化与经济协调发展的问题，民族主义思潮与民族分裂问题，城市少数民族流动人口问题，民族教育问题，少数民族语言与汉语的关系问题和民族政策的研究等。

这些问题的研究成果，一部分以专著、论文和调研报告的形式公开发表，更多的是给各级政府的内部报告。这些报告为政府调整和制定相关的政策提供了重要参考。前述《中国人口较少民族经济和社会发展调研报告》中的意见被国务院及时采用，就是突出的例子。

4. 历史学与民族学的结合

中国的民族学、人类学尽管基础薄弱，但也有其优越之处，这就是中国五千年文明史留给学者们的浩如烟海的历史文献。在中国，历史学是传

---

① 〔美〕克利福德·格尔茨：《走访——评蔡华著〈无父无夫的社会：中国的纳人〉》，《民族研究》2002 年第 1 期。

② 严汝娴、宋兆麟：《永宁纳西族的母系制》，云南人民出版社，1991；詹承绪：《永宁纳西族母系父系并存家庭试析》，《中国社会科学》1981 年第 4 期。

③ 韩俊魁：《两个文本中关于纳人共居的比较与评析》，《中南民族大学学报》2004 年第 6 期。

统最悠久，积累最深厚的一门学科。借鉴历史学的一些方法和传统，充分利用丰富的历史文献，是中国民族学、人类学研究中的一个传统和优势。近年来发表的很多民族学著作与论文，充分利用历史文献，一方面对所研究的社区、民族、人群作背景的介绍；另一方面在对当前的一些社会与文化现象进行分析时，能够深入挖掘出这些现象的历史原因，从而给予更准确深入的解释。其中比较突出的是民族学口述史的研究方法已经明显不同于西方学者的口述史传统。中国学者大多借鉴历史文献和历史学考辨文献的能力，将文献介入口述史的研究，利用文献来校正口述的偏差，利用文献来解释口述内容的意义，从而使得中国学者的口述史研究别具一格。①

（四）中国学派已初现端倪

进入21世纪以来，中国的民族学明显加快了步伐，进入其百年来发展的黄金时期。首先，社会和政府给予了该学科更多的关注与支持。2004年10月22日，中共中央政治局第16次集体学习邀请了两位中国的民族学家讲课，课后胡锦涛总书记发表讲话，要求全党全国都要注重学习民族学、人类学和民族理论的知识。这是半个世纪以来中国最高领导人第一次如此重视民族学专业，应是中国民族学学科发展史上一个重要的事件，也是民族学学科地位提高的一个重要标志。②

其次，中国民族学、人类学在国际学术界的影响也进一步提升。2000年7月，来自全球40多个国家的数百名民族学与人类学家在北京召开了国际人类学与民族学中期会议，这是中国民族学人类学界全面参与国际民族学人类学学术交流活动的里程碑。为了进一步加强国际交流，提升中国民族学界的国际影响，中国民族学人类学研究会在与意大利民族学人类学会的竞争中获胜，2002年，国际人类学与民族学联合会执委会决定2009年的第十六届世界大会在中国召开，由中国民族学人类学研究会负责筹办。

---

① 定宜庄：《口述传统与口述历史》，《广西民族学院学报》（哲学社会科学版）2003年第3期。
② 《胡锦涛在中共中央政治局第16次集体学习时强调：做好新形势下的民族工作促进各民族共同繁荣进步》《人民日报》2004年10月23日第1版。

这标志着中国的民族学、人类学已成为国际民族学人类学界的一支重要力量。

为了迎接这次大会,展示中国民族学界的研究成果,2004 年,国家民委和中国民族学人类学联合会召集各高校及社科院系统的相关单位,成立了筹备委员会。2005 年,在筹备委员会的协调下,确定了大会的基本议程,各分支学科的议题,学者们都在积极进行着相关题目的准备,筹委会还积极组织将部分国内学者的代表性论文和专著翻译成英文,在大会召开之前让国际学术界更多了解我国的民族学与人类学研究。

2009 年 7 月 27～31 日,经过多年的储备,国际人类学与民族学联合会第 16 届世界大会在昆明隆重召开。大会由国际人类学民族学联合会主办,中国人类学民族学研究会承办。来自世界 100 多个国家和地区的 2000 多位国外民族学人类学学者,来自中国各大专院校、研究机构、政府部门和民间团体的 3000 多位学者和研究者,共 5000 多人会聚一堂,在中国民族学、人类学史上,盛况空前。国际人类学与民族学联合会主席瓦格斯先生和中国人类学民族学研究会主席、国家民委主任杨晶主持了会议开幕式,国务院副总理回良玉在开幕式上讲话,全国政协主席贾庆林接见了参会的各国著名学者。大会分为 32 个门类,219 个专题,19 个影视专题,在 66 个分会场同时进行了研讨。议题包括学科理论方法、文化多样性、生态环境、社会变迁、可持续发展、都市、农村、移民、教育、语言、妇女、儿童、青年、老年、性别、全球化与传统文化、民族理论与政策、建筑、基因研究、企业、土著知识、民族关系、民族发展等几十个领域。20 位国际著名学者在名家讲座中演讲,几千位学者在各分会场发言。大会还举办了多场学术展览,其中包括研究机构及个人学术展览、国际人类学与民族学联合会 60 年回顾展、多彩中华——中国民族工作成就展、中国人类学民族学百年展、人类学民族学图书展、世界各国本土文化展等。其中,中国人类学民族学百年展最受各国学者关注并被瓦格斯主席称为最好的展览。

多年来,中国民族学人类学者与国外学者之间囿于语言的隔阂,互相了解不够,特别是国外学界对中国学者的研究了解甚少,此次会议有力地推动了双方的交流,提高了中国民族学人类学在国际学界的影响,也让更多国外学者了解了中国的国情、中国民族工作的巨大成就与中国的民族政策和中国各民族的发展进步。

近年来，学界经过对百年来中国民族学界研究成果的继承与总结，特别是对近30年来中国民族学界研究成果的总结，已经可以比较清楚地看到民族学的中国学派已初现端倪。其中，乔健先生总结的以费孝通先生为代表的"中国历史功能学派"是一个影响较大的观点。他说：

> 今天，费先生早已超越了名人的境界，而正式进入了历史，成为在建立人类学、社会学或者综合地来说文化理论的世界级大师之一，奠定了永恒的与普世的历史地位。所以我在2005年汇编的《文化理论读本》中把费先生与拉德克利夫·布朗、马林诺夫斯基、列维—斯特劳斯等并列为12位建构现代文化理论的主要贡献者。其他8位包括Julian Steward、Marshall Sahlins、Talcott Parsons、Erich Fromm、Ruth Benedict、Margaret Mead、Robert Redfield及Victor Tumer。……另外一位也应该有资格列入的中国学者是许烺光先生，不过他的发展主要在美国，而著作也全是英文的。①

费先生早年特别是"文革"后的20多年的广博浩瀚的著作无疑已蔚然形成了一个学派。如何描述与分析这些广博的著述？……我认为费先生所建立的理论，可以叫作历史功能论（History Functionalism）。费先生曾告诉巴博德（Burton Pastemak），早在去LSE之前他便已是一位功能论者，他早期对花篮瑶的研究便是功能论的分析。他的首位功能论导师自然是Malinnowski。Radcliff-Brown来中国讲学的时候，费先生正在家乡疗伤，没有直接接触，但他自承读了不少R. B.的著作，而他的功能观点更接近后者。请看他对巴博德的一段非常重要的谈话：

---

① 乔健：《试说费孝通的历史功能论》，杨圣敏主编《中国人类学民族学学科建设百年文选》，知识产权出版社，2008。

马林诺夫斯基着重文化的生物基础，他把一切文化和人的基本需要相联系，但除了那点之外他的思维接近于拉德克利夫·布朗的思想。我的功能观点不完全和马林诺夫斯基相同，因为我不愿过分强调基本需要，在这一点上更接近于拉德克里夫·布朗，或者涂尔干。我不得不说我曾受到涂尔干的强烈影响，因为我一直接受这种观点：即社会构成一种和生物性质不同的实体，它不仅仅是个人的联合，也等于说，一加一不等于二，而多于二。然而，当我特别被涂尔干的集体意识概念吸引的时候，作为一个中国人我发觉有必要把他的概念转成垂直的。他的概念像是一个平面的人际关系；而中国的整合观念是垂直的，是代际关系。

费先生从中国文化的观点把 R. B. 的功能概念从平面转换成垂直，也即是在他们的功能理论中加入了历史的因素。这实在是提供给功能理论一项创造性的转换。经此一转换，功能理论具备了新的历史面相，不仅对中国文化，对其他非西方文化甚至西方文化都能发挥更深刻的阐释作用。我因而指称费先生的功能理论为历史功能论（Historical Functionalism）。

除了乔健先生总结的历史功能论之外，我们认为中国学派另外一些重要特点如下：在民族学研究中坚持马克思主义立场和观点；以对当代中国社会的调查和分析作为主要的研究领域，并逐渐扩大对国外社会文化的研究；开展对中国传统文化的发掘；对西方民族学人类学理论和研究成果既积极汲取，又认真反思。

中国民族学学科设置叙史与学科建设的思考

——兼谈人类学的学科地位

郝时远

法国民族学家若盎·塞尔维埃说："民族学和'人文科学'许多其他科学，具备了一个共同特征，即每一次都要重新证实一下自己的历史。"[①]的确如此。对民族学学科史的"重新证实"，几乎见诸所有解读民族学是什么的论著、论文、文章之中，而且不可避免地与人类学相交集。既然这种"重新证实"已经成为"行规"，故本文在以民族学的学科设置为主题的讨论中，也不可避免地会追溯学科史的一些背景。中国学界对民族学的学科解读，首推90年前蔡元培先生的《说民族学》一文。而随后出现、延续至今的"重新证实"，虽然不断丰富和完善着民族学的学科发展史，但是就学科认知的基本范畴而言，亦鲜有出其右者。

一 蔡元培对民族学的学科定位略说[②]

19世纪上半叶，Ethnology 作为人文社会科学的一个学科称谓，在西欧

---

① 〔法〕若盎·塞尔维埃:《民族学》，王光译，商务印书馆，1996，第1页。
② 有关蔡元培先生对民族学的学科性解读，学界同仁早有详述，如王建民的《中国民族学史》上卷（云南民族教育出版社，1997），本文赘言略说唯在铺垫下文的讨论，亦期深化理解蔡文对民族学学科建设的启示。

崭露头角。这门学问在 20 世纪初年传入中国之后，曾以"民种学""人种学"的名义传播。直到 1926 年蔡元培先生发表《说民族学》一文，西文的 Ethnology 始获得一个中国本土化的学科名称——民族学。

蔡元培先生在《说民族学》一文中，开宗明义地对这一学科做出了精练的定义："民族学是一种考察各民族的文化而从事于记录和比较的学问。"[①] 他对"记录的民族学"与"比较的民族学"所做的阐释，兼顾了中西文化传统的史志渊源，述及了民族学研究文化之属的目类，涉及了民族学与历史学、经济学、社会学、音乐学、语言学、地理学、文学等诸多学科的知识互渗及其关联。其中，也专门谈及了民族学与人类学、人种学、考古学的关系。

蔡元培先生认为："人类学是以动物学的眼光观察人类全体，求他的生理上心理上与其他动物的异同；势不能不对于人类各族互有异同的要点，加以注意；似乎人类学有包含民族学的倾向；所以从前学者，也或用 Anthropologie（人类学）作为民族学的名。然现今民族学注重于各民族文化的异同，头绪纷繁，决不是人类学所能收容，久已离人类学而独立。"至于人种学，他认为是研究人类种族的差别、分布与混杂的情形。而考古学所得资料，亦需民族学资料来证明"才能知道详细的作用"。[②]

1930 年，蔡元培先生在中国社会学社成立时发表了《社会学与民族学》的演讲。他表示自己并非社会学家，故以他所热衷的民族学为例，讲述了民族学的学科特点、研究状况及其对社会学的意义。其中在介绍民族学（Ethnologie）一词源于希腊语 Ethnos（民族）与 Logos（学）两字组成时，提到："但美国学者，往往使用文化人类学的名，藉以别于体质人类学。"[③] 其意不难体会，即美国学者所用文化人类学之称，即是他理解的欧陆民族学。

---

① 蔡元培：《说民族学》，娄子匡教授主编《国立北京大学、中国民俗学会民俗丛书专号②·民族篇》，中国民俗学会景印，1976。
② 蔡元培：《社会学与民族学》，娄子匡教授主编《国立北京大学、中国民俗学会民俗丛书专号②·民族篇》，中国民俗学会景印，1976。
③ 蔡元培：《社会学与民族学》，娄子匡教授主编《国立北京大学、中国民俗学会民俗丛书专号②·民族篇》，中国民俗学会景印，1976。

1934 年，蔡元培先生又发表了《民族学上之进化观》一文，其中述及："民族学，英美即以属于人类学（Anthropology）之中，与体质的人类学（Physical Anthropology）对待而称为文化人类学（Cultural Anthropology）。所以人类学是半属理科，半属文科。"① 蔡元培先生作为西方 Ethnology 学科传入中国并贴切命名为中文民族学的前辈大家，在其解读民族学的学科属性、研究对象、方法论与相关学科关系的上述著述中，明确了民族学学科的一系列基本问题：

研究对象——各民族的文化；

研究方法——记录（事实要从实地考察上得来）、比较（举各民族物质上、行为上各种形态而比较它们的不同）；

研究视野——世界各民族（尤以初民社会为重）；

理论取向——进化论；

思想方法——"民族的文化随时代而进步"（发展变化）；

研究态度——与研究对象相接近、通其语言、知其历史、"往往化去优劣的差别"（平等观）；

研究证明——"现代开化的祖先，正与现代的野蛮人相等"（社会发展史）；

知识结构——包容诸多学科的知识、为诸多学科提供民族学知识。

同时，在民族学与人类学的关系方面，他指出两点：一是当时西方主流的"以动物学的眼光观察人类全体"的人类学，不能囊括民族学，民族学已经成为独立学科；二是欧洲大陆的民族学，在英美称之为文化人类学。蔡元培先生对西方民族学的中国本土解读及其关涉人类学的辨析，顾定国评价为："《说民族学》反映了欧洲的文化'民族学家'与体质'人类学家'之间的分野，为全面、整体论的'民族学'（或称'文化人类学'或'社会人类学'）提供了基本原理。"② 应该说，蔡元培先生对民族

---

① 蔡元培：《民族学上之进化观》，娄子匡教授主编《国立北京大学、中国民俗学会民俗丛书专号②·民族篇》，中国民俗学会景印，1976。

② 〔美〕顾定国：《中国人类学逸史——从马林诺斯基到莫斯科到毛泽东》，胡鸿保、周燕译，社会科学文献出版社，2000，第 39 页。

学与人类学的学科定位，的确反映了当时西方人类学正在分化发展的走向。传统的民族学与人类学从"身体与文化"上区分开来不难理解，但是欧陆的民族学在英美称为文化（社会）人类学，是不是实质一样而名称有别，这一"名实"问题仍值得探讨。

继 1926 年蔡元培先生《说民族学》之后，中国学术界对民族学的学科性解读比比皆是、不断深入。1936 年，中国民族学界的第一份专业刊物面世，即中山文化教育馆编辑、商务印书馆出版的《民族学研究集刊》第一期。该期所刊一系列论文，不仅反映了当时中国民族学人类学研究的最高水准，而且这份刊物大大提升了民族学的学科地位，"具有里程碑的意义"。[①] 确实如此。尤其是所刊黄文山、卫惠林、杨堃等前辈学人有关民族学的学科辨析，堪称大作，为人们认识西方民族学的缘起、早期学科发展脉络、中国民族学步入现代学科建设等，可谓大有裨益。时至今日，这些学术遗产对思考当代中国特色民族学学科建设，仍具有十分重要的启迪作用。

二 民族学相当（等同）于文化人类学之说

从蔡元培先生评介民族学始，欧陆民族学的学科属性即被普遍认知为相当或等同于英美的文化（社会）人类学。这种认知，在对民族学学科史的"重新证实"中，已经成为后续学人反复述说的定论。因此，在解释或回答民族学是什么的问题时，最普遍、最简单或最直接的答案——"民族学相当于文化（社会）人类学"，或者解释为在法德等国学界称为民族学、英美学界称为文化（社会）人类学。

但是，仔细想来，这似乎成为一个奇怪的对话：问"甲"是谁时，答案是"甲"相当于"乙"。反过来，似乎鲜有人提出"乙"是谁的问题，也少有人如前辈学人黄文山先生在其论文标题中所示——"文化人类学

---

① 王建民：《民族学期刊发展的历史回顾——写在〈民族学刊〉创刊之际》，《民族学刊》2010 年第 1 期。

（民族学）"。① 如果做一个并不恰当的比喻，从同卵双生的同性"双胞胎"去理解，"甲""乙"之间表象的"相当"性显而易见。但人们在感叹这种"甲""乙"表象"相当"（甚至几乎一模一样）的同时，都试图分清他（她）和他（她）哪个是"甲"、哪个是"乙"。即哪个是哥哥（姐姐）、哪个是弟弟（妹妹），以及他们各自享有的名字，进而从表象延伸到他们内在的心理、性格，外在的特长、职业，等等。在这种情况下，"甲"相当于"乙"也就不再成立。

从这个意义上说，民族学相当（等同）于文化（社会）人类学之说，是指"表象"的"相当"，抑或指"实质"的"等同"？这种"相当"是否存在差异？或者这种差异是否构成了两者并存的学科边界？乃至是否有必要认知它们的差异？回答这类问题，有必要从民族学、人类学的学科肇启、相互关系和早期中国学人的辨析解读中去寻求线索。

民族学（Ethnology），作为西方科学革命的产物，在西方科学史的知识谱系中溯源久远，甚至"民族学"之称可上溯到 17 世纪初年德国马格德堡出版的《民族学世界》丛刊。但一般的认知是 1830 年法国自然科学家让·雅克·昂佩勒将其列入了人文科学的分类图式之中。② 1839 年，法国博物学家爱德华主持成立了巴黎民族学会（Sociètè ethnologique de Paris），③ 象征这门学问跻身于现代科学领域，法国也因此被称为民族学的发源地。④

19 世纪上半叶，是民族学形成发展的高涨时期，在法国（1839）、美国（1842）、英国（1843）相继成立的民族学学会，代表了这门学问学科化、组织化的发展。而当时的民族学与已经兴起的古物学、地质学关系密切。源自北欧丹麦、瑞典的古物学革命产生的史前考古学，对西欧国家产生了重要影响。1851 年，英国考古协会"承认民族学作为一个独立学科"。

---

① 黄文山：《民族学与中国民族研究》，《民族学研究集刊》第一期，1936。
② 〔苏〕C. A. 托卡列夫：《外国民族史》，汤正方译，中国社会科学出版社，1983，第23 页。
③ 卫惠林：《民族学的对象领域及其关联的问题》，《民族学研究集刊》第一期，1936。
④ 杨堃：《法国民族学之过去与现在》，《民族学研究集刊》第一期，1936。

因为"1840—1870年的三十年间，史前考古学的成就都出自地质学部和民族学部"。① 但是，随着人类学的兴起，民族学的独立学科地位受到了挑战。

人类学（Anthropology），在西方科学史的知识谱系中虽然不似民族学那样溯源于古希腊时代的史学巨著（虽然不乏这种努力），但是就学科名称而言也可追溯到1501年德国学者洪德（M. Hundlt）名下，② 或"1596年新教人文主义者奥·卡斯曼（O. Casmann）以'人类学'为题出版了一本书"，抑或1789年康德冠名人类学的著作发表。③ 当然，1735年瑞典生物学家卡罗勒斯·林奈发表的《自然系统》一书中的动物分类学，为人类学"结合身体和文化两方面的特征，勾勒出各类人种间的显著差异"奠定了基础，进而彰显了"强调体质特征在分类学和人类学上的重要性"。④ 因此，民族学在法国初始时确定的研究对象建立在"身体与文化"基础之上可谓顺理成章，而人类学则从古人类化石的鉴别而介入了"身体与文化"的学科领域。

19世纪下半叶，随着进化论思想的传播和影响，人类学出现了异军突起的发展态势。作为达尔文进化论的有力支持者，在人类头盖骨研究方面卓有成就的法国外科医生、神经病理学家、人类学家皮埃尔·保尔·布罗卡，于1859年倡导成立了"巴黎人类学学会"（Sociètè Anthroplogique de Paris），以"人类的科学"名义，宣称"人类的生命与生活的全体为其研究的对象"，由此"而降黜民族学于其属从的地位"。随后，遭遇人类学学者非议的"伦敦民族学学会"，也在"不列颠科学促进协会"的大会辩论中败北，被1863年成立的"人类学学会"所取代。⑤ 由此拉开了人类学与

---

① 〔英〕格林·丹尼尔《考古学一百五十年》，黄其煦译、安志敏校，文物出版社，1987，第104页。

② 黄淑聘、龚佩华：《文化人类学理论方法研究》，广东高等教育出版社，1996，第5页。

③ 〔德〕M. 兰德曼：《哲学人类学》，阎嘉译、苏克校，贵州人民出版社，2006，第3、41页。

④ 〔美〕威廉·科尔曼：《19世纪的生物学和人学》，严晴燕译，复旦大学出版社，2000，第104页。

⑤ 卫惠林：《民族学的对象领域及其关联的问题》，《民族学研究集刊》第一期，1936。

民族学纠缠不清（间或相互毁诽）的跨世纪学科争论。对此，本文无意去梳理和溯说，只是为"相当"之说提供一个历史远景而已。

1985 年，美国学者埃尔曼·R. 瑟维斯出版了 *A Century of Controversy：Ethnological Issues from 1860 to 1960* 一书，可以直译为《一个世纪的争论：从 1860 年到 1960 年的民族学问题》。1997 年该书翻译为中文时，书名译为《人类学百年争论：1860—1960》。译者认为作者是美国的人类学家，书中的 ethnology 一词在中文中"既可理解为文化人类学也可理解为民族学"，况且书中所涉及的人物"普遍均被欧美学术界视为人类学家"，所以采用了"人类学"的书名。同时，该书作者在序言中也交代了他使用 ethnology 一词的原委：一是这本书是"从民族学的学术发展本身，而不是从所涉及的各种人物的生平对民族学的历史进行了评价"；二是使用民族学为题而非文化人类学或社会人类学，目的是避免一些学派的名实之争；三是他所使用的民族学一词，是基于"民族学通常被视为文化人类学的一个主要分支，其他分支是人类考古学和人类语言学"这一定义。① 可见，中文话语中民族学相当于文化（社会）人类学之说，的确是源自西方学界由来已久"名实之争"的一种观点，而且在该作者的理解中民族学只是文化人类学的一个主要分支。按照这种理解和作者使用"民族学"为主题，似乎表明民族学是文化人类学分支中与"人类考古学""人类语言学"并列且为主的一个分支学科。按照一般的知识，可以理解为作者在人类学"身体与文化"两大领域中，即体质人类学、文化人类学中，将考古学、语言学、民族学视为文化人类学旗下的分支学科。

就欧陆民族学兴衰嬗替、可见一斑者的境遇而言，即如杨堃先生介绍法国民族学时所说：自 19 世纪后期，大体而言"民族学在法国完全是人

---

① 〔美〕埃尔曼·R. 瑟维斯：《人类学百年争论：1860—1960》，贺志雄等译，云南大学出版社，1997，第 1、6、7 页。当然，无论是作者在书中具体叙事时普遍使用的 ethnology 之名，还是译者对这一学科名称的文内翻译，都不能直接置换或翻译为文化人类学。正如卫惠林先生早年在辨析 1927 年阿姆斯特丹人类学大会上出现的新词——ethnie——含义时所说，虽然其含义包含了种族、语言、文化三要素的自然群体，"但在中国字中，我们仍旧只能译之为'民族'"。卫惠林：《民族学的对象领域及其关联的问题》，《民族学研究集刊》第一期，1936。

类学的一种附庸。赖有人类学者的维护，民族学才能在法国学术界占一个很小的位置。并且在法国人看来，从前之所谓人类学，与现今所说的民族学，完全是一种东西，仅不过是名称的改换而已"①。其时，法国社会学派的成长，对民族学地位的影响亦颇为显著，也就是杨堃先生文章中所说的民族学成为"社会学的女仆"（Servante de la Sociologie）。

20 世纪初期，法国民族学的复兴，以巴黎民族学学院聘请莫斯教授组织教学为标志，设置了民族学、语言学、人类学、异邦先史学、非洲民族学、非洲语言学、东亚与大洋洲语言学、动物学的与生物学的人类学、第四纪之地质学与人类古物学、人类种族比较生理十一门课程，以民族学博物馆作为实习课的依托。莫斯对民族学的定义为："民族学是记述而非理论的科学，人类学是人类生物学或人类自然史。"②

莫斯关于"民族学是记述而非理论的科学"之说，突出了民族学实证性研究的学科特点，即民族学是解决"是什么"的问题，无论是个案（族别）还是区域（国家）。而蔡元培先生有关"比较民族学"之说，则是通过"记录民族学"昭示的各民族之异同相互比较来回答"为什么"的问题，即概括、提炼、抽象的论理过程，也就是理论。在此基础上才能解决"怎么办"的问题。也就是上文所示他对民族学研究通过比较而证明："现代开化的祖先，正与现代的野蛮人相等"，即理论部分；进而形成民族学的知识结构：包容诸多学科的知识、为诸多学科提供民族学知识，即应用于多学科"怎么办"。因此，蔡元培先生所论在当时中外民族学界不仅高明，而且反映了当时民族学研究在中国转型发展的时代背景。

经历了第一次世界大战"洗礼"之后的西方、殖民地、世界，种族主义、殖民主义、帝国主义已步入声名狼藉之途，而民族学研究"身体与文化"的种族差异、初民社会、原始文化等指向，的确为西方殖民主义的全球扩张提供了"知识"服务，甚至那个时代就出现了学者与殖民官员之间的"旋转门"。有鉴于此，一些法国学者也"想找到一个尽量不伤害自己

---

① 杨堃：《法国民族学之过去与现在》，《民族学研究集刊》第一期，1936。
② 卫惠林：《民族学的对象领域及其关联的问题》，《民族学研究集刊》第一期，1936。

良心的词语，最后他们从英语中借用了一个词——'文化人类学'。这样做只算得上一次微乎其微的非殖民化举动，然而却实属力所能及了"。① 或许，这正是民族学相当于文化人类学认知的肇始。

虽然法国是民族学、人类学学科创立的"田园"，但是这两个学科在欧美国家乃至被殖民主义侵袭的一些国家，都呈现了不同程度的发展，英、美、德、俄等国后来居上地引领了这些学科的现代发展。20 世纪初期，西方民族学、人类学等学科传入中国之后，中国学界如何认识民族学与人类学的关系，实际上存在着不同的理解。包括新中国成立后苏联民族学的影响，乃至改革开放后中国学界对民族学、文化人类学的学科辨析，已有诸多著述论及，无须赘言。其中"民族学在中国就是文化人类学的同义词"之"甲""乙"定义，② 在当代中国民族学领域应属基本共识。不过，从学科建设及其学科分类的标准而言，中国的民族学与文化人类学则处于不同的地位，名实之间仍存差异。

三　"剪不断、理还乱"的学科互渗

今天，无论是阅读埃尔曼·R. 瑟维斯的这部百年学术回顾，还是浏览众多民族学、人类学的学科叙史，都会发现这两个学科对先辈学人及其著述的"争夺"，民族学家的著作被奉为人类学之经典、人类学家的著作被视为民族学之权威的现象比比皆是。这也难怪，因为这两个学科在 19 世纪形成和发展过程中一直相互交织，在研究对象、学科理论、研究方法等方面也具有同样的知识背景和时代特征，可谓"同卵双生"，只是这个"双胞胎"是"连体之婴"，而且至今尚未完成"分离手术"，因为事实上"婴儿"时期未能分离、"成人"阶段就更加难解难分了。

虽然长期以来众多民族学家、人类学家都致力于对这两个学科进行定义和区分，但是仍未消除"剪不断、理还乱"的纠结。直到今天，作为国

---

① 〔法〕若盎·塞尔维埃：《民族学》，王光译，商务印书馆，1996，第 148 页。
② 王建民：《中国民族学史》上卷，云南教育出版社，1997，第 6 页。

际社会科学理事会（ISSC）、国际哲学和人文研究理事会（CIPSH）、国际科学联合会（ICSU）的成员之一，民族学与人类学这两个学科的全球性学术组织仍以"连体"形式命名为"国际人类学与民族学联合会"（The International Union of Anthropological and Ethnological Sciences，IUAES），足见其难分难舍、相通互渗、相得益彰的密切关系。而且，这种关系自始至终都存在相互包容、此消彼长的特征，但是绝不会有人把这个联合会理解或翻译为"国际人类学与文化人类学联合会"。

卫惠林在《民族学的对象领域及其关联的问题》一文中，对西方民族学与人类学的关系做过较精细的考察。他对 19 世纪西欧民族学与人类学的相互关系做过四个阶段的分析。

一是民族学包括人类学的时期，以巴黎民族学会确定的学科原则为代表，认为民族学包括了社会学、文化史、人种学、语言学和人类学。

二是民族学与人类学对立的时期，以英国、德国民族学家的主张为代表，认为民族学是研究种族与民族的科学，人类学则是研究人类起源的博物学；或者说民族学是研究民族、部落及其社会关系的学问，人类学则是从自然科学与历史方面获取有关人类知识的学问。

三是人类学包含民族学的时期，以巴黎人类学会成立时布罗卡的上述宣示为代表，并"在英美得到有力继承者"，即"认为人类学是研究人类之所有特质的科学"，而"民族学则只是研究历史或民族与种族的科学"。

四是民族学与人类学姊妹科学的时期，以 1889 年在巴黎举行的民族学大会为标志，民族学家质疑和抗议人类学"包打天下"的自我定义，认为民族学是研究人类社会知识进化的科学，而人类学则是研究人类自然史或种族发展史的科学，两者共同构成了"一般人类学"。[1]

所谓"一般人类学"概念的产生，是当时西欧民族学与人类学争夺学科地位的结果。19 世纪下半叶，人类学挟进化论的声威大张旗鼓的发展，确立了"它的研究对象是作为一个整体的人类，以及人类与自然界的关

---

[1] 卫惠林：《民族学的对象领域及其关联的问题》，《民族学研究集刊》第一期，1936。

系"。① 所以，维护民族学边界的力量也不得不屈就于"一般人类学"的大旗之下，谋求并列的学科地位，在"一般人类学"名义下的两个学科分工：一类是"人类学或动物学的人类学"，包括"一般的——类（espêce），特殊的——种（race）"；一类是"民族学"，包括"一般的——诸民族间的共同关系，特殊的——诸民族之各别的描述"。② 当然，类似的学科阐释和分类很多，对种族研究的相互"推诿"则是分歧的关键。

人类学家力图将民族学挤压在体质人类学的人种学（Racilogy）研究范畴，民族学家则将人类学局限于生物学的个体研究，因为"一般说来，体质人类学研究个体标本"。③ 因此，在那个时代，西方民族学家、人类学家在学科范畴的自我定义中，也都包含了相互定义，力求分清"甲"和"乙"。对此，卫惠林先生列举了当时西方民族学的六种定义。

一是"研究人类之社会生活的特质的——此为民族学的最原始的解释。人类学只是对人类之体质的个人的研究，而民族学则为社会的研究"。

二是"研究种族的学科——此为法国人类学派的旧主张。他们藉此把民族学置于人类学的隶属之下"。

三是"研究人类之心理方面之特质的科学——此为德国民族学者中间的传统见解"。

四是"研究文化的科学"。

五是"研究民族的科学"。

六是"研究现在原始民族的文化的科学"。

卫惠林先生认为，"我们可以毫无踌躇的采用最后一种解释"，其理由是"民族"是群体而非个体。当然，他认为，"民族学之为对于原始民族文化的特殊科学，既为事实，亦为必要，同时亦至合理"④。

虽然西方民族学源自殖民时代所谓"旧大陆"与"新大陆"的碰撞，使

---

① 〔美〕斯宾塞·韦尔斯：《人类前史》，杜红译，东方出版社，2006，第32页。
② 卫惠林：《民族学的对象领域及其关联的问题》，《民族学研究集刊》第一期，1936。
③ 〔美〕威廉·科尔曼：《19世纪的生物学和人学》，严晴燕译，复旦大学出版社，2000，第100页。
④ 卫惠林：《民族学的对象领域及其关联的问题》，《民族学研究集刊》第一期，1936。

种族、民族、西方社会、古老社会及其所承载的不同语言、文化、社会形态、经济生活、宗教信仰、风俗习惯等一系列差异性凸显，形成了西方国家对殖民地等非西方社会的调查研究传统。但是对 20 世纪 30 年代的中国来说，又有独特的时代背景，即进入了自 1840 年以后国家危难、民族危机最严峻的时期。

当时，后来居上的日本帝国主义侵占、肢解东北地区，建立伪满洲国；进而策动"内蒙古独立"，向西北地区渗透图谋制造"回回国"。新疆地区一度出现"东突厥斯坦伊斯兰国"的喧嚣，西藏地区已处于英国殖民势力左右形势的境地。中国边疆地区的危局，随着日本帝国主义发动全面侵华战争的威胁而陡然加剧，中国处于国家存亡、民族绝续的生死关头。在这种形势下，中国学术界对边疆少数民族的特别关注，无不心系于统一的多民族国家之命运，无不纠结于激励中华民族奋起之责任。卫惠林对民族学的学科理解和认知——"既为事实，亦为必要，同时亦至合理"——反映了那个时代边疆政治的学术责任。

至于将研究对象局限于"研究现在原始民族的文化的科学"之说，一方面反映了那一代学人知识背景中折射的对西方民族学传统的认知；另一方面则是中国边疆地区的少数民族经济社会特点与中原内地迥异，且普遍呈现了社会发展史序列的落差，为民族学"毫无踌躇"的研究指向，提供了"原始民族的文化"田野。

当然，民族学家、历史学家、语言学家等之所以侧重于对中国边疆少数民族的调查研究，除了国家"边政"之需，也因为在中国"大一统"的历史脉络中一直存在着"中心"与"边缘"的国家格局，因自然地理、经济社会、边地与中原关系等因素而居处偏远的所谓"四夷"，他们的生存方式、社会结构、语言文字、宗教信仰、风俗习惯等广义文化特质，未能在"大一统"历史的宏大叙事中得到准确、系统的反映，甚至存在诸多歧见和污名，包括清末民初兴起的种族－民族主义思潮的影响。蔡元培先生倡导的民族学研究态度——与研究对象相接近、通其语言、知其历史、"往往化去优劣的差别"的平等意识，以科学的名义率先在学术界形成共识。

从 20 世纪 30 年代高等院校民族学教育实践中，亦可看出当时社会背景下的学科取向。诸如复旦大学开设的民族学课程，立意于：其一"灌输青年以原始民族知识，明了现代各主要民族之起源与演变，各种文化之起源与发展"；其二"导化青年以其所得之民族学知识改进其思想，加强其民族意识。"所设15门课程则为："民族学之意义及其性质""民族学简史""民族学的分科及其区别""民族学之研究方法""中国民族学的研究现状""民族学之地质学的基础""民族学之地理学的基础""民族学之生物学的基础""民族学之人类学的基础""世界民族志""中华民族之起源及其混合""中华民族文化之特质和历史的发展""民族问题与国际问题""中国之民族主义"。作业除课程笔记外，需提交"边疆民族研究报告"。[1]从这份教案设置中不仅可以看出研究"边疆民族"的基本取向，以及民族学与诸多学科的知识关联，而且中华民族的意识、世界民族的比较视野、民族问题与国际问题、中国的民族主义则上升到了国家－民族（state nation）建构的层面。

　　事实上，新中国成立后民族学研究或统称的"民族研究"，基本指向是中国的少数民族，这既有国家政策导向（民族识别、民族区域自治、少数民族经济社会发展等）的作用，也包括了深化认识"中华民族是一个"的内部多样性国情的必然要求，[2]也就是全面实践1937年民族史学家江应

---

[1]　见上海复旦大学生命科学院人类学学科展览中的教案实物。

[2]　20世纪30年代，顾颉刚先生以《中华民族是一个》为题发表的文章，引发了中国学界的一场大讨论。"中华民族是一个"的命题当然不错，当时也没有人说"是两个"或"是多个"。争论的焦点是"中华民族"是汉族还是国内各民族。如果从当时民族学学科的视野看，黄文山先生在其《民族学与中国民族研究》（《民族学研究集刊》第一期，1936）一文中认为："若就整个中华民族而论，吾人今日最困难之问题约有两端：吾国民族文化，受西洋文化之急剧的侵袭，整个社会组织与文化体系，为之崩溃与解体，吾人将何以使固有之文化与西来之异型文化，调适而交流，此其一。边疆与浅化民族，受西化之影响或帝国主义之诱惑，已不断向离心运动推进，吾人将何以恢复其对于中华民族之信仰心，使中心力得以建立，此其二。前者之解决，即是'中国本位文化之建设'，后者之解决，即是'民族的国家'之建立。吾人欲达到双方之目的，必须以民族学家之文化理论为根据，而文化理论之产生，则又要以事实为根据，所以中国民族学者当前最重要之工作，在对于全国民族，作有计划之实地调查，而对于各文化区之实地材料，尤须作有系统及详尽之搜集。"不难理解，黄文的"中国本位文化之建设""'民族的国家'之建立"，一是要与西方文化"调适而交流"，二是建立"中华民族之信仰心"。而民族学对"全国民族"的调查研究和资料搜集则是"以事实为根据"的基础工作，这个"事实"即是我们今天所概括的中国历史与现实的基本面貌——统一的多民族国家。

檊所说："能对于中国领土中全部民族的各个分子均有一个彻底的明了认识，方能说得到了解我们自己，方能说复兴中华民族之道。"①

新中国成立后展开的民族大调查，基于民族平等的政治宣示，以构建中华民族大家庭为目标，成就各少数民族之史志，厘清社会制度、经济发展等现状，为国家各项民族政策的制定和实践提供知识背景，可谓功莫大焉。新中国的"民族研究"，基本排除了民族学与人类学纠结的"人种"或"种族"问题，除了医学界从血液和疾病的角度仍保留对某些不同人种的知识关注外，人体测量的体质人类学基本回归到了生物学和古人类研究范畴，其地位最高的研究实体，也以 1960 年更名的"中国科学院古脊椎动物与古人类研究所"而发展至今，并成为中国科学领域学科分类中人类学最重要的学科支撑之一。大体而言，在中国的科学领域中，人类学划归自然科学体系，民族学划归哲学社会科学范畴。

四　中国科学体系中的民族学与人类学

新中国的哲学社会科学体系建设，以 1950 年中国科学院成立近代史、考古、语言和社会研究所为标志。1955 年中国科学院建立学部制度，哲学社会科学部为四大学部之一。1956 年，国家在制定 12 年科学技术发展远景规划时，哲学社会科学部以哲学社会科学规划办公室的名义编制了《1956—1967 哲学社会科学规划》。其中以"各学科的重要问题与重要著作"为题，罗列了哲学、经济学、法学、国际问题、历史学、考古学、少数民族研究、教育学、语言学、文学、艺术学、中国自然科学与技术史、档案学、图书馆学、博物馆学，计 15 个学科或研究领域。当时，正值国家推动少数民族社会历史、语言文字大调查之际，当年 5 月中国科学院、各民族院校和少数民族语文工作机构 600 多人组成 7 个调查工作队，分赴少数民族地区开展少数民族语言调查；8 月，全国人大民族委员会组织的少数民族社会历史调查组也分赴各地展开调查工作。因此，少数民族研究列

---

① 江应樑：《广东瑶人之今昔观》，《民俗》第一卷，1937。

入国家哲学社会科学发展规划,可谓生逢其时、顺理成章。

1958 年中国科学院民族研究所成立,即是上述规划的题中之意。该所没有以"民族学"的学科命名,也不意外。当时,除了哲学、法学、文学研究所之外,历史、考古、语言研究所也未缀以"学"之名。民族学作为"民族研究"内涵的一个学科,承袭着传统,包容着除少数民族历史、语言之外的社会制度、亲属关系、文化形态、婚姻类型、民间信仰、风俗习惯等研究议题。民族理论(含民族问题与民族政策)、世界民族等都如同民族历史、民族语言一样,在"民族研究"框架下另立门户。这种学科性的分化,大体上成为中国民族学内涵外延的基本格局。这也是后来学界讨论"广义民族学""狭义民族学"的原因。

同期,中国人类学的发展也因政治运动、意识形态和科学环境的变化,而收缩于古人类研究的范围。考古学、语言学各有所依(含中国金石、训诂、音韵等传统),其中的人类学传统日渐淡薄。人类学之称,远不及"民族研究"所包含的民族学那样普及和进入哲学社会科学的视野,遑论文化或社会人类学之称。况且一度民族学也曾被作为资产阶级学问而受到批判,只是在"民族研究"的框架下得以事实上的传承。

1977 年中国社会科学院成立,中国科学院的哲学社会科学部所属研究所均划归中国社会科学院。在 1978 年 2 月 26 日第五届全国人民代表大会的政府工作报告中,专题之一是"繁荣社会主义科学教育文化事业",其中提出:"必须组织制定全国哲学社会科学发展规划,积极开展哲学、经济学、政治学、军事学、法学、历史学、教育学、文艺理论、语言学、民族学、宗教学等方面的研究。"这应该是新中国成立以后官方最高级别文献中对哲学社会科学诸学科的表述,民族学是其中之一。

从学科设置来说,新中国成立以后在教育体系中曾经历过院系调整,并于 1954 年颁布了《高等学校专业分类设置(草案)》,1963 年制定了《高等学校通用专业目录》。改革开放以后,1980 年第五届全国人大常委会通过了《中华人民共和国学位条例》之后,1981 年国务院批准了《中华人民共和国学位条例实施办法(暂行)》,其中对学位授予做出了学科门类的规范,即哲学、经济学、法学、教育学、文学、历史学、理学、工学、农学和医学 10 个学位门类。1983 年颁布的学科目录试行草案，与高等教育和科研机构授予学位密切相关。此后，国务院学位委员会和教育部相继于 1990、1997、2011 年对学科专业目录进行修订完善，学科门类陆续增加，其中包括 1993 年的《普通高等学校本科专业目录》。2011 年颁布的《学位授予和人才培养学科目录》中的学科门类为 13 个，增加了军事学、管理学和艺术学。

所谓学科门类（fields of Disciplines of Conferring Academic degrees），是对具有一定关联学科的归类，是授予学位的名号依托。在学科门类之下，设立一、二、三级学科，一级学科的标准是指相对独立的知识体系；其下二级学科指在基础理论上属于一级学科范畴、研究对象相近，但有独立的专业知识体系；三级学科则指二级学科所涵盖或产生的不同专业方向。二、三级学科构成一级学科的不同层次的学科内涵。2011 年教育部颁布的《学位授予和人才培养学科目录》为 13 个学科门类，110 个一级学科。

在学位体系制定学科标准的过程中，科学体系的学科分类国家标准（GB），也于 1992 年制定完成、1993 年开始实行，即《中华人民共和国学科分类与代码国家标准》（GB/T 13745 - 92），并于 2009 年颁布了修订版，形成自然科学、农业科学、医药科学、工程技术科学、人文社会科学五个大类，含 58 个一级学科。显而易见，国家标准的五大门类，绝非学位教育部体系的 13 个学科门类，而是科学门类。前者是中国科学领域的学科分类，后者是与学位授予直接相关的学科归类。所以，从一、二、三级学科的分类而言，两者不能一一对应，但国家标准及其代码体系的权威地位则毋庸置疑。就本文关涉的民族学、人类学以及相关的社会学来说，在国家标准和学位设置的学科分类中，也显现了各自的特征。大体上，国家标准的五大门类所属的一级学科，在学位设置的学科分类中不乏门类之属，尤其是哲学社会科学，也包括基本属于教育体系学科分类的门类和一级学科。

在 1992 年版的《中华人民共和国学科分类与代码国家标准》（GB/T13745 - 92）中，作为自然科学门类的一级学科——生物学（180），包括了二级学科人类学（180.67），三级学科分别为：人类起源与演化学、人类形态学、人类遗传学、分子人类学、人类生态学、心理人类学、古人类学、人种学、人体测量学、人类学其他学科。在人文社会科学门类一级学科的社会学（840）中，包括了19个二级学科，34个三级学科，其中二级学科包括了社会人类学（840.57）和应用社会学（840.27）中三级学科的种族问题研究。

相比之下，在这一科学门类的一级学科民族学（850）中，二级学科仅为7个，即民族问题理论（850.10）、民族史学（850.20）、蒙古学（850.30）、藏学（850.40）、文化人类学与民俗学（850.50）、世界民族研究（850.60）、民族学其他学科（850.99），三级学科包括了民族问题与民族政策、民族关系、民族经济、民族教育、民族法制、民族心理学、少数民族政治制度、民族问题理论其他学科、民族史、民族关系史、民族史学其他学科。

从1992年版的国家标准中可以看出，在20世纪90年代初，人类学在中国科学体系的学科分类中已经占有显著的地位，传统的"身体"的人类学，在自然科学的生物学领域中地位巩固，学科及其专业健全。"文化"的人类学分别在社会学、民族学中享有二级学科的地位。[①] 至此，人类学在中国科学体系中"身体与文化"的分解，已经形成清晰的界限。也就是早年蔡元培先生已经说明的"人类学是半属理科，半属文科"。

从几乎同期（1990年）教育部学位设置的学科分类来看，在法学门类（03）下的专业（即后来的一级学科）民族学（0305），下辖6个专业目录（即后来的二级学科），[②] 即民族学（030501 附：文化人类学）、马克思主

[①] 以社会人类学归属社会学、文化人类学归属民族学的划分，依据什么标准不详。虽然学界以社会文化人类学并称之，或以文化人类学视之，或以人类学统称之，但这种将英、美学派传统做出二级学科的区分，似乎也形成了"甲""乙"的"相当"或"等同"问题。当然，从解决"文化"的人类学在两个一级学科中各享其名而不重复的问题来说，似乎也是一种办法。

[②] 国务院学位委员会、国家教委1990年颁布的《授予博士、硕士学位和培养研究生的学科、专业目录》，当时的门类学科被理解为一级学科，除门类外，民族学、社会学等均为专业，即该方案说明中所解释的"专业范围大体相当于二级学科"。为便于理解和上下文比较，下文均以一、二级学科表述。

义民族理论与政策（030502）、中国少数民族经济（030503）、中国少数民族语言文学（030504）、中国少数民族艺术（030505）、中国少数民族史（030506）。而当时的一级学科社会学（0304），仅有 4 个二级学科，即社会学理论与方法（030401）、应用社会学（030402）、人口学（030403）、人类生态学（030404）。

值得注意的是，一级学科民族学（专业）及其所含的二级学科（专业目录）民族学（附：文化人类学），究竟哪一个是 Ethnology？显然是二级学科民族学（附：文化人类学），也就是上文所析的"甲""乙"相当或等同的问题。若此，一级学科民族学应该翻译为西文的什么？或者应该怎样进行学科的定义？这是其一。其二，民族学的二级学科中，除了马克思主义民族理论与政策外，其他均定位于"中国少数民族"，其学科对象的局限性显而易见。其三，民族学二级学科的中国少数民族语言文学，在文学门类（05）一级学科的中国语言文学（0501）所属的二级学科中，存在与语言学（050107）并列的少数民族语言文学（050111）。至于自然科学范畴的学科门类——理学（07），所属的一级学科地质学（0709）中，包括了二级学科古人类学（070907）；一级学科生物学（0710）中，包括了二级学科人类学（071007）。

学位教育系统的学科、专业分类，早于国家标准出台，而且其专业分类及目录应该主要是立足于高等院校的学科设置、专业布局和开课能力。所以，与两年后颁布的国家标准差别显著，学科归属、学科结构至有大相径庭者。那么，在国家标准颁布之后，教育系统的学科分类是否能够与国家标准相适应？

1997 年，国务院学位办和教育部再度修订颁布了学科、专业分类。明确门类学科所辖为一级学科、其次为二级学科。在这一分类系统中，法学门类（03）中的一级学科民族学（0304），二级学科分别为：民族学（030401）、马克思主义民族理论与政策（030402）、中国少数民族经济（030403）、中国少数民族史（030404）、中国少数民族艺术（030405）。在一级学科社会学（0303）中，二级学科分别为：社会学（030301）、人口学（030302）、人类学（030303）、民俗学（030304 含：中国民间文学）。

至于理学门类（07）中的一级学科生物学（0710）之下，既无古人类学也没有人类学。

　　这一版的学科分类，文化（社会）人类学销声匿迹，自然科学与哲学社会科学两大领域中的"身体与文化"的人类学，笼而统之地以"人类学"的名义归到了社会学门下。这不由得令人想起上文杨堃先生关于法国民族学曾沦为"社会学的女仆"（Servante de la Sociologie）之说。那么，列为社会学门下的"人类学"是"文""理"兼通的人类学（Anthropology）吗？还是社会人类学（Social Anthropology）或文化人类学（Cultural Anthropology），抑或社会文化人类学（Sociocultural Anthropology）。

　　事实上，1997 年前后，中国的文化（社会）人类学日渐活跃，中国学者和国际人类学与民族学联合会的联系日渐密切，而且是年 1 月国家教委第二期社会文化人类学高级研讨班分别在北京大学和云南大学举办，等等。① 那么在形成 1997 年版学科分类过程中，国家标准版学科分类中"文""理"之分的人类学，如何变成了这种局面？国家标准的生物学所属人类学，民族学所属文化人类学与民俗学，社会学所属社会人类学，经过怎样的科学论证而以"人类学"的名义归属到社会学名下？而一级学科社会学及其所属二级学科社会学，如同民族学的学科设置一样，也似出现了广义与狭义之分。

　　时过境迁，2009 年国家标准经修订后再度颁布。自然科学门类一级学科生物学（180）之属的二级学科人类学（18076），除了人类生态学加注了亦称人文生态学外，其他没有变化。人文社会科学门类一级学科社会学（840）之下的二级学科社会人类学（84057）犹存，其他二级学科有所调整。而一级学科民族学变化较大，一是改名为民族学与文化学（850）；二是除二级学科中的中国少数民族语言文字归入了语言学外，增加了二级学科新疆民族研究（85042），并注明"含维吾尔学"；三是新增设的二级学科文化学（85070）及其三级学科文化地理学、文化心理学、文化遗产学、文化学其他学科，应属学科拓展性的创新。当然，文化学与存留于民族学

---

① 参见胡鸿保主编《中国人类学史》，中国人民大学出版社，2006，第 234 ~ 235 页。

中的二级学科文化人类学与民俗学（85050），是什么关系也令人不甚了了。

2011 年，国务院学位办与教育部颁布新修订的《学位授予和人才培养学科目录》，在规范学科门类和调整一级学科的基础上，对二级学科的设置采取了开放的态度，即由学位授予单位在一级学科学位授权权限内自主设置。各学位授予单位设置的二级学科名录，由教育部定期向社会公布。在这份目录中，最特殊的仍是民族学、社会学，即作为一级学科的学科名称，同时作为二级学科，诸如一级学科社会学（0303），二级学科社会学（030301）；一级学科民族学（0304），二级学科民族学（030401）。这在其他所有的一级学科中可谓绝无仅有。按照其他一级学科的情况看，基本上是一级学科的某某学所含二级学科排列之首者，为基本理论。比如一级学科政治学（0302），第一个二级学科为政治学理论（030201）。因此，在学位目录中民族学与社会学，与国家标准中的民族学与社会学比较，都缺失了学科基本理论的部分。包括 1992 年版的学位目录中的一级学科社会学所辖为首的二级学科——社会学理论与方法（030401），也不见踪影。莫斯关于民族学是非理论的科学之说，似乎也"殃及"了社会学。

在中国科学事业的发展中，国家自然科学基金、国家哲学社会科学基金承载着规划性、年度性支持学科建设、扶持学术发展、服务社会需求的重大责任。各个学科、各种专业都可以在这两个平台中获得国家级项目的名义和资金支持，乃至因承担这类课题对学者个人、学科影响、所在单位、学术成果赋予的声望和评价分量。但是就民族学、人类学这两个传统学科而言，在这两大基金系统中并未彰显学科地位的名声。

在国家哲学社会科学基金的学科分类中，虽然排除了学科门类的因素，但是民族学的学科名义不存，以"民族问题研究"（MZ）领域设类（一级），包括了文化人类学等二级学科，基本上遵循了国家标准的民族学内涵（不含文化学部分）。社会人类学作为二级学科归属于社会学。在国家自然科学基金的学科分类中，分为 7 个学科群的部类。其中地球科学部（D）所属的地质学（D02）中的古生物学和古生态学（D0201）下辖古人类学（D020102）；生命科学部（C）所辖遗传学与生物信息学（C06）中的人类遗传学（C0604），包括了人类遗传多样性（C060401）、人类起源与进化（C060402）、人类表型性状（C060404）等体现"身体"人类学当代前沿的专业目类，但人类学之称不在。

如此繁冗地列举国家标准与学位授予的学科分类现状，目的是揭示我国在学科特别是哲学社会科学学科设置、目类分析方面的不统一、不规范和不严谨。尤其在民族学、人类学等学科设置方面，学位目录的学科划分及其结构，不仅与国家标准明显存在不一致的问题，而且其学科划分日益趋向于抽象简化，局限于学位授予的名目归属。这类问题，恰恰是一个学科的科学称谓、内涵支撑、外延关系的问题，也就是学科建设的基础性问题。

五　民族学的学科"母体"萎缩问题

在关涉一个学科的科学性及其学术地位的问题中，"名实"之说不能回避。自蔡元培先生《说民族学》之后，西方 Ethnology 已经以"民族学"这一中国化的学科名目而立足，它的国际化"接轨"即是欧陆的乃至国际学术组织的 Ethnology。这种对应关系，从翻译的角度可谓"信达雅"；从中国化的角度亦十分贴切。源自古汉语的"民族"一词及其传统含义和对象指向，[1] 对应的即是西方古希腊语 ethnos 和古拉丁语 nasci。从这个意义上说，蔡元培先生对西学 Ethnology 的中国化命名功不可没，无可非议。

在上文所述中国的国家标准、学位分类、专业目录等学科划分中，的确存在诸多不规范、不统一的问题，但是就学科设置而言也并非没有他国"经验"可考。通常认为我国的学科设置在 20 世纪 50 年代直接受到苏联的影响，民族学即是影响较大的学科之一。当然，如果说苏联影响，就民族学而言可追溯到沙俄帝国时期，史禄国（C. M. 希罗科戈罗夫）为著名者。1949 年以后，中国对外学术交往主要是苏联，苏联民族学界对中国民

---

① 参见拙文《中文"民族"一词源流考辨》，《民族研究》2004 年第 6 期。

族学、民族研究的影响的确显著，人员亦互动频繁。① 但是，就民族学这一学科而言，中国并未全盘移植苏联的模式。

苏联民族学传统深厚，也经历过20世纪二三十年代学科重新定位的曲折，最终以苏联科学院民族学研究所的建立而形成新的学科面貌和研究取向。事实上，自20世纪60年代中苏关系破裂后，苏联民族学发展的成就，对中国民族学研究的影响有限，苏联民族学界曾经历的学派之争对中国学界也未产生共鸣。诸如，苏联民族学一派坚持传统，即仅仅研究原始社会问题，另一派主张"民族学应该成为关于人及其最广义的活动的科学"。前者被评价为"这实际上等于自我取消"，后者被认为"这就与各盎格鲁撒克逊国家对体质、社会和文化人类学的总的功能的理解十分接近"。② 显然，苏联民族学在集民族学、体质人类学传统于一体的基础上，③ 趋向于欧美国家的社会文化人类学。当然，这对中国无所谓产生影响，因为民族学与文化（社会）人类学"相当"早在20世纪30年代即为中国民族学界所认知。苏联民族学不仅包容人类学，而且在其学科"母体"边缘上产生了一系列所谓"卫星学科"，即"民族人类学、民族地理学、民族语言学、民族人口学、民族社会学、民族心理学和其他学科"。④ 苏联民族学产生的这类分支、交叉或边缘"卫星学科"，虽然在20世纪80年代以前未被中国民族学界所引进，但是中国民族学界立足于学科"母体"的分支学科意识已经显现，诸如提出"语言民族学"。⑤

---

① 参见〔苏〕A. M. 列舍托夫：《苏联民族学在中国》，贺国安、王培英译，《民族译丛》1991年第4期；宋蜀华、满都尔图主编《中国 民族学五十年》，人民出版社，2004年，第232页。

② 〔苏〕K. B. 契斯托夫：《二十世纪三十一八十年代苏联民族学史片段》，贺国安译，《民族译丛》1984年第2期。

③ 苏联科学院民族学研究所以俄国著名的民族学、人类学、旅行家 H. H. 马克卢霍－马克莱命名，该学者在体质人类学、民族学方面贡献突出，其中包括对人类各种族体质上并无原则差别的判断。所以，虽然他是沙俄帝国陆路殖民扩张时代的海外旅行者，但其种族观念符合苏联民族学摈弃和批判种族主义的主流意识形态。

④ 〔苏〕K. B. 契斯托夫：《二十世纪三十一八十年代苏联民族学史片段》，贺国安译，《民族译丛》1984年第2期。

⑤ 马学良、戴庆厦：《论"语言民族学"》，《民族学研究》1981年第1期。

如前所述，民族学在中国立足乃至在新中国的发展，其研究指向虽然经历了"初民社会"的西方传统到现代中国少数民族的延伸，但是研究对象的局限性显而易见。在这方面，民族学研究对把握中国的基本国情，阐释马克思主义民族理论，服务于国家制定民族政策、融通民族关系，推进各民族经济社会和文化的共同发展，展开世界民族研究视野和积累学术资源等方面，都取得了无可替代的学术贡献。但是，由于"自我"和"他者"的学科定位，即便在"民族研究"或"民族问题研究"这类领域性的学科包容下，与同类表述的"国际问题研究"及其所辖学科领域——国际战略、国际经济、国际政治、国际军事、国际文化、国际关系、国际组织、全球性问题等——也不可同日而语。所以，这种领域性的放大，并未拓展民族学的学科发展空间。

随着人类学学科影响的持续扩大，尤其是留学西方修习人类学科系回国的新一代学人身体力行，传统民族学背景下的文化（社会）人类学研究日益普遍。特别是随着中国都市人类学会率先加入国际组织并在中国举行了国际人类学与民族学联合会中期会议以后，人类学的声名不断扩大，直至2009年官方推动第16届国际人类学与民族学联合会大会在中国举办，为人类学大张旗鼓的发展注入了动力。在上文所述"甲""乙"关系"相当"或"等于"的学科认同氛围中，民族学界"皈依"或"攀附"文化（社会）人类学的学科取向十分显著，其重要原因之一即是学术田野广阔和研究对象不受少数民族之局限。这使人类学的学科"母体"显著扩大，而民族学的学科发展则呈现了"母体"萎缩的现实。

就民族学的学科结构而言，除列入国家标准或学位目录的一级学科民族学以及学位目录专业设置的二级学科中同名的民族学外，二级、三级或分支学科等，鲜有立足于民族学"母体"者。即便在学界、学人自我的分支学科定义中，"民族"冠名虽多但立足的学科"母体"却非民族学。诸如"民族政治学""民族经济学""民族历史学""民族语言学"，以及"民族生态学""民族旅游学""民族教育学"等，固守着以"少数民族"冠名的其他学科阵地。但是，在人类学界绝无此现象。

在人类学的学科"母体"不断扩大的发展中，从政治、经济、法律、社会、文化、体质、考古、语言、历史，到生态、旅游、艺术、医学、宗教、饮食、体育、女性、影视、教育、企业等冠名的人类学，依托于人类学的"母体"而苗壮成长，并努力与国际人类学和民族学联合会所辖专业委员会相对应，这使"某某人类学"之称比比皆是、方兴未艾。当然，这并非中国特色，而是人类学发展中的普遍现象，即 Anthropology（人类学）这个学科名，"在它前面很容易加上形容词，从而产生新的学科领域的名称"，稍有不同的西文表述是法律人类学（Anthropology of Law）。① 无论如何，2016 年诸多学界同仁发出"贺州之声"，再度强力呼吁人类学的一级学科地位，② 并非没有论理和实证的支持。

当然，依托于民族学这一学科"母体"的分支学科名目，并非无据可查或无人问津，除语言民族学之说外，地理民族学、政治民族学、影视民族学、文化民族学、历史民族学、建筑民族学、旅游民族学、生态民族学等这类分支学科名目，自 20 世纪 80 年代初开始陆续为一些国内学者推介或探讨。③ 而经济民族学、宗教民族学、法律民族学之说也多见于日本民族学界的著述。但是，在学科建设和学术研究的实践中，除影视、生态、旅游、历史民族学似有一定生命力——包括生态民族学编译了一个西文名称"Ecological-minzuology"——而其他则和者盖寡、响应不彰。

立足于民族学这一学科"母体"，移植或嫁接相关学科的"秧苗"，这是民族学学科发展的必由之路。关键在于民族学这一"母体"的土地肥

① 〔日〕中村俊龟智：《文化人类学史序说》，何大勇译，中国社会科学出版社，2009，第89 页。
② 周大鸣等：《将人类学作为一级学科进行建设——2016 年中国人类学学科建设座谈会纪实》，《广西民族大学学报》2016 年第 4 期。
③ 诸如欧潮泉《谈地理民族学》，《中南民族学院学报》1983 年第 3 期；杨堃：《拉法格对民族学与经济民族学的贡献》，《思想战线》1985 年第 1 期；周星：《谈谈政治民族学》，《内蒙古社会科学》1989 年第 1 期；卡尔·海德：《影视民族学》，王红译，中央民族学院出版社，1989；白振声：《历史民族学刍议》，《广西民族研究》1991 年第 4 期；王小丁：《建筑民族学刍议》，《广西民族研究》1992 年第 3 期；潘盛之：《旅游民族学》，贵州民族出版社，1997；祁庆福：《关于二十一世纪生态民族学的思考》，《中央民族大学学报》1999 年第 6 期；谭必友、陆群：《文化民族学与民族文化学、文化人类学界说》，《青海师范大学民族师范学院学报》2003 年第 1 期；马克继：《历史民族学与民族历史学简论》，《湖北民族学院学报》2004 年第 4 期。

力——学科理论，是否能够滋养这些新的"秧苗"。否则，这些"秧苗"的成长，就如同辨析类似"经济民族学"与"民族经济学"的异同一样，经济民族学的概念、范畴和基本理论缺失，最终使民族经济学大行其道。尽管研究者努力以民族学"视角""视野""视域"这类眼光观察研究对象，但是不知不觉地立足在了其他学科的"母体"之上。因此，某一学科如政治学一旦关注民族问题即具有了民族政治学的专业指向，研究族别历史则多认同于民族史或全称的民族历史学，等等。

　　在民族学与人类学的学科比较中，立足人类学的分支学科虽然不存在"母体"缺失的困惑，但是，这些林林总总的分支学科大都源自人类学的文化（社会）人类学，以至于讨论或呼吁的人类学学科地位，事实上就是指文化（社会）人类学，而非理学门类中地质学所辖古人类学或生物学所辖人类学及其内涵的分支。况且，通过最新的国家自然科学基金学科分类可以看出，除地质学中的古生物学和古生态学名下的古人类学外，生命科学部中的遗传学与生物信息学所辖人类遗传学，以人类遗传多样性、人类起源与进化、人类表型性状等分支，已经取代了传统的"身体"人类学，这似乎也预示了国家标准未来修订中传统人类学的前景。

　　西方发达国家同样有学科归类、专业划分的标准，诸如美国 1980 年颁行的教学计划分类目录（Classification of Instructional Programs，CIP），即属于学科专业目录。在 CIP 2000 年版的目录中，分为 17 大类，如理、工、农、医、法、人文科学、社会科学等，覆盖 38 个学科群。其中，社会科学群中含社会科学（综合）、心理学、历史学、"区域、种族、文化与性别研究" 4 个领域，内含 39 个学科；在社会科学（综合）领域所含的 12 个学科中，除经济学、政治学、考古学、国际关系等，包括了四位代码的人类学，即等同我国的一级学科。人类学的二级学科（六位代码）包括：人类学、自然人类学、人类学（其他）。一级学科人类学所辖二级学科的人类学，无疑可以理解为"文化"的人类学，与之并列的是"身体"的"自然人类学"。在"区域、种族、文化与性别研究"学科领域，包括了 3 个"一级学科"，一是区域研究：洲别、国别；二是种族、文化与性别研究：美国黑人研究、美国印第安人/土著研究、亚裔美国人研究、妇女研究、

同性恋研究；三是"区域、种族、文化与性别研究"范围的其他。其中的
"种族、文化与性别研究"，即美国所谓的"族群研究"，在主要研究对象
方面相当于中国的民族学、民族研究。

同样，在英国高等教育统计局和大学招生委员会颁布的联合学术编码
系统（the Joint Academic Coding System，JACS）中，包括了20个学科群和
159个一级学科，其中社会研究学科群中的一级学科，包括经济学、政治
学、社会学、人类学等，人类学所辖二级学科包括：社会及文化人类学，
自然及生物人类学，该一级学科未分类的其他学科。由此可见，在英美两
国，人类学作为社会科学所属的一级学科不分文理，是"身体与文化"合
一的人类学，而有别于二级学科。在德国联邦统计局2004年发布的"专
业群、学习范围和学习专业"和"专业群、教学与研究范围和专业领域"
目录中，相当于门类的文化科学（狭义）专业群中，含一级学科欧洲民族
学、民族学、民俗学和普通文化科学。社会学属于社会科学专业群，人类
学则在生物学专业群中，表述为人类学（人类生物学）。[①] "身体和文化"
分属于自然科学的生物学和人文科学的民族学。

从上述比较可以看出，中国科学领域的学科分类标准、教育体系的学
位授予分类，在制定和修订过程中都有参考欧美国家学科体系的调研经
验。因此，在学科门类（归群）、学科等级划分和专业目录方面，就标准
化的水平而言与发达国家差距不大，但在学科设置、学位授予方面的学科
分类则差异明显。至于学位授予的学科和专业目录存在的一些困扰及其与
国家标准不协调的问题，已为相关研究所关注，[②] 不在本文讨论范围。

六 构建中国特色民族学学科的讨论

无论目前我国学科门类，一、二、三级学科划分的科学意义、学术地
位、实际利益抑或"工具"作用如何，民族学作为国家标准和学位授予分

---

① 资料来源：中国人文社会科学评价研究中心网站，http://evaluation. chd. edu. cn/info/
1009/1120. htm。

② 陈涛：《我国高等教育学科专业目录的检视与反思》，《现代教育管理》2015年第12期。

类中的一级学科，当为民族学界所珍惜。

2016 年 5 月 18 日，习近平在哲学社会科学工作座谈会上，对我国哲学社会科学事业的发展发表了重要讲话，这是党和国家在全面建成小康社会、实现中华民族伟大复兴进程中对繁荣发展哲学社会科学事业做出的具有指导意义的纲领性文献。讲话不仅指出了当前我国"哲学社会科学发展战略还不十分明确，学科体系、学术体系、话语体系建设水平总体不高，学术原创能力还不强"等问题，而且强调指出了"要按照立足中国、借鉴国外，挖掘历史、把握当代，关怀人类、面向未来的思路，着力构建中国特色哲学社会科学，在指导思想、学科体系、学术体系、话语体系等方面充分体现中国特色、中国风格、中国气派"的任务。其中，特别指出"要加快完善对哲学社会科学具有支撑作用的学科，如哲学、历史学、经济学、政治学、法学、社会学、民族学、新闻学、人口学、宗教学、心理学等，打造具有中国特色和普遍意义的学科体系"①。从国家层面明确了民族学在中国哲学社会科学具有支撑作用的学科地位。

中国作为一个历史悠久的统一的多民族国家，无论是梳理几千年来多民族互动的历史过程，还是探索当代中国 56 个民族多元一体的中华民族伟大复兴之道，民族学需要遵循"立足中国、借鉴国外，挖掘历史、把握当代，关怀人类、面向未来"的发展要求，履行"体现继承性、民族性"，"体现原创性、时代性"，"体现系统性、专业性"的学科建设职责，而首先需要考虑的就是"名实"定位问题。事实上，关于民族学的学科定义及其研究对象的讨论，从 20 世纪二三十年代、五六十年代、八九十年代相继在中国民族学界形成高潮，而且陆陆续续至今仍在进行，直到近些年"民族学是什么"仍是学界关注的话题。② 这表明，民族学或者说中国特色民族学的学科建设问题，并非因拥有一级学科的地位而"稳坐钓鱼船"，民族学的学科理论、学科成长和学术成就，虽然取得了一些差强人意的成绩，但是距离作为哲学社会科学支撑作用的学科地位还任重道远。

---

① 习近平：《在哲学社会科学工作座谈会上的讲话》，《人民日报》2016 年 5 月 19 日。下文不再一一注出。

② 杨圣敏：《民族学是什么》，《新疆师范大学学报》2012 年第 1 期。

从民族学传入中国及其所经历的本土化进程来看，学科定位从蔡元培先生关于"民族学是一种考察各民族的文化而从事于记录和比较的学问"之说，到卫惠林等学人"研究现在原始民族的文化的科学"，乃至新中国成立后立足于少数民族社会历史、语言文字调查和服务于国家民族事务的指向，形成了涵盖传统民族学的"民族研究"学术领域。但是，这种放大的"民族学"学术领域，并未改变局限于"少数民族"的学术空间。所谓"广义"的民族学——民族研究，既未形成稳定的、专业化的具有"普遍意义的学科体系"，也未能实现分支学科相互融通的基本理论和专业知识系统，大多在"民族"的名义下立足于其他学科的"母体"之上。而所谓"狭义"的民族学（Ethnology），在承袭传统的"文化"指向中虽然呈现了专业性、研究方向的细碎分工，但整体上却趋向学科"母体"的萎缩，并在"相当"和"等于"文化人类学的认同中而声名索然。

如前所述，民族学与人类学（社会文化）的理论相互交织、经典互渗，这是一笔共享的理论资源，包括方法论的民族志（Ethnography）。这在本科教学和研究生培养方面属于通用的知识谱系。但是，这种共享并不意味着学科本身相互取代或相互等同。正如埃尔曼·R.瑟维斯针对民族学与文化人类学的学科名称所说："没有词源学或历史的理由以彼一名称与此一名称相等同。"① 当然，不仅于此。即便在美国，民族学与文化人类学也是并存的学科名，更不要说在北欧、德国等国家的学科设置。"人类学与民族学并不真正属于同一领域，但它们也不是两个各自独立的领域，这两个词都没有一个单一的、为大家普遍接受的含义。今天，它们最好被视为对相应的多种问题展开讨论的一组焦点，但是，其主题是按照普遍的（人类学）与文化特性的（民族学）之间的对立来确定的。"② 那么，在民族学落地中国近百年后的今天，中国的民族学学科建设和学科面貌不仅需要超越历史上学科的"名实之争"，而且需要在构建中国特色哲学社会科学体系的当今时代，对民族学这一学科做出中国化的解释和定位。

---

① 〔美〕埃尔曼·R.瑟维斯：《人类学百年争论：1860—1960》，贺志雄等译，云南大学出版社，1997，第7页。
② 〔英〕阿兰·巴纳德：《人类学历史与理论》，王建民等译，华夏出版社，2006，第3页。

习近平在论及中国特色哲学社会科学应"体现继承性、民族性"特点时，强调了"善于融通古今中外各种资源"的问题，包括了"三种资源"。一是马克思主义基本原理及其中国化的思想成就，二是中华优秀传统文化，三是国外哲学社会科学。这正是民族学学科建设（学科定位、研究对象、学术理论和研究方法）不可偏废的基础要素，关键是融通。在这方面，科学意义上的民族学发展史，始终与人类学的知识体系相融通，这是一个基本事实。但是，民族学与人类学作为两个独立的学科，确实存在着现实的差别。

就研究对象简而言之，人类学以人类为研究对象，民族学则以构成人类的"族类"为研究对象，ethnology 词源的意思是"族的研究"。① 人类是生物界最特殊的一种动物，"族类"是人类社会最稳定的一种共同体。同一的人类，是由不同的"族类"群体组成的，其中虽然包括表象的体貌肤色等生物学特征，但主要是包括各个"族类"群体"随地以资其生"而"必因天地寒暖燥湿、广谷大川异制，民生其间者异俗"。这种环境"异制"产生的"异俗"——"刚柔、轻重、迟速异齐，五味异和，器械异制，衣服异宜"以及"言语不通，嗜欲不同"等——构成了同一的人类中的"族类"群体的差异。② 这也就是民族学的研究对象。

如果从历史文化资源而言，在中国，"族"是古代文化中对世界万物进行"类族辨物"分类的基本口径，③ 固有"群分类聚，凡物皆有族，族皆有谱"之说。④ 对人而言，"族谓人之族属"，⑤ 包括了中文古汉语中的"氏族""部族""宗族""种族""民族"等，而且"上自太古，粤有民族"即指南蛮之属。⑥ 这也是蔡元培命名西学 Ethnology 为民族学的中国文

① 黄淑聘、龚佩华：《文化人类学理论方法研究》，广东高等教育出版社，1996，第5页。
② 陈澔注：《礼记集说》卷三，"王制"，《四书五经》中册，天津古籍书店，1988年影印本，第74页。
③ 参见拙著：《类族辨物——"民族"与"族群"概念之中西对话》，中国社会科学出版社，2013。
④ （明）林俊：《见素续集》卷六，《四库全书》本。
⑤ （宋）蔡渊：《周易卦爻经传训解》卷上，《四库全书》本。
⑥ （唐）皮日休：《皮子文薮》卷一，《四库全书》本。

化底蕴。从这个意义上说，民族学与人类学虽然在"人"的范畴相互交织在了一起，但是就其原初意义来说，人类学从生物意义上论证人类"种"的起源、进化脉络的同一性，而民族学从社会意义上辨析人类"族"的群体形态及其演变过程的差异性。这是这两门学科最基本的差别。

就学科发展史而言，随着化石人类学的兴起，界门纲目科属种分类中的"种"为体貌肤色所标记，产生了对人类同源的怀疑；民族学的"异俗"也在进化论的时序中产生了"原始"与"开化"、"野蛮"与"文明"的价值判断，产生了"种族"差别的归因。"族类"被放大的种族范畴，对殖民时代的人类学、民族学产生了持久的影响。"去殖民化"进程中的"去种族化"进程，伴随着民族解放运动和全球性民族 - 国家建构，人类学立足头盖骨和"身体"的研究日趋自然科学化，民族学立足"异域""他乡"的"文化"研究归属于人文社会科学。在这种明显分化的进程中，人类学中的民族学"文化"因素，在超越"原始"与"野蛮"的现代性研究中，展开了人类文化和社会的新视野，包容并超越了民族学传统的"族类"研究，放大到社会群体（social groups）的范畴——从国民到乡民，从妇女到同性恋，从俱乐部到实验室，从"追星族"到"上班族"，且包括了脱离民族"母体"而形成的具有"族类"特征的移民——离散群体（Diasporas），并由于这些群体各自的记忆、符号、象征、心理、行为的认同而被赋予了"族性"（ethnicity），从而构成了广义的"族群"（ethnic groups）研究。[1]

民族学的发展，没有产生这种超越和包容，这也是中国民族学至今在

---

[1]　美国等西方国家的"族群"研究，缘起于对非老白人（WASP）的其他移民群体研究，并主要集中于非裔、拉美裔、亚裔等，进而被放大到其他社会群体，美国学者立足本土的"族类"划分去观察异国他乡，使族群（ethnic group）一词大行其道、流行甚广。以至用"族群"之名取代中国"民族"之称，被一些人奉为"文化化"解决民族问题的"灵丹妙药"。且不论美国等典型的移民国家的"族群问题"是否因此而创造了"成功的经验"，也无须举证欧洲国家为"移民"问题所困扰的现实，就英国的"族类"观而言，苏格兰、威尔士、北爱尔兰、康沃尔人被称为国家的"少数民族"（national minority），即"国家 - 民族的少数"，而其他移入的移民则称为"族群"（ethnic group）。中国的少数民族就是中华民族的少数（national minority），绝非美西国家的移民群体。

研究对象上指向少数民族的原因。事实上，在国外民族学研究界也是如此，一般依托于民族学、民俗学博物馆的民族学研究仍旧坚守着传统"族类"的阵地。这正是民族学与文化（社会）人类学的差别之处，虽然人类学包容了民族学的"族类"研究对象，但是"相当"或"等于"并非严谨的科学表达。"身体"的人类学在传统上被视为对人类个体的研究，虽然古人类学的化石发现的确难有"群体"，但是一个头盖骨、一段腿骨化石、一颗牙齿的研究，展现的却是那个时代的人类群体面貌。至于当代分子人类学的基因研究及其对某个群体一定比例的 DNA 采集，所证明的更非是个体的人类。况且从研究手段上来说，古人类化石研究的碳－14（C－14）年代测定法、古地磁年代测定法、热释光法、电子自旋共振法、氨基酸年代测定法等，也随着成功提取古人类化石 DNA 而取得突破性进展。科学技术的发展，对各个学科的进步所产生的推动、更新和升级性发展可谓日新月异，人文社会科学领域各学科的面貌也在理论、方法和研究范围上不断扩展。民族学亟须跟上时代的步伐，在中国特色民族学的学科建设方面实现进步。

在中国当代少数民族的社会变迁、经济文化生活日益与国家、区域的经济社会发展融为一体、各民族交互影响的社会关系日益密切的进程中，少数民族的现状与 20 世纪五六十年代民族大调查时期的面貌总体上已经发生了根本性的变化，虽然各个民族的传统文化习俗在现代性、后现代和全球化进程中仍有传承，甚至世界范围类似巴西热带雨林中与现代社会尚无接触的所谓"原始民族"尚存，但是民族学研究的领域早已扩大是一个基本事实。问题在于研究对象的普遍性变化及其所产生的研究领域扩大，是否使民族学的研究视野展开新的境界并形成新的理论和方法。习近平指出："历史表明，社会大变革的时代，一定是哲学社会科学大发展的时代。当代中国正经历着我国历史上最为广泛而深刻的社会变革，也正在进行着人类历史上最为宏大而独特的实践创新。这种前无古人的伟大实践，必将给理论创造、学术繁荣提供强大动力和广阔空间。这是一个需要理论而且一定能够产生理论的时代，这是一个需要思想而且一定能够产生思想的时代。我们不能辜负了这个时代。"这也正是建设中国特色民族学学科所需要遵循的基本原则和责任担当。

中国特色的民族学，其实并非一个时髦或贴标签的话语。"中国特色"源自中国的历史、立足中国的现实。"宣传阐释中国特色，要讲清楚每个国家和民族的历史传统、文化积淀、基本国情不同，其发展道路必然有着自己的特色。"对中国而言："就是讲清楚中华优秀传统文化是中华民族的突出优势，是我们最深厚的文化软实力。"① 中国古老的文明之所以几千年延续不断，最重要的动因之一就是不断融入新鲜血液，即"五方之民"及其后裔的互动。因此，中国传统的"民族志"可谓十分发达，正史、野史、游记、采风、图录及其内涵的思想、观念等，都具有民族学的本土资源价值。近代以来民族学学科辨析、本土化发展、民族志资料积累、民族研究著述，亦有丰富多彩的学术呈现，以至当代学人追溯或重读前人著述时发现当下所思所想之某些议题，前人早已论及且颇为高深。本土的学术传统和学术资源未能系统而公允地走进课堂或书斋，得到开发和利用，使包括民族学在内的一些学科建设缺失了历史脉络的底蕴。所以，中国特色的民族学学科建设，需要我们在"要讲清楚中华优秀传统文化的历史渊源、发展脉络、基本走向，讲清楚中华文化的独特创造、价值理念、鲜明特色，增强文化自信和价值观自信"的基础上，② 去开拓创新。

中国特色的民族学，需要系统的民族学理论工具。这种理论工具显然不能仅以"政治宣示"、"平等意识"和"政策观念"去涵盖或代表，而是学科性的专业理论。这是融通马克思主义、中国特色民族理论，融通古今中外民族观念和民族学专业理论的学科工具。这也就是中国特色民族学的基本理论。蔡元培先生关于民族学知识结构——包容诸多学科的知识、为诸多学科提供民族学知识——的论断，需要在当代中国特色民族学的发展中升华。包容多学科知识，是为了增强民族学"母体"的"土地肥力"；为多学科提供知识，是为了滋养民族学"母体"的分支学科"秧苗"苗壮

---

① 习近平：《把宣传思想工作做得更好》，《习近平谈治国理政》，外文出版社，2014，第155页。
② 习近平：《培育和弘扬社会主义核心价值观》，《习近平谈治国理政》，外文出版社，2014，第164页。

成长，使其在这片土壤中根深叶茂，而非抽取"民族"因素落脚于其他学科"母体"。

就国家标准所确定的一级学科民族学建设和发展而言，其学科"母体"理所当然应该成为分支学科生长的土壤，这片土壤即如上文所概括的学科建设之要，在于确立学科意识，所谓学科意识也就是对学科"母体"的栽培和浇灌。毫无疑问，在对中国各民族（包括汉族）的民族学研究中，历史脉络的梳理、传统文化的提炼、社会发展的变迁、语言文字的演变、风俗习惯的传承等，都需要继续发掘和深化研究。而现实发展所引起的变化及其这种变化的前景，则更需要多学科知识的汲取和培植。

从现行的国家标准、学位授予等学科分类中，民族学的学科定位及其内部结构，应立足民族学的学科"母体"，规范分支学科的"民族学"结构。在这方面，有两个基本原则需要明确：一是民族学（Ethnology）的学科名称，无论在国家哲学社会科学体系，还是国家标准等学科划分，乃至与国际学术组织或国别学科设置中，就是中国学界理解、丰富和发展的那个词源——Ethnology，而无须制造一个所谓广义民族学（Minzulogy）；二是中国的民族学是研究人类社会"民族现象"及其演变规律的科学，不仅要研究中国的少数民族，而且要研究中国的汉族（在民族学典型意义上），① 更重要的是研究中国的国家 – 民族（state-nation）——中华民族。放大到世界范围也是如此，这是民族学在当代中国的"中国特色"，也是中国民族学走向世界、影响世界的立足点。传统的民族学以辨析各民族的

① 对此，学界不仅有相当的共识和身体力行的成绩，而且从学术组织上也有"汉民族学会"。事实上，在中国研究少数民族，从族际关系的角度从来离不开汉族，甚至不研究汉族、汉文化就无法进行蔡元培先生"比较的民族学"以及回答"为什么"的问题。同时，由于汉族是中国的主体民族，几乎所有立足中国国情研究的学科，都对汉族、汉文化进行了"非族性"的研究，从而使汉族的"民族性"在知识漫散和社会普遍中不为民族学所重视。文化（社会）人类学囊括"非族性"群体的研究视野，并在观念、象征、仪式、话语、行为、习俗等"文化认同"的基础上提供更广泛的差异及其互动关系，显著地扩大研究空间，并实现了日益增多的学科在人类学"母体"上植根。这是民族学学科建设需要认真思考的问题。

文化差异、发展差距为要旨，虽然也试图通过比较证明"现代开化的祖先，正与现代的野蛮人相等"的进化发展过程，但是，当代中国特色的民族学研究，不仅要辨析差异"是什么"，而且要为尊重差异、缩小差距提供"为什么"的正当理由，进而为构建各民族平等、团结、互助、和谐、多元一体的中华民族整合提供"怎么办"的方案，即如何建设中华民族共享的物质田园和共有的精神家园。从这个意义上说，民族学的学科建设和学术发展，在服务于中国民族事务、解决民族问题、在差异中求和谐、在多样中求统一方面具有不可替代的作用。

曾几何时，世界上演了苏联和南斯拉夫等东欧国家解决民族问题失败的悲剧。25年后的今天，欧美发达国家又面临着"种族－民族问题危机"——种族矛盾、移民问题凸显，地区－民族分离主义运动多发，政坛极右翼政治势力上升，民间新法西斯主义仇恨团体增多，重返民族－国家主权的"脱欧"行动危及欧盟的前途，民粹－民族主义思潮弥漫，多元文化失败论流行，极端恐怖主义袭击频发，甚至历来居于"种族－民族多数"地位且享有不被定义为"他者"之天赋特权的"白人"也陷入了"身份危机"之中，等等。这些现象表明，西方发达国家构建民族－国家和国家－民族的过程远未完成，超国家联盟的先行道路并非平坦无阻。而立足于社会主义初级阶段国情实际的中国现代化进程，正在承前启后、继往开来的中国特色解决民族问题正确道路上面向中华民族伟大复兴目标前行，这也决定了中国特色民族学学科建设和学术研究的发展前景。

在此基础上，似可就建设中国特色民族学学科及其设置做出以下思考。

民族学（Ethnology）：研究人类社会民族共同体及其发展规律的科学。研究对象：中国各民族、中华民族；世界各民族（族别史志、国家－民族、移民、海外华人）。

民族学理论与方法：马克思主义民族理论、中国特色社会主义民族理论（指导思想）；中国古代民族观（本土传统智慧）、近现代中国民族学理论、西方民族学理论流派（学术理论）；民族志方法论等。① 这是"善于融通古今中外各种资源"，支撑民族学学科理论的基本建设。即一级学科民族学的首位二级学科，也应是高等教育中民族学学科的公共课程。其他以民族学为"母体"的二级学科名目及其内涵专业或研究方向，可择其要点、抛砖引玉地划分为以下几方面。

政治民族学：中国的民族问题与民族政策、中国的民族识别、民族区域自治制度、爱国统一战线、反对两种民族主义、反对民族分裂、国家－民族建构、国家统一与中华民族伟大复兴；

经济民族学：各民族传统经济（采集、狩猎、畜牧、农耕、手工业）；各民族现代经济（特色经济、旅游业、特色产品、资源开发、生态保护等）；政策与行动：西部大开发与对口支援、"兴边富民"行动、"扶持人口较少民族"政策、"一带一路"建设与内通外联开放发展等；

社会民族学：社会主义民族关系、社会问题与民族问题、族别社会分层、族别人口及其流动、交往交流交融、各民族嵌入式社会环境和社区研究等；

文化民族学：文化类型、婚姻家庭、仪式象征、民间信仰（含萨满教）、风俗习惯等；非物质文化保护、各民族的文化认同、中华文化认同等；

法律民族学：各民族传统法、习惯法；国家基本法律（民族区域自治法），因地制宜关涉民族、区域的地方、部门法律法规，反对民族歧视的

① 民族志（Ethnography）作为一门方法论的学问，词源学来自传统民族学的学术体系。作为基本方法，在民族学、人类学（尤其是文化人类学）甚至包括社会学等学科，都奉为经典而普适的方法，它被称为"一种描述群体或文化的艺术与科学"。其普适性的多学科应用，使其"描述的内容可能是关于某个异国的小部落或中产阶级社区中一个班级"（David M. Fetterman：《民族志学》，赖文福译，台北：弘智文化事业有限公司，2000，第15 页）。蔡元培先生所说"记录的民族学"即属于此，这是"比较的民族学"之基础。也就是本文中述及的"是什么"。传统的民族志过程称为田野调查（filed work），事实上包括古人类学、考古学的勘探、发掘都属于此类，甚至从历史学来说，爬梳史料也属于文献的田野。文化（社会）人类学将民族志学应用到了现代社会诸领域的人类"群体"文化单元之中，包容了民族学的研究对象，但是并不意味着取代民族学。比如以教育民族学的视野去做一个内地"西藏班"的民族志，即为民族学的典型研究案例。

立法等研究；

语言民族学：各民族的语言关系、语言环境与语言接触，中国的语文政策，各民族语言文字的现代化应用（语言实验、计算语言）等；

教育民族学：各民族传统教育模式、少数民族母语教育、双语教育、国家通用语言文字的推广；

历史民族学：各民族的族别史、民族关系史、中华民族史、少数民族古籍文献整理（含古文字研究）；

生态民族学：各民族的传统生态知识、生态环境与民族文化、生态环境与社会生活、生态保护与经济社会发展等；

艺术民族学：各民族传统艺术形式，现代传承与发展、借鉴与吸收，族别艺术的地方化、国家化、世界化；

影视民族学：记录和展现各民族的历史文化、现代生活及其内涵的知识谱系等。

世界民族研究：这是一个中国民族学展开世界视野的学术领域，[①] 虽然它尚不能与"国际问题研究"比肩，但是其学术空间之大不可小觑，其主要研究方向包括异国他乡氏族、部落、部族、民族史志；不同国家民族问题与民族政策（联邦制、保留地、民族区域自治、民族自治、地方议会，多元文化主义的"平权""配额"政策等）；种族矛盾、族际冲突、移民融入及其政策；种族主义、民族主义、民粹－民族主义、地区－民族分离主义、新法西斯主义、极端恐怖主义问题；民族－国家和国家－民族建构；超国家联盟——欧盟现象及其"欧洲人"身份认同；国际人权、"防歧保少"、土著人权利、文化多样性等约法，以及洲别、国别的相关法律及其实践等。可以说，从中国民族学所涵盖的研究取向都可放大到世界范围去开展。

这种立足于民族学学科"母体"的二级学科分类和研究内容举例，只是一种思路的提示而非严谨的论证，目的在于展现一种学科视野来思考民族学的学科建设，使文化（社会）人类学的发展态势在民族学的学科"母

---

① 参见拙文《试谈我国的世界民族研究》，《民族研究》1987 年第 1 期。

体"上得到实践。当然，这并非简单地规避以"民族"冠名的学科或专业取向，而且也并不排斥这类学科的既成事实。诸如 20 世纪 80 年代国际数学界开始登堂入室的"民族数学"（Ethnomathematics），即是针对不同民族的数学文化形成的数学与文化人类学交叉的分支学科。虽然数学文化曾为一些数学家、人类学家、教育学家所关注，但其学科性的命名则来自巴西数学家、数学教育家达布罗西欧。[①] 此后，国际人类学界以"数学人类学"（Mathematical anthropology）之名展开了研究视野，在国际人类学与民族学联合会中设立了专业委员会，欧美学者以数学人类学冠名的著述也相继面世。故此，在中国，一些学者开展的相关研究，用数学人类学之名与"国际接轨"并不奇怪，虽然这些研究是建立在蒙古、苗、傣、侗等民族的传统数学文化基础之上。[②] 当然，民族学界完全可以更加贴切地将"民族数学"命名为数学民族学（Mathematical ethnology）。立足于民族学的学科"母体"建构其学科内涵，并非为了争夺"学术资源"或划出"边界"，而是为了建设中国特色民族学的学科体系。在这方面，既要适应国际学术发展的成熟经验或正在探索的前沿，又要立足本土资源而彰显"中国特色"。当然，这个"中国特色"不是国家哲学社会科学基金指向的"民族问题研究"所能代表或规范的，这也是在构建中国特色民族学学科体系中需要改变的现状之一。

　　回到民族学与人类学的关系。文化（社会）人类学超越了民族学研究对象的局限，或者说包容了民族学所针对的"族类"群体并扩展到更广泛的社会群体。从这个意义上说，人类学更宽泛，民族学更专门。虽然它们在学科性的基本理论、基本方法上具有渊源的同一性，但依然是"甲"和"乙"，两者相互兼容而不失个性、相互融通而各有所长、相得益彰、和而不同。中国需要与国际学术界接轨的人类学，中国也需要影响国际学术界的民族学。包括一些族别性的综合研究领域，如蒙古学、藏学等具有东方

①　参见张维忠、唐恒钧《民族数学与数学课程改革》，《数学传播》2008 年第 32 卷第 4 期。

②　参见张和平、徐晓光、罗永超《数学人类学：一个新的研究动向》，《数学教育学报》2014 年第 4 期。

学、汉学（中国学）性质的专门学问，可以在包括民族学、人类学或历史学、语言学、考古学等诸多学科的框架内分解为专业性的研究议题。问题不在于民族学与文化人类学"相当"或"等同"与否，而主要在于人类学的学科分类问题。

人类学的学科纠结，关键不在于人类学的重要性和影响力不为人所知，而在于这个"半文半理"学科在中国分置于自然科学、哲学社会科学两大领域。理论上说，人类学（Anthropology）之学科名目难以在这两大领域中同时并存为一级学科。即便是在美、英国家也是如此，如上文所示：人类学作为社会科学群组中的一级学科，其所辖二级学科：在美国为人类学（实际指文化人类学）、自然人类学、人类学（其他）；在英国则为社会及文化人类学，自然及生物人类学。如果从我国自然科学基金新近的学科分类，体质或生物人类学已经为人类遗传学所替代，其内涵径直指向了人类遗传多样性、人类起源与进化、人类表型性状等。若此，在未来的国家标准修订中，人类学（Anthropology）在哲学社会科学门类中列为一级学科应属前景光明。虽然人类学界仍坚持经典的生物、考古、语言、文化人类学分支学科"四分法"，但是"在世界许多地方，'人类学'已经开始意味着主要特指'文化人类学'"。[①] 从这个意义上说，在国家标准中的哲学社会科学领域设立一级学科人类学（Anthropology），与属于自然科学领域地质学的古人类学（Paleoanthropology）或者属于生物学的生物人类学（Biological anthropology）二级学科，并不冲突。

综上所述，民族学学科建设的重要支撑是学科定位和学科内涵，这是一个学科的基本"骨架"。对这一比喻的延伸发挥，"头脑"可谓学科的基本理论，"五官"则是研究方法，"肢体"是分支学科，即便是"八臂哪吒"也都能有机地生长于学科"母体"之上。事实上，自蔡元培先生命名至今，民族学经过90年的发展不仅成为中国特色哲学社会科学体系中具有支撑作用的学科之一，而且民族学界探索学科建设、学科发展的努力始终在进行。在本文截稿之际，学界同仁惠赠主题为"民族学如何进步"一

---

① 〔英〕阿兰·巴纳德：《人类学历史与理论》，王建民等译，华夏出版社，2006，第4页。

文，即是这种努力的新近大作。[①] 该文虽然与本文的着眼点不同，且未及吸收其成就，但在建设中国特色民族学学科这一主题上可谓相得益彰、异曲同工。

若益·塞尔维埃认为："民族学的产生，大概就在人从流水中看到自己倒影而第一次倍感惊讶的那一刻。他发现，这另一个人，这随着波浪漩涡而变幻的模糊形象，既是自己的外形，又是自己永远辨认不清的另一个自我。"[②] 这对民族学研究的对象而言是一个很有价值的比喻，但是就民族学的学科属性而言，中国民族学"辨清自我"的时代已经来临。

---

① 杨圣敏：《民族学如何进步——对学科发展道路的几点看法》，《中央民族大学学报》（哲学社会科学版）2016 年第 6 期。
② 〔法〕若益·塞尔维埃：《民族学》，王光译，商务印书馆，1996，第 4 页。

民族学理论研究与学科建设的若干问题

王延中

民族学自 19 世纪末 20 世纪初进入中国以来，在一个多世纪的发展历程中，虽然历经风雨，但总体上没有中断过；关注重点与研究范围虽不断调整，但与时代主题总是密切相关。在我国这样一个多民族国家中，民族现象的复杂性、民族问题的重要性、民族研究的时代性，为民族学研究提供了丰沃的土壤，民族学人适应时代呼唤，响应国家需要，在调查研究、人才培养、学科建设、政策咨询、学术交流等领域辛勤耕耘，产出了很多有影响的重大成果，为发展我国哲学社会科学事业做出了很大贡献。民族学已经成为最具中国特色的哲学社会科学专业领域之一，也是习近平总书记在 2016 年 5 月 17 日哲学社会科学座谈会讲话中提出大力发展的重要学科之一。

全球化时代民族问题出现许多新现象，我国在现代化进程中民族地区和少数民族的同步发展问题（比如中央提出与全国一道全面建成小康社会）更加突出。时代对民族学提出的任务依然重大，但我们的学科应对明显不力。面对哲学社会科学各学科迅速发展的新局面，特别是与迅猛发展的经济学、法学、国际问题研究等现实学科相比，民族学领域曾经的辉煌逐渐暗淡；与文史哲等传统基础学科相比，民族学的基础研究似乎更加边缘化；与其他学科理论与方法取向的一般性相比，民族学似乎变得越来越特殊。当前民族研究领域面临着许多新问题，如何建立更加适应形势任务与学科发展需要的民族学新型学科体系、学术体系、话语体系十分重要。近一个时期以来，通过对民族地区经济社会发展现状的大规模实地调查，我对民族地区面临的问题有了一些认识。近年来民族学理论热点讨论很是热烈甚至热闹，很多内容都涉及学术研究方向与学科建设。根据调查观察与思考，我对当前民族学研究领域面临的一些问题提出一些不成熟的想法。

一　积极建设中华民族共同体

新中国成立以来，经过几十年的民族识别，我们确认了 56 个民族。除汉族人数超过全国总人口 90% 外，其余 55 个是人口数量较少的少数民族，其实不少少数民族人口数量也不少，好几个少数民族的人口也超过了 1000 万人，在国际上看也是"大民族"。在 56 个民族之上，各民族又都属于中华民族。这就存在着如何看待汉族与少数民族、少数民族之间、56 个民族与中华民族等一系列的民族关系问题。其实，这也是民族学长期以来的核心议题之一，对党的民族理论与政策的走向具有举足轻重的影响。

在 2014 年中央民族工作会议上，习近平总书记明确提出中华民族与 56 个民族的关系是大家庭与家庭成员的关系。会上讲到不再进行民族识别、不再增加新的民族类型、不再增加新的民族区域自治地方，但事实上，有些问题还没有完全解决。因为从 20 世纪 50 年代开始的民族识别工作到今天其实还有一些未识别民族、未识别人群。现在，人口流动过程中这些人的身份证没有归到哪个民族，住店、银行办理存取款业务等生活诸多方面都有很多不便利的地方。这些问题怎么解决呢？贵州还有一些未识别人群，他们俗称的"省内粮票"在省内认，出了省就不认可。云南、西藏等地区都还有一些等待身份识别的人群。这些问题要解绝不是简单的增加或减少民族的种类和数量问题，其实需要在实践中进行工作创新，尤其是应充分重视和利用现代信息技术手段的进步所提供的研究条件。

中华民族是一个大家庭，要树立中华民族共同体意识，强化中华民族的实体意识。当然，关于中华民族的研究，历来有不同认识。过去一些民族理论专家学者把中华民族作为一个统称对待，认为中华民族是一个虚拟身份，只有自己归属的某一个民族身份才是实体。当然，也有学者认为中华民族不是一个虚拟的概念，中华民族本身就是一个实体。费孝通教授1988年的论文《中华民族的多元一体格局》，从历史的角度阐发了中华民族作为一个自在实体向自觉实体的演进过程。他是一个实体论者，他认为中华民族历史上就是一个自在的实体。近代以来，这个自在的实体在对抗西方列强入侵过程中形成民族自觉，把共同抗击外敌入侵的各民族变成一个自觉的实体。这是对格局的一种解释。在抗战过程中确实是全民抗战而不是汉族抗战。这个民族抗战是中华民族抗战。二战期间，有世界反法西斯同盟，但那毕竟是一个同盟，不是一个国家。在国家概念上，我们是中华民族。中华民族成为一个实体，在学术讨论中可以讨论，但从历史包括主流的结论来讲，不应该是什么问题。但实际上，还是有自觉不自觉的一些意见或声音，在对中华民族是不是一个实体的问题上不断地提出质疑。

中华民族共同体的建构问题是十八大之后中央特别是习近平总书记特别看重的一个问题。怎样建设中华民族共同体，学界与实际工作部门内部还是有一些分歧。比如，要不要推广普通话建设共同语言的问题。作为国家公民和中华民族的一个成员，应该不应该掌握普通话的问题。虽然国家宪法强调要推广普通话，但在一些地方、一些人看来，普通话是汉语，是汉族的语言，推广普通话不利于保护民族语言和民族文化。再比如，关于加强民族团结的问题。中国建立的社会主义民族关系中强调的第一原则就是团结。各民族内部要团结，各民族之间更应该团结。关键是怎样把上述原则贯彻落实到位。这些问题在以往的民族理论研究中虽有涉猎，但从民族多样性与中华民族唯一性的角度去理解民族关系，从中华民族实体论的角度建构中华民族共同体，从建构现代民族国家的角度切实保护每一公民平等的身份权利，还存在一些未完全阐发清楚的问题，对近年来地方与部门实践工作的指导也很薄弱。传统民族自决权理论以及当代世界各地频频发生"独立公投"等问题，对于多民族国家统一带来的挑战不可小觑。在这种背景下倡导建构中华民族共同体，对于促进国民的共同性，遏制国内外敌对与分裂势力通过所谓"民族问题"制造分裂，具有重大理论与现实意义。中华民族是一个大家庭，56 个民族是一家人。国家宪法与相关法律法规坚决反对民族分裂，这里的民族分裂不是针对哪一个民族内部的，而是从国家角度对中华民族作为一个整体的分裂和对祖国统一的威胁，因此必须坚决遏制。所以，要讲"三个离不开"。我在今年 8 月到韩国访问交流时，韩国人认为中国那么大一个国家，历史上能够长期统一、即使一时分裂过后又能走向重新统一是一个奇迹，也十分羡慕。历史上的民族统一确实有很多原因，而当前民族统一与中国共产党的民族政策具有密不可分的关系。民族政策精准而重要的内容就是"三个离不开"。这是对我国民族关系历史和现状的客观描述，今天倡导建构中华民族共同体，是把"三个离不开"原则进一步夯实，把民族团结问题提升到一个新层次。

二　民族区域自治制度的发展与完善

习近平总书记在 2014 年中央民族工作会议的讲话中提出民族区域自治制度是我国民族政策的一个基石。民族区域自治制度内涵丰富，不是简单的自治和不自治的问题。有的人从民族自决权的角度看自治，认为民族区域自治就是自决权。还有的从国家和地方的关系角度来看，民族区域自治地方是国家内部的一个部分，是中央和地方的关系，不是平等的政治实体之间的关系。民族区域自治制度对现代民族国家背景下处理民族多样性与建设统一多民族国家的关系，对于中国共产党巩固在全国的执政地位，对于维护和发展平等、团结、互助、和谐的社会主义民族关系，对于落实民族政策，都发挥了积极作用，在国际上也是一个成功的范例。民族区域自治制度是中国共产党做出的符合中国历史与国情的正确选择，总体而言也是非常成功的。这一点毋庸置疑。但是，历史是发展的，随着国家工业化、城市化进程不断推进，随着民族地区经济社会的快速发展，特别是各地区大规模人口流动，确实可能带来民族区域自治地方的区划调整等一系列新问题。如何处理民族区域自治地方在发展中的新问题值得探讨，是根据少数民族人口数量的增长和聚居，继续增加一些民族区域自治地方；还是对一些民族区域自治地区进行适当的区划调整甚至撤（自治）县设市变区，都需要理论上的跟进和新的解释。一些极端说法值得民族理论学界认真思考。比如，有人说自治权是"空"的、民族区域自治是一个中看不中用的"画饼"；也有人说，一些地方之所以出现民族分裂活动甚至"三股"势力，是民族区域自治制度造成的，应当取消民族区域自治制度。这些极端说法是不符合实际的，无疑是错误的，但确有一定的市场。如何进行正确的引导，如何对纷纭复杂的说法进行准确回应，都需要学界认真思考，需要对民族区域自治制度的历史发展与变化趋势进行深入研究，提出逻辑清晰的理论阐述，提出新的符合实际的解决问题的方法，而不是一股脑儿把所有问题的产生都归咎于民族区域自治制度。同时，我们也不能仅仅固守民族区域自治地方的数量之壳而不根据需要进行与时俱进的必要调整。

三　推进中华文化共有精神家园建设

文化是一个民族的基因，传承保护民族文化十分重要。中国是一个多民族国家，民族多样性、文化多样性是自然而然的一种现象。中国文化的类型非常丰富，很难把各地、各民族的文化完全等同起来。对于这个问题，我们应有清醒的认识。我国不是一个单一的民族国家，民族多样性、文化多样性及宗教多样性都是客观的现实。这种多样性，为中华文明的丰富与发展注入了充足的养分，是我们在现代化进程中必须珍视的瑰宝而不是可有可无的，是我们进行现代文化建设的宝贵资源而不是负担和包袱。保护好民族文化、地域文化的多样性，是保护中华文化活力、促进现代文化建设、增强文化自信的重要途径。

在保护文化多样性的同时，也有一个如何处理好保护文化资源与合理开发利用的关系问题。这方面各地在实践中积累了不少成功案例，当然也有一些失败的例子。其中的经验教训值得深入研究、认真思考总结，以减少损失、少走弯路。除了民族文化资源开发利用等应用层面的问题外，还有一个民族文化建设的方向问题值得思考。在中华民族大家庭中，民族文化之间的交往交流交融日益密切，已经形成了你中有我、我中有你、互不分割的一个整体，不能孤立地谈民族文化的个性、差异性、特殊性，忽略各民族文化统属中华文化的共同性问题。各民族文化建设都属于中华现代文化建设的大范畴。同时，国家应当为各地民族文化建设工作提出指导。地方民族文化发展建设应该有一个主线，应该有一个灵魂和主体。这个主线、灵魂及主体就是如何增强中华文化的共同性问题。丰富多彩的民族文化建设，都是现代中华文化建设的有机组成部分，民族文化建设应当有利于促进中华文化共有精神家园建设。这个问题关系到文化建设的方向与国家意识形态安全，至关重要，应该成为现代国家文化建设必须坚持的重要原则。

这个原则问题就是强化"四个认同"的教育问题。"四个认同"是中国每一个公民、社会成员都应该树立的理念。这是组成现代中华文化共有精神家园的基本方向与灵魂，也是促进中华民族共同体建设的基本要素和重要特征。在"四个认同"基础上，2015 年中央统战工作会议上又加了一个认同，形成了"五个认同"，即对伟大祖国的认同、对中华民族的认同、对中华文化的认同、对中国社会主义道路的认同、对中国共产党的认同。这是符合时代要求的新提法，需要认真研究与阐发。总之，在现代文化建设问题上，讲民族文化多样性不能忽视中华文化整体性，讲宗教信仰多样性不能忽视国家意识形态主导性，讲各民族传统美德的传承发扬要与弘扬社会主义核心价值观有机结合起来。否则，现代文化建设的主线不明确，中华文化共有精神家园的共同性就比较弱，国家主流文化形态就很难覆盖所有的公民和社会成员。

四　努力增强民族地区自我发展能力

近代以来，我国现代化进程步履是蹒跚的、不容易的。改革开放后，中国现代化的成就举世瞩目。但是，作为一个面积广大、经济社会发展水平区域不平衡、人群不平衡十分突出的发展中大国，中国必须在现代化过程中注意区域之间、群体之间的平衡发展问题。现代市场经济的发展规律是优胜劣汰，各地区实现完全一样的发展速度和发展水平是不可能的。我们需要看待发展的不平衡具有客观性，但是我们不能在不平衡发展状况面前无所作为，必须树立区域协调发展、全国一盘棋的理念和发展战略，注意在不平衡中寻求平衡发展。我们不能等着区域经济发展的自身节奏，让发达地区慢慢带动欠发达地区自然演进，在落后地区面临发展困境时无所作为。社会主义制度的优越性，可以使我们对于欠发达地区尤其是西部民族地区有所作为。这种作为就是更好地发挥政府促进区域协调发展方面的主导作用、发挥中华民族大家庭的整体作用、发挥"一方有难八方支援"的优良传统。从这个意义上说，国家和发达地区对民族地区、欠发达地区的支持和援助是十分必要的，也是必需的。这对民族地区和少数民族来说，是实现全面小康、与全国一道完成"两个百年"目标的重要条件。

把在发展过程中寻求国内各区域间的平衡发展作为国家战略，对民族地区来讲是加速自身发展的难得机遇。邓小平同志在 20 世纪 80 年代中后期就提出先富带后富的战略思想，90 年代末期中央把这一思想付诸实践，正式提出并实施西部大开发战略，实施了支持和援助西部地区特别是西藏、新疆、青海等特殊边疆民族地区的政策措施。这些措施虽然不能立竿见影，却具有奠基之功。经过近 20 年的持续努力，尽管西部地区与沿海地区的发展差距依然存在，甚至在总量方面与东部沿海地区的差距有所扩大，但大规模的支持援助毕竟极大改善了民族地区的发展基础和条件，有效促进了民族地区的发展。进入 21 世纪以来，在民族地区自身努力、国家政策支持、发达地区援助等因素作用下，民族地区的发展速度已经超过全国平均速度，一些过去发展很差的区域如西藏、贵州，近年来的增速甚至名列前茅。这是了不起的成绩。从这个意义上讲，民族地区的发展如果没有社会主义体制的保障，没有国家支持和发达地区援助，单靠自身努力发展速度不会那么快。这是我们的体制优势的体现，也是今后继续坚持的基本经验。

与此同时，我们必须强调，民族地区的发展归根结底还是自身能力的建设问题。仅仅依靠支持援助是无法实现可持续发展的，没有自身能力的提升，发展就缺乏坚实的基础。落后的原因是复杂的，必须在利用国家支持和外来援助的同时，想方设法提升自己参与发展的意识和能力。要注重发展的结果，更要重视把援助发展转变成内在自生的发展。民族地区的发展与反贫困，必须是坚持援助与自力更生相结合，必须把外部条件转化为内在动力，必须在援助过程中、发展建设中把着眼点放到提升民族地区尤其是少数民族群众自身能力上来。从促进区域间的平衡发展，进而实现民族地区内部经济社会的协调发展，促进现代化建设的转型，提升内在的发展能力建设，为民族地区提供不竭的发展动力。

五 促进地区优惠政策与民族扶持
政策的有机结合

我国民族地区面积广大，不是铁板一块的，而是一个多样化的存在。民族地区只是一个笼统概念。不同民族地区的范围与内涵并不完全一样，民族不同、自治地方不同、发展条件不同，面临的困难和问题也不同。中央对不同民族地区的发展有一般性的制度安排和相对一致的政策、规划，也有针对某些特定地区、特定区域、特定人群的差别化政策。对一些特定的民族地区，又给予特定的关注，如西藏发展的问题、新疆发展的问题。中央成立专门的领导体制和工作机制，实施专门的政策和扶持措施。在民族地区的调研中我们发现，各地对于民族地区的多样性不是很了解，不知道我国民族地区并不是铁板一块，对民族政策的一致性与差异性了解不深，对不同地区、不同类型的民族政策往往从自己的需要进行解读，对优惠政策的相互攀比问题非常突出。

在云南调研时，我对此感触颇深。应该说，云南民族工作和民族团结经验在全国是拿得出手的，从中央到各地都很认可。但我们调研时却发现针对人口较少民族的优惠政策就存在较强的攀比心理。人口较少民族优惠政策是具有特定条件的，民族人口数量是一个直接标准。但是，云南人口较少民族往往与人口较多的少数民族世代杂居在同一个区域内，当地的发展条件、环境、基础并不存在较大的差异，各民族的经济社会发展水平和生产生活条件也比较相似。一些特殊优惠政策根据民族身份而不是根据区域发展水平确定，优惠扶持政策人为地导致同一区域甚至同一乡镇、村落不同民族之间的显著差别，势必形成相互攀比优惠扶持的问题。比如，在同一个地方，人口较多的少数民族希望攀比人口较少民族的扶持政策，非藏族地区希望攀比藏族地区的优惠政策，或希望能按照藏族地区的政策贯彻落实，而其他藏族地区的政策又没有西藏的政策更优惠，他们又希望能按照西藏的政策推而广之……

民族地区的类型是多样的，各自面对的问题也是多样化的。相关政策不能一刀切，但是差别化的政策又容易导致相互攀比。如何解决这些问题，如何在民族理论、民族政策方面提出相应的对策，如何加以引导，如何在实践中切实使民族政策因地制宜、因时制宜，就不是简单的问题，就不是可以大而化之的问题，需要精细的调查研究和切实可行的学理支撑。

习近平在中央民族工作会议等多次重要讲话中都指出："大家不要攀比国家对新疆和西藏的优惠政策。"因为西藏和新疆有一些特定的目标和任务，特别是反分裂的任务很重，发展的特殊困难也更加突出。这些地方如果没有国家的特殊政策，要想实现全国的平衡发展是不现实的。由此可见，都是民族政策，国家层面的考虑和地方层面的考虑是不同的，不同地区的视角是有差异的，不同人群对这些政策的理解也是千差万别的。这反映出我们国家的民族政策，必须与推进公共服务均等化等一般公共政策有机结合起来，该用民族政策的时候用民族政策，该用基本公共政策的时候用公共政策，不要笼而统之、大而化之地把民族地区的发展援助政策、针对少数民族的所有政策，都称之为"民族政策"，都落实到某些民族身份上，确实需要更加精细地研究这些政策的内涵和实施后果，该坚持的坚持，该调整的调整。不要在导致很多问题后依然坚持民族政策的所谓"刚性"，扩大分歧、固化差异，不利于共同发展，也不利于民族团结。

六　创新民族学学科定位与理论方法

当前世界范围内的经济全球化进程受到一些挫折，分离主义、极端主义、孤立主义、民粹主义、极端右翼保守思潮有所上升，但经济全球化的趋势是不可逆转的。因此，民族问题的存在和民族问题的研究，不以区域和国界为边界，日益成为跨区域、跨国家的大问题，特别是"一带一路"

倡议不是一个局部地区的事情，而是一个全球性的命题。所以，全世界都在关注"一带一路"倡议。对这些议题，我们传统的民族学的话语体系、区域政策及特殊的民族政策，是以固定的人群和固定的区域为边界的。现在，流动人口越来越多、进城的少数民族越来越多，进入东部和大城市的少数民族特别是西部的少数民族越来越多，包括西部的农民工不仅仅是少数民族，也有汉族。面对这些新的趋势和变化，传统民族学的工作机制和话语体系就跟不上了。在援疆援藏、支持民族地区发展过程中，很多干部是从东部沿海地区去的，没有接受较多的民族学的知识和多民族国家国情的培训，因而也容易出现不能自觉地设身处地站在当地的立场和当地人民群众的角度看待工作中遇到的各种问题等情况。

新中国成立后，国家对学科进行了一些调整，把社会学、新闻学、政治学、法学在哲学社会科学学科中合并掉了，当时人类学、社会学的一些专家就转到民族学的领域。所以，中国的民族学对社会学和人类学的发展和重建是做了很大贡献的。民族学为这些学科的发展留下了很多火种、人才和知识。所以，社会学的重建并不是完全从零开始。民族学在我国整个哲学社会科学学科体系中具有独特的意义。因为，社会主义国家都有民族学，而在苏联解体、东欧剧变之后，很多社会主义国家的民族学都向人类学这边走，真正坚持民族学的国家不多了。日本的博物馆叫民族学博物馆，但它的学位是将民族学和人类学合并起来了，而欧美国家是人类学传统。国际上有民族学人类学联合会，但在真正意义上民族学学科发展的少，人类学发展多。中国现在民族学、人类学学科的发展步伐不是很快，离我们的要求和目标性任务还差得很远。我们的民族学有没有自己的领域，有没有自己独特的目标和定位？我不主张哲学社会科学各个领域完全分开，界限分明。我们反对经济学帝国主义把一切经济问题都变成经济学的。因此，其他学科感觉比较弱势。但是，反过来讲，每个学科确实也需要有一定的分工，一定的边界，中国恰恰是在民族学的旗帜下，民族学和人类学的联系是比较密切的，而社会学越来越往外走了。很多高校的社会学虽然有的还在人类学、民族学院挂着，但越来越多的社会学开始独立出去。所以，这些学科到底怎么定位？当然，问题是不分界的，但学科是有一定边界的。好在我们国家的民族学还没有像西方那样完全变成人类学，我们还有民族地区、少数民族作为特定的研究对象。此外，我们的研究对象还应该拓展，从学科发展现状也可以看出，民族学的研究对象不仅仅是民族地区和少数民族，汉族也是我们民族学的一个研究领域；沿海地区越来越多地关注民族问题和民族现象也不能说是完全研究民族地区。

2014年我在西南民族大学提出了一个想法，就是中国的民族学应该四个领域的研究都要涉及、都要开展。中国的民族学有一个特定的领域在相当长时期内还是可以保持的。第一个关注领域就是民族地区和少数民族。这是民族学依托的传统的领域。但是我们要把它拓展成全国范围和整个中华民族，而不仅仅是少数民族和民族地区。民族关系也不仅仅是少数民族和汉族的关系，汉族和少数民族的关系恰恰不能成为民族学简单的领域，有很多是全国范围内的民族学的研究领域。如民族工作、民族事务管理就不应仅仅局限于少数民族和民族地区。民族干部的培养、培训工作应该包括沿海地区、普通高校，而不应仅仅局限在民族大学、民族地区的范围。

另外，民族学的新领域有可能会带来一些理念如何在学科内部扎根的问题。这一点就像我们接受马克思主义的过程。马克思主义也不是自然而然地能够指导中国革命，它必须本地化，而本地化过程是一个很艰难的过程。所以，毛泽东思想的形成过程是它的一个本地化过程。在此过程中，民族政策也是一个本地化的过程。中共二大通过的《中国共产党党章》里关于民族理论问题就是共产国际的民族自决权的问题。这个由中国共产党人自己起草的党章确实号召了所有被压迫的广大劳苦大众包括少数民族劳苦大众推翻旧政权，建立人民主权、民族平等的新政权。但是，也有很多不一定与中国国情完全相适应的地方。中国的国情是各民族交错杂居，并不是完全按照语言等进行分布，有很多类型多样的地区。但是，很多民族交错在一起，不能完全区分某块土地特定地属于哪个民族。所以，我国宪法和政策规定土地是中华人民共和国的土地，是所有中国人的土地，不是哪个民族的土地。民族区域自治地方的土地也不是哪个民族的地方。这些认识是与我国的国情密不可分的。从20世纪30年代本地化的过程，到今天我们依然坚持中国特色的社会主义道路，我们没有照搬任何其他的经验。我们已经从历史的经验中总结出来：只有符合国情的道路，才会有好的结果。所以，我国发达地区的很多政策措施，在民族地区落地、开花、结果过程中也有一个本地化的问题，也有一个如何发挥好当地积极性的问题。因此，民族事务的形势变了，情况变了，我们要树立一些新的思维，新的理念，着手新的机制建设。

七　坚持重大问题研究导向与从实求知优良传统

当前我国民族领域面临的问题是多方面的。参加年会的专家学者提交的 122 篇文章，充分说明当前相关问题的范围之广、之宽。限于时间，我不能一一点评这样厚厚的一大本论文集的观点和意见。其实，这些年民族学在一定程度上成为大家关注的显学，越来越多的专家学者投身民族问题研究，课题越来越多、机构越来越多、成果越来越多。如此众多的成果，固然有相同的意见，也必然存在大量的意见分歧。在民族研究领域，要得出一个让大家都觉得正确、都能够认可的意见和结论是不容易的。中国民族学会召集会议的一个目的就是给大家提供这样一个舞台，让大家畅所欲言、各抒己见，引导学科建设和学术发展繁荣。

民族学是经世致用的学科，它的发展首先源于自身能够反映实际、符合现实需求的学科特点。中国民族学的问题不仅仅是学术问题，而是如何为解决实际问题提供更好服务的问题。我们的实际和现实是什么？今天的现实就是如何加快民族地区发展，完成中华民族伟大复兴的中国梦的问题，就是如何为党和政府面对和解决上述任务建言献策的问题。在中国这样一个多民族国家，民族问题一直是客观存在的现实问题。党和国家历来高度重视民族工作、民族问题。新中国成立以来，到 2014 年中央民族工作会议再到今天，党和国家领导人不断到民族地区考察、视察，部署和检查、指导工作，不同时期提出不同的目标与任务。从中央到地方尤其是民族地区的各个部门、各相关领域，也都对民族问题和民族工作高度重视。我们国家是多民族国家，虽然也曾有过分裂，但统一是主流；虽然是多民族，但大家都同属中华民族；虽然有各种各样的问题，但今天"四个认同"乃至"五个认同"成为主导话语；虽然各地区有发展差距，但两个"共同"目标实实在在地不断变成现实；虽然不少地区、不少领域还存在很多缺陷、差距与不足，但党和国家对民族问题的重视程度和解决民族问题的投入力度，远远超过历史上任何一个时期。我们的民族工作和民族事务管理积累了丰富的实践经验，这为民族学这个学科的研究提供了得天独厚的土壤和条件。亟待解决的各类民族问题，又为这个学科发挥作用提供了用武之地。

近年来，中央层面关于民族宗教问题几乎年年都召开非常重要、具有标志性意义的专题或重要会议。2014 年中央民族工作会议是新时期民族工作的最高会议，对当前和今后一个时期民族工作大局进行总体部署和谋划，提出解决民族问题一系列新的认识和迫切需要研究解决的重大课题、重要任务。同时，中央专门召开新疆工作座谈会和第六次西藏工作会议，专门部署新疆、西藏及其他四个藏族人口分布较集中的省份的工作。2015 年又召开中央统战工作会议，颁布包含"五个认同"要求的《中央统战工作条例》，从统战角度提出进一步加强民族宗教工作的任务要求。2016 年 4 月，中央召开全国宗教工作会议，对我国宗教问题、宗教发展趋势进行分析研判，部署新时期的宗教工作，提出引导宗教与社会主义社会相适应的一系列方针、政策。党和国家对民族和宗教工作的高度关注、对民族团结问题的高度关注、对处理好民族关系的高度关注、对做好新时期民族和宗教工作的战略部署与政策方针，确实是我们这个学科需要关注并利用专业知识进行深入调查研究的重大问题。如果我们离开这些重大问题，不去调查总结、不去梳理分析、不去研究对策，我们就很难找到自己的用武之地。党和政府正在做的事情，不能简单地视作政治问题置之不理。我们做学问，尤其是民族学这个学科的学问，不能脱离党和政府的中心工作，不能离开党和政府关于民族领域的重大决策部署。

稳定与发展是党和政府民族工作的两大主线。发展问题就是现代化问题，这是近代以来中国志士仁人的夙愿。稳定则是发展必不可少的条件和社会治理、社会建设的重要目标。作为一个多民族国家，我国一直存在统一与分裂的斗争，面临政权不稳、国家分裂的危险，民族问题恰恰是导致上述风险的重要因素。直到今天，我们还没有实现国家的完全统一，还面临着诸多挑战国家主权、挑战国家利益、挑战中华民族整体利益的重大国际问题，内部也存在涉及民族因素的诸多争议问题。从国家层面来讲，一个政权必须守住国家主权与领土安全的底线。一旦国家主权受到挑战，很多问题会接踵而至。一旦国家陷入分裂，发展与稳定问题则无法解决。如果国家完全统一无法实现，实现中华民族伟大复兴中国梦的步伐就会迟滞。现在国家统一和领土主权问题还没有完全解决，"藏独""疆独""台独""港独"等问题，已经成为复兴之路的重要羁绊。这些问题也不是我们喊几句口号就能解决的。境内外敌对势力不断给我们制造麻烦，我们面临的也不是一个太平世界。中国的崛起不是所有人都欢迎的，有的人不一定看到我们繁荣发展、欣欣向荣就欢欣鼓舞。民族学学科直接面对上述问题，可以也应该成为维护国家主权、国家统一、建设中华民族共同体的重要促进力量。作为民族学学科的学术研究，不一定与国家政策制定和实施完全等同起来，但是学术研究与政策制定和实施并没有严格的界限。学科建设离不开政治环境，科学工作者也一定要具有政治意识，尤其是民族学这样一个政治性很强的应用学科。国家政权必须守住主权与领土完整这个底线，学科与学人也必须明确大局意识，意识到守住原则和政治底线很重要。当然，面对上述问题，我们在不同场合（如国内场合与国际场合）的表述方面可能会有所区别，学术话语与政策话语也不一定完全相同，但关键是要树立底线思维，提高民族问题的政治自觉。同时，要积极提升民族学引导发展、促进稳定方面建言献策的意识和能力。比如，针对民族地区的发展问题，要学习借鉴经济学、社会学、政治学等多学科的理论、方法，强化发展问题的综合研究。发展的问题不仅仅是政府的事情，必须变成广大民众积极参与的事业，需要全民动员，需要我们的政策措施更加合理高效，实现更加可持续、更加绿色环保、更加共享和谐的发展目标。民族学要用自己的独特理论方法和研究视角，深入实地认真研究中央与地方在实际工作中的具体实践，总结梳理成功经验和失败教训，为今后的发展提供理论支持，提出解决问题的好办法。要认真研究促进发展过程中政府和市场如何发挥自身作用的问题；如何处理好政府和市场、国家与民众、中央与地方各个方面的关系问题；研究民族地区如何抓住发展机遇、加快能力建设的问题；研究科学评估确定合理政策目标、提升政策精准程度和综合效果的问题。民族学是经世致用之学，面对新形势新任务，如何发挥好上述作用却是不容易的。从这个意义上讲，我们这个学科的任务是很重的。

八　加强民族学新型学科体系、学术体系和话语体系建设

习近平总书记 2017 年 5 月 17 日在哲学社会科学座谈会上的讲话，是指导当前和今后我国哲学社会科学工作的重要指南，民族学界应当发挥自身优势，从自身实际出发，认真学习好、贯彻落实好。民族学是总书记讲话中提到的 11 个学科之一，充分体现了党和国家对民族学学科的重视。近年来，党和国家非常重视哲学社会科学、非常重视社会科学能够发挥更好的作用，尤其是提到发挥好新型智库的作用。从去年开始，国家哲学社会科学基金支持成立了很多国家级的智库，很多地方也设置了地方性的智库，其中不少是涉及民族宗教领域的专业智库。这是具有悠久历史和鲜明中国特色的民族学发挥自身作用的大好契机。当前民族地区和少数民族在发展与现代化过程中，还面临着很多需要解决的问题，同步实现全面建成小康社会、实现共同团结奋斗、共同繁荣发展的任务很重。作为民族领域的专家学者，应当具有这样的自觉意识和担当精神。我们民族地区面积很大，发展很不平衡。严格意义上的民族地区就是民族区域自治地方。民族区域自治地方占国土总面积的 64%，少数民族占全国总人口的 8.5%，总数有 1 亿多人。十八届五中全会提出 2020 年要完成所有贫困地区、贫困人口整体脱贫任务，实现中国共产党建党 100 周年时"两个百年"目标的第一个目标。这是十分艰巨的任务，对民族学学科也提出了很高的要求。民族学界如何用自己的专业知识，为落实党和国家重大战略部署出谋划策十分必要。

民族学作为习总书记在讲话中明确提出亟须发展的 11 个学科之一，给我们哲学社会科学工作者尤其是民族学人提出了很高的要求。民族学界需要研究如何认真学习和贯彻落实的问题。习总书记在讲话中对哲学社会科学包括民族学寄予很大的希望，这也是党对哲学社会科学界的希望。古今中外的人类历史上，人类社会的每一次重大跃进，人类文明的每一次重大发展，都离不开哲学社会科学的知识变革和思想先导。习总书记从四个方面论述了我国哲学社会科学如何更好发展的问题。第一个问题是坚持和发展中国哲学社会科学，必须高度重视哲学社会科学。第二个问题是在发展哲学社会科学的时候要坚持马克思主义的指导地位。这是当代中国哲学社会科学区别于其他哲学社会科学的根本标志。第三个问题是提出加快构建中国特色哲学社会科学的体系，要形成我们自己的特色、风格和气派。自然科学强调无国界，但哲学社会科学却具有鲜明的意识形态特征，具有鲜明的民族、地域和文化特点，有地域性、民族性和意识形态属性。所以，中国特色、风格和气派的哲学社会科学符合人类学、哲学社会科学的一般规律，但也有自己的特色，要体现继承性、民族性、原创性、时代性、系统性和专业性。我们民族学也要贯彻好这个要求。习总书记讲话的落脚点即第四个问题是强调如何加强和改善党对哲学社会科学的领导。习总书记讲话对新时期构建民族学的学科建设、学术体系建设和话语体系建设具有根本性的指导作用。

如何把上述精神落实到位，确实需要学界认真研究。结合前面的论述，我谈三点意见。

第一是加强新时期民族学学科定位的研究。我国哲学社会科学框架下的民族学、人类学、社会学、民俗学等，名称不少，但是学科理论方法方面差别不大。我国的社会学曾经中断过。中国的民族学知识应该进不同的高校，这样培养出来的知识分子、干部才不会对我国多民族国家的国情完全漠视。这是一个领域，即以民族地区少数民族为中心的全国民族学的领域。同时，要扩展跨境民族的研究。"一带一路"恰恰就是一个跨境民族和海外民族、世界民族问题的研究。这是我们过去比较看重的。要密切关注其他国家的民族问题。民族问题是全球性的，世界很多国家都面临着种族、宗教问题。他们在这些领域的理论主张、政策措施和实践经验，都值得我们从民族学的角度去关注，需要我们用民族学的方法去调查研究。周边国家是跨境民族、人口流动频繁的区域，民族地区的高校和民族学的学者具有得天独厚的条件优势，可以先行一步。民族学要发展，我们还要关注人类命运共同体的问题，如全球气候变暖、欧洲难民问题、地区冲突及区域性问题。我们要用更加宏大的视角来看民族学，不能仅仅局限于我国民族地区的少数民族。

第二是民族理论和话语体系创新。我国的民族理论研究经过了几次大的发展变化。20 世纪 50 年代的民族识别，给一个群体确定一个名称就是一个民族，未确定名称的就不是一个民族。难道确定名称和不确定名称之间真的发生这么大的变化吗？民族理论背后到底还有哪些东西是我们主张的、倡导的、政策指向的。未来我们要研究民族理论的导向怎样做好平衡？我们是多民族国家，56 个民族是其组成部分，一个大家庭即中华民族，如何处理好各民族之间的关系，对各民族在国家权力布局中给予恰当定位，确保社会主义民族关系原则落实到位，还需要认真研究。文化多样性与共有精神家园建设的导向问题，也需要民族理论的引导，指向上不能偏废。民族学教学科研中积累的概念、术语、结论，也需要用今天的眼光进行认真研究，需要调整的及时调整。关于中华民族多元一体格局中的多元与一体的关系等，还有很多需要研究的新问题。费孝通"中华民族多元一体"理论是从历史学的角度提出来的，政治学、民族学、国际问题研究将为这个问题增添新的视角。民族认同与国家认同的关系问题，民族多样性与中华民族整体性的问题，都需要研究。在全球化时代，我们不仅要从建设民族国家的角度重视国家民族建设、积极建设中华民族共同体，同时也要使民族的边界是开放的、包容的。民族共同体应该不是民族国家的一个面向，对内对外都具有开放的边界。对内我们保护民族文化的多样性、建设中华民族共同体；对外我们要打造地区利益共同体，人类命运共同体。由此可见，弹性的民族边界，将使人群共同体超越多元一体的概念。

第三是大力加强民族学专业队伍建设，促进民族学及相关学科的交叉交融与相互促进。作为经世致用的学科，民族学的学科生命在于应用，提出管用之策的根本在人才。当今我们面临的诸多问题，迫切需要民族学立足实际提出深刻的思想和切实可行的政策建议，用于指导实践。最根本的举措是要加强专业队伍的培养，要加强民族理论、宗教政策在全社会尤其是在干部队伍中的学习和运用。在民族地区的援助工作中遇到了很多问题，解决问题需要正确的理论、观念和方法。现在各地区干部交流频繁，尤其是很多干部不了解民族地区的实际就交流到民族地区工作。实际上是没准备好就投身实践，交流上来就要出政绩，出政绩就要有大量的资源投入。如何把民族地区的干部培养好，民族学学科是有责任的。不能说我们学界仅仅是搞专业研究和培养学生的，培训干部、在全社会普及民族知识，应当成为我们这个学科的分内事务。不要认为他们什么都不懂是他们的事，我们要为培养干部、传播民族知识多做些事情。民族学家、民族学教学科研工作者、民族地区实际工作部门的同志们应当共同努力。

上述几点看法多是有感而发，未必深思熟虑，尚未深入分析论证，不准确、不成熟和疏漏之处在所难免。不足之处，请大家多多指教。希望民族学在坚持全面细致的微观个案研究基础上，深入思考中国民族学学科发展的大问题，提出一些更加符合中国国情实际、更能服务于党和政府中心工作的对策建议。这是民族学发挥作用的需要，也是民族学学科自身发展的需要。

对欧美人类学"新潮"的几点印象

王铭铭

感谢学会给我这么一个机会来聆听大家的讨论!

刘正爱秘书长代表杨圣敏会长邀请我,她说,会议只有30人参与,我可以随意畅谈。没有想到会议规模现在变得如此巨大。没有好好准备,有些紧张。

没有好好准备的一个原因是20世纪90年代我在北大教人类学思潮的课,这门课起初有些后现代倾向,导致的影响,有点像色音老师批评的现状那样。之后,我跟人类学史家和历史人类学家有深入的交往以后,发现它的学问实际上都是从西方学术传统内部梳理出一个深远的历史脉络来才开始的。有了这个认识之后,我就不大讲"新潮"了。相反,我在北大讲了十几年的老理论,所以我的电脑里也找不到一个现成的PPT。

我早上6点起床,稍稍做了准备,粗陋不堪,供大家一笑。

这个题目比较"风骚",而我最多只能利用这十几分钟的时间,给国外人类学一个个人化、印象化的介绍,目的是跟大家分享一下自己了解的情况。

年纪"奔六"以后,说话越来越慢,之前有一次开会,我自称只要讲20分钟,结果讲了两个小时,出了丑。如果我超时,请制止我。

我是20世纪80年代去英国留的学。到了英国以后,很不习惯,因为当时在国内学到的人类学知识,局限于摩尔根、恩格斯那些民族学论述,即使放眼世界，也多半是从台湾的李亦园先生编的那本《文化人类学选读》中得到机会的，对国外情况的了解隔了一层。到了英国以后，发现他们的人类学变化很大。跟我们讨论的课题有密切关系的是社会人类学。我去英国好几十年前，英国的人类学已经产生了几个大的变化。首先是19世纪60年代，后来牛津大学教授泰勒1872年写了一本人类学导论的著作，在里面对民族学加以批判，他认为民族学说的都是传播论的思想，这个思想违背了他看到的材料所证实的进化的观点。在我的印象里，在英国，民族学和人类学的第一个矛盾是进化论跟传播论的矛盾。当然，到了19世纪末的时候，民族学在英国复兴过。最近我主编一套古典人类学译丛，在北京大学出版社出版，其中有一本书叫《大象与民族学家》的民族学派之作，其内容都是传播论民族学的。这本书代表的民族学的复兴，是对照着进化思想来的。我对这种民族学，有点赞同，因为它比较侧重研究文化之间的历史关系，有助于我们纠正进化论的问题。也许后来英国社会人类学里的布朗和马林诺夫斯基，也一样赞同传播论的这一特定看法——他们不喜欢进化论，不过，他们的主要贡献是将人类学与社会学的观点、经济学的观点结合起来，重新塑造这门学科的形象。如此一来，20世纪20年代以后，由于他们的行动，英国人类学出现了一次巨变，此后，英国一直使用社会人类学这个词，它的内容跟民族学的研究内容和方法很像，但是思想却不一样，他们不喜欢历史研究，喜欢功能的研究。这些东西大家现在都已很熟悉，不过我当年初到英伦，还是感到非常的震惊。我之前学的，若不是进化论民族学的东西，就是美国早期文化人类学的东西，这些跟社会人类学很不同。

更让我难以把握的是20世纪70年代出现的"话语"和"权力"理论。杨昌儒老师刚才谈到"中国话语"，这个概念就是从那时起逐渐在西方流行起来的，是一种批判理论，但在国内，却变成了正面宣传，这个"本土化"很有意思。

还有，我当时还要读布迪厄的著作，作者是法国社会学家，最早是做非洲人类学研究的，后来逐渐使自己的论著社会学化，并成为法国思想的代表人物之一，他提出"实践"这个概念。对这个概念，我理解不深，不过，我的印象是，它似乎跟"话语""权力"的概念不同，比较侧重表现人在"结构力量"方面的自主性。倡导"话语""权力"研究的那些人（如福柯）比较悲情，他们看不到人的自由，而倡导"实践"概念的那些人，则比较重视个体的发挥余地。比如说，布迪厄即认为，人的生活并不是那么简单地跟随社会结构在走的，它有很多能动性。

20世纪80年代末，后现代之类概念代表的思想新潮，大多是从英吉利海峡对岸那里漂过来的。英国人虽然不喜欢法国人，但很喜欢法国的"舶来品"，在喜欢"舶来品"的同时，也保持了自己的"民族性"。比如说，那些年，英国社会人类学有几个新潮的东西，一个是叫作对理智和情感的关系之研究，这个很"英国"，跟这个国家近代启蒙中出现的理性主义观念有关。

说起来有些丢人，我当时最感兴趣的是宗教研究，但恰是在这方面，英国老师讲的东西，因为太新潮了，我也只是懂一些皮毛。比如说，我知道他们致力于对一神论进行相对化，他们认为，各民族都生活在宗教当中，不但是信仰一神论的民族。英国人类学会有个年会开过一个"罪恶人类学研讨会"，讨论罪恶观念的文化特殊性，因为有文章提到，在没有单一神的民族当中，"罪恶"这个词是不确定的，就像上帝是不确定的一样。这个我有些明白，但英国社会人类学家做了大量的比较宗教研究，这些我一时没有理解透。跟这有点关系的是医疗人类学研究。前面提到了福柯，他写了很多关于医疗的著作，把医患关系当作权力关系来研究，这对医疗人类学有深刻影响，那时，不少做医疗研究的人类学家专攻非洲研究，他们把福柯说的东西发挥成医疗制度和话语的微观社会学比较研究。这类研究不算是真的在比较，它们更重视"揭示"，但常常也跟比较宗教联系起来，保留一定的观念比较的习惯。

当年我没有很多时间去了解美国的新潮，这是因为，英国人很讨厌美国，我的老师们也不例外，他们不大爱谈美国学问。我很爱喝可乐，我的同学们总是讥讽我支持美帝国主义……我自己在图书馆偷偷看了美国的一两本人类学书，既得有斯托金的人类学史之作，作者是人类学史研究的头号人物，编了一套人类学史研究作品，对我们这行的历史进行了整体梳理。不过当时课上很少讨论这些书。另外，一个很有意思的现象是，人类学在当年的美国已经成为世界史的核心，那时有一个叫沃尔夫的人类学家在1982年写了一本叫作《欧洲与没有历史的人民》的巨著，这本书把人类学推向了世界史研究的核心。此外，在1986年，美国出版了《写文化》，这对英国人类学界倒是有些影响。

留学期间对所谓"西方人类学"的印象，记得比较清楚的也就是这些了。回国之后，西方人类学也在发生一些变化。我们国内在那个时候刚刚开始翻译后现代主义的东西，但是在欧美，这却有了一些变化。比如说，那时美国的萨林斯教授很反对后现代主义，而主张把结构人类学和历史学结合起来，他提出一种新的人类学，这种人类学很注意研究每个民族自己的世界观是怎么样在遭受外来冲击的情况下得以持续的。20世纪90年代我组织了一些翻译工作，有吉登斯社会理论的，有格尔兹解释人类学的，也有上面说到的这种结构-历史人类学的。另外，在英国，为了回应后现代主义，有学者编了一本叫《地方化策略》的书，这本书的优点是概括了西方人类学对世界各个所谓民族志区域的研究史。这本书非常重要，它针对后现代主义论点强调指出，所谓普遍的人类学认识问题是不存在的，因为，这些问题是在人类学研究的地区中得到地方性的接触和解释的。几年前我曾经召集过一个叫作"东南与西南"的研讨会，依据的就是这个区域化的主张。

无论是结构-历史人类学，还是区域化民族志，严格说来并没有得到人类学家的普遍关注。在20世纪90年代，人类学研究，似乎必须围绕后现代主义的问题或者全球化的问题来进行，否则不能引起关注。这种学术旨趣的趋同，也出现在东亚，学者大量从事后现代主义、全球化话题的研究。此间，虽有一些人类学家开始对后现代主义提出反思，但一般人类学家却不断推进后现代，甚至把它当成判断学者水平的标准。

到了21世纪，欧美的人类学又是怎样的呢？一个大家并不怎么关注的潜流是跨文化研究的复兴。我在1996年应邀跟北大乐黛云、法国李比雄教授，参加法国跨文化研究院的活动。我们知道，对于过去三四十年来的中国人类学，乐老师有很多功德，她编的《跨文化对话》杂志，现在已有稳定基础，从 1996 年之后，我去过欧洲很多次，起初跟她的邀约有关。跨文化研究院的院长是意大利刚过世的哲学家艾柯，它的具体执行长是获得过法国国家人类学博士的李比雄先生，他们想表明，人类学只有通过对别的文化的研究，才能看到自己的文化。借助跟他们合作，我在非洲和欧洲有一些短期的调查经验，我曾利用这些经验来阐明海外研究跟本土文明的关系。我自己很感怀跨文化研究院的同仁给我的启发，但却看到这个研究院事业的艰难。这个所谓研究院并不主流，也一直处在贫困状态，在人类学里更称不上有什么合适的地位。它做的工作其实很重要，比如说，在一些讨论中，它已涉及科学的社会文化属性问题，这个问题之后被拉图尔的科学家民族志定义后才得到更广泛的关注，又比如说，它做的工作，还涉及原始民族的世界观，而这方面，得到重视的，主要是德斯克拉关于亚马孙流域的研究。我的意思是说，我个人认为，21 世纪来临之际，跨文化研究院的工作是值得我们理解的。

在伦敦，区域人类学的重点依旧是大洋洲和印度，不过，21 世纪来临之际，我自己感兴趣的长时段历史人类学，则在伦敦大学学院和伦敦经济学院得到关注，特别是伦敦大学学院，有一个庞大的人类学团队，是英国唯一拥有"四大分支"人类学体系的学院，它的始祖对民族学比较侧重，反对布朗的人类学社会学化，这个传统被保留了下来。2013 年他们开了一次关于民族学的会，我参加了，我认为这次研讨会讨论的问题很重要，只可惜没有出版论文集。

在长时段历史人类学和民族学的讨论出现之前，伦敦经济学院早已出现了认知人类学，在布洛克，一批学者关注"认知"的研究，特别是儿童的"认知"研究。

在牛津大学，社会人类学一改既往姿态，在本科教育里改称为"人类科学"，使得人类科学能够包括更广的方面，研究上也出现分化。

剑桥大学，有历史和社会理论关怀的古迪持续写作，社会人类学界围绕斯特雷森的本体论思想扩展视野，内亚研究增强着自己的力量。这些悄然跟欧陆的文明研究相融合。比如，两年前德国人类学出现一个很有意思的迹象，马普民族学/社会人类学研究所有学者著文称，人类学应关注整个欧亚大陆的文明历史，这些学者认为，人类的文明自古以来就存在着社会主义和资本主义的斗争，五千年来没有间断过。什么是资本主义呢？欧亚大陆持续有高度发展的市场体系；什么是社会主义？就是欧亚大陆可以说绝无仅有的"世界宗教"。作为社会主义的世界宗教，不断地在过去五千年中控制着资本主义的发展，当它到达道德临界点的时候，道德就会迸发。

我用三段论来概括西方人类学的思潮流变，其大意是，西方新潮经历了 20 世纪 80~90 年代的后现代主义、20 世纪 90 年代中期的历史化和全球化、新世纪的再整合。

还有一分钟左右，可以说点别的。从 20 世纪八九十年代到本世纪，我感觉到西方人类学的碎片化，也试图在它内部寻找有助于重新整合的因素。我对我们国家的人类学抱有很多期待，也有很多很优美的想象。至今，我们比国外的人类学热闹得多，国外人类学饿得半死，没有地方吃饭，我们一开会高高兴兴地聚到一起，他们每次来中国，就觉得是这一辈子过得最好的日子。我们的人类学界，似乎是世界上最有活力的。但是，最近我的感觉开始出现变化。我重读的是王亚南先生的《中国官僚政治史》这本书，得到一些新的启发。我们的学科在未来会有很多问题，就像其他学科一样，它最主要的问题都会来自有两千年历史的官僚主义，我们的学科也充满着官僚的气质，我们本来有机会认识自己的学术传统优点，吸收他国人类学的长处，在人类学世界里提出自己的论点，做出自己的独到研究。但我觉得我们的学科正在变得官僚化，正在失去学术性。我不得不再看王亚南先生的这本书。它使我担忧。

总而言之，这就是我说的。谢谢大家！

构建中国民族学的话语体系

杨昌儒　董　强

习近平总书记于 2016 年 5 月 17 日在哲学社会科学工作座谈会上发表了重要讲话。从"坚持和发展中国特色社会主义必须高度重视哲学社会科学""坚持马克思主义在我国哲学社会科学领域的指导地位""加快构建中国特色哲学社会科学""加强和改善党对哲学社会科学工作的领导"等四个方面，深刻回答了事关我国哲学社会科学长远发展的一系列根本性问题，是指导哲学社会科学工作的纲领性文献。在这个背景下讨论中国民族学的发展问题，具有十分重要的意义。

一　中国民族学应该从历史中寻找学科根基，植根于中国本土研究

习近平总书记指出：哲学社会科学的现实形态，是古往今来各种知识、观念、理论、方法等融通生成的结果。我们要善于融通古今中外各种资源，特别是要把握好三方面资源：一是马克思主义的资源；二是中华优秀传统文化的资源；三是国外哲学社会科学的资源。[①] 因此，中国民族学应当从历史中寻找学科根基。

[①]　习近平：《在哲学社会科学工作座谈会上的讲话》，新华社北京 2016 年 5 月 18 日电。

回顾历史应当从两个维度着手：一是中国思想史，二是民族学学说史。

从中国思想史的角度看，中国古代有关于民族的观念而缺乏明确的国家观念和国家边界，各王朝所持有的是天下观。根据西南大学张文教授的研究成果，天下观起源于先秦时期，《诗·小雅·北山》所载"溥天之下、莫非王土"就是天下观的表达。《礼记·王制篇》中在谈到天下五方之民时，间接地论述了天下的概念，其文曰："中国戎夷，五方之民，皆有性也，不可推移。东方曰夷，被发文身，有不火食者矣；南方曰蛮，雕题交趾，有不火食者矣；西方曰戎，被发衣皮，有不粒食者矣；北方曰狄，衣羽毛穴居，有不粒食者矣。中国夷蛮戎狄皆有安居，和味宜服，利用备器；五方之民，言语不通，嗜欲不同。"文中所谈虽只及五方之民，实际是暗示了天下的四至：东方夷人，被发文身，是指滨海水居者；西方戎人，被发衣皮，是指西方的游牧者；北方狄人，衣羽毛穴居，是指游猎者；南方蛮人，雕题交趾，也指滨海水居者。此四方即天下的四至，即西到葱岭，东抵大海，北至草原大漠，南及海滨，这便是古人心目中的天下四方。①

中华大地的自然疆域是一个相对封闭的地理单元，其中居住着不同的民族，在相对封闭的地理环境制约下形成向心力。华夏民族由于占据了这个地理单元的核心位置，大河流域滋养了华夏文化并影响着周边其他民族，因此自然成为核心。先秦时期起源的天下观就是华夏民族对自然疆域的看法。这一看法被历代入主中原以正统自居的王朝普遍接受。按照天下观的思想，这一自然疆域内的所有土地都是天子的领地，所有人民都是天子的臣民。《尚书·皋陶谟》说大禹"弼成五服，至于五千"。《左传》昭公十三年，子产曰："卑而贵重者，甸服也。"《国语·周语上》记祭公谋父曰："夫先王之制：邦内'甸服'；邦外'侯服'；侯卫'宾服'；蛮夷'要服'；戎狄'荒服'。'甸服'者祭，'侯服'者祀，'宾服'者享，

---

① 参见张文《论古代中国的国家观与天下观——边境与边界形成的历史坐标》，《中国边疆史地研究》2007 年第 3 期。

'要服'者贡，'荒服'者王。日祭、月祀、时享、岁贡、终王。"《荀子》卷十二说："故诸夏之国同服同仪，蛮夷戎狄之国同服不同制。封内甸服，封外侯服，侯卫宾服，蛮夷要服，戎狄荒服。甸服者祭，侯服者祀，宾服者享，要服者贡，荒服者终王。"《国语·周语中》："昔我先王之有天下也，规方千里以为甸服，以供上帝、山川、百神之祀，以备百姓兆民之用，以待不庭不虞之患。其余以均分公侯伯子男，使各有宁宇。"

可见，所谓五服，以王城所在地为中心、从内到外可以划分为三个大圈：内圈是甸服，地方千里，是王畿之地。中圈在内圈之外，包括侯服和绥服，在甸服以外四面各一千里，是大小诸侯所在地，仍属于"中国"的范围，其使命是推广中原文化，保卫中央和诸侯国的安全。外圈在最外边，包括要服和荒服，在绥服以外四面各一千里，这里是"蛮""夷""戎""狄"外族人居住的地方，也是中国流放罪人之处。这种内、中、外三大圈的分布格局，折射出中原地区与四夷之间的分布态势。

在中国古代数千年的发展史上，当边疆政权弱于中原王朝时，则以羁縻、藩属等名义与中原王朝形成间接归属或名义上的归属；而当这些政权比较强大时，则往往与中原王朝发生战争，两者的军事控制线就有了边界的意义。但是，这仍是发生在中华自然疆域内的事情，在理论上和法理上都与近代国家之间的边界有着本质上的区别。

这种天下观和民族观念贯穿中国历史，成就了中国多元一体的民族分布格局，形成你中有我、我中有你的互嵌态势，奠定了各民族交往、交流、交融的基础。应该说，从人类性的角度看，这种观念可圈可点，符合人类发展的需要。所以，中国民族学应当从先贤哲人的睿智中汲取养分，开创中国民族学的未来。

从民族学学说史角度看，在世界文明古国的文献记载中，就有关于民族学方面的零星知识。它是随着民族之间的交往与联系的加强，经济生活与科学技术的进步，人们视野不断扩大，人们开始注意到与"我"不一样的人群，于是，在一些历史著作、地理著作、旅行札记中，记述了所遇见的不同民族的体质特征、居住地域、历史活动、文化习俗及民族之间的关系。民族学作为一门科学，是在 19 世纪中叶伴随着殖民主义步伐在欧美各国产生和兴起的。中国民族学作为一门独立的学科，是从国外引进的。最早介绍这门学科和创办研究机构的，是蔡元培先生。学界一般认为蔡先生是资产阶级民族学的开创者。所以，国外民族学各流派均在中国形成一定的影响力，产生了一批具有中国特点的民族学研究成果。马克思主义民族学是伴随马克思主义在中国的传播而发展起来的，学界一般认为最早介绍马克思主义民族学的是蔡和森先生，他最早把《家庭私有制和国家的起源》的思想作为课程在上海大学开设，并形成了《社会进化史》一书。李维汉则是中国马克思主义民族学的开创者，他是中国共产党民族工作和民族研究的第一任负责人。中国共产党全面执政后，中国民族学沿着马克思主义的方向发展，形成了独具特色的中国民族学，正如习近平说的：“可以说，当代中国哲学社会科学是以马克思主义进入我国为起点的，是在马克思主义指导下逐步发展起来的。”①

所以，我们有理由认为，民族学在中国有特定的含义，尽管这种特定的含义在理论上尚未做出全面的阐述，但中国民族学发展的历史表明，其研究范畴、研究对象、研究方法乃至研究目的，无不具有中国社会和中国文化的特征，民族学鲜明的“中国化”特色已经成为不可否认的事实。

在近代中国的政治实践中，产生于西方的马克思主义经过本土化的处理，形成了马克思主义中国化的理论成果。在社会建设实践方面，成功地组织了抗日民族统一战线，抗击日本侵略者，取得了抗战的胜利；实行民族区域自治，保证了国家的统一和民族的团结；开展了大规模的民族识别工作，确保少数民族同胞的平等权利得以实现。在学术研究方面，以蔡元培、吴文藻等领导的专家队伍在 20 世纪 40 年代开展民族调查和中国边政研究，形成了一批民族学成果；20 世纪 50 年代全国人民代表大会民族事务委员会组织了少数民族社会历史调查组，以空前的规模开展了各少数民族社会历史调查工作，搜集和整理了大量的调查材料和文献资料，这是中国民族学研究方面的一笔巨大财富，也是发展中国民族学的坚实基础。20世纪 80 年代国家民族事务委员会组织专家完成了“民族问题五种丛书”，

---

① 习近平：《在哲学社会科学工作座谈会上的讲话》，新华社北京 2016 年 5 月 18 日电。

即"中国少数民族简史丛书"、"中国少数民族自治地方概况丛书"、"中国少数民族社会历史调查丛书"、"中国少数民族"和"中国少数民族语言简志丛书"等。此外有关少数民族社会形态的研究也出版了一批专著。面对转型期中国现代化与传统的激烈碰撞，民间文学界的有识之士怀着高度的文化自觉，发起一项大规模的文化遗产保护行动，要将民间口传文化编成一套巨著——"中国民间文学三套集成"，即《中国民间故事集成》《中国歌谣集成》《中国谚语集成》，并在此基础上形成各少数民族的文学史专著和中国少数民族哲学思想史专著。

民族学的本土化或者中国化，旨在使中国人类学民族学家首先解决好中国的问题，贯彻落实新发展理念、加快转变经济发展方式、提高发展质量和效益，更好地保障和改善民生、促进社会公平正义。所谓根植于本土研究，就是民族学研究要立足于中国的国情和民族情况以及变化了的时代要求，与时俱进地对中国特色社会主义现代化建设进程中出现的新情况和新课题进行研究。由于国情不同、意识形态和指导思想的不同，中国民族学自然就有自己的特点。因此要在科学借鉴学习国外民族学理论的基础上，建立并不断发展完善中国民族学。在观点、研究方法和研究内容上，构建本土化的中国民族学体系。

具体来讲，根植于中国本土化的民族学研究，必须根据变化了的世情和国情。新世纪新阶段，城镇化进程中少数民族农民工市民化问题研究，民族地区农村职业农民研究、少数民族文化传承研究等具有明显时代印记的新课题摆在民族学研究者的面前。由于中国民族学的起步较晚，我们没有古人传统的经验拿来做"母版"；由于中国国情的不同，我们也不可能照搬国外的经验来做"翻版"。因此，唯有根据时代的变化，结合中国的现实，植根于中国的本土化研究，书写符合时代和国情的"新版"。

二　中国民族学应该直面现实，强化民族学服务社会的功能

习近平在哲学社会科学座谈会上的讲话中指出：当代中国正经历着我

国历史上最为广泛而深刻的社会变革，也正在进行着人类历史上最为宏大而独特的实践创新。这种前无古人的伟大实践，必将给理论创新、学术繁荣提供强大动力和广阔空间。因此，我们以什么样的眼光来回顾和总结中国民族学以前的发展和取得的成果，又以什么样的眼界来展望未来中国民族学发展方向，是我们当下需要明确回答的问题。也唯有如此，我们才能根据世情和国情的变化，明确现阶段民族学的主要目标和任务，运用已有的民族学的研究成果，不断进行具有独创性的实践创新，不断拓展民族学研究的领域和民族学研究的深度，充分发挥民族学在中国特色社会主义现代化建设中的作用。

关注和改变现实既是马克思主义最根本的思想诉求，也是我们今天研究马克思主义最根本的理论自觉。马克思特别强调："哲学家们只是用不同的方式解释世界，而问题在于改变世界。"① 因此，中国民族学不仅要加强对各种民族事象的解释力，还必须从当下中国各民族的现实问题出发加强"现实研究"或"问题研究"。本文认为可以从两个层面进行。第一，在理论层面的研究中，不光要注意在理论上回答民族、民族问题"是什么"，更要注意结合现实回答民族、民族问题是"如何存在""为什么存在"。第二，在现实层面的研究中，必须紧密结合当代民族、民族问题存在、发展的现实，回答现实中民族、民族问题"如何发展""如何解决"。"体系意识"向"问题意识"的转换，事实上是一种研究思维方式的转换。"体系意识"强调知识系统，忽视其方法论功能、实践功能。"问题意识"强调当代民族、民族问题的现实存在的根源以及民族问题的解决途径、方法。这种由"体系意识"向"问题意识"研究思维方式的转换要求中国民族学在具体研究中要增强"问题意识"，加强研究的方法论功能。这不仅是一个理论问题，更是一个实践问题。"问题意识"的增强需要研究者能恰当地提出问题、深入地探索问题、合理地解决问题："问题"是理论研究的前提，离开"问题"的探讨和解决的理论研究是没有任何意义的。当然，这里的"问题"不是指当代社会上存在的所有问题，现存的问题并非

---

① 《马克思恩格斯选集》第 1 卷，人民出版社，1996，第 19 页。

都是"现实的问题"，能够进入研究视域的"问题"才是"现实的问题"，才是表征着时代的特征及其发展趋向的重大问题。离开了社会现实，"问题研究"只能是一句空话；同样，离开了问题的解决，"问题研究"也只能是一句空话。中国民族学最终极的价值就在于为中国共产党和人民政府提供一种正确的符合人类社会发展方向的民族理论和政策。

张继焦研究员在分析 2009 年昆明世界人类学民族学大会国内学者参会论文后，认为国内同行调查的内容和研究手法依然是西方古典民族学的范式，关注的问题是乡土的村落社会、传统的民俗文化和民间的人情礼仪等，对中国经济社会转型中出现的新问题和新现象：食品安全、经济社会结构变迁、产业转移、工业化、城市化、市场化、产权制度等众多热点话题都极少关注。2011 年 4 月，作为中国人类学民族学研究会代表团的秘书长，张继焦研究员正式地或非正式地走访了英国皇家人类学协会、英国及英联邦社会人类学家联合会、肯特大学、萨塞克斯大学、伦敦政治经济学院、剑桥大学、牛津大学、曼彻斯特大学等英国人类学的相关机构和学者，感受到了英国人类学民族学家对当代经济社会发展的关注。目前，英国社会人类学的研究现状和发展趋势有两个主要特点：对现代科技革新的研究较多、对现代市场经济的变化关注较多。①

费孝通先生早就提出了"以恢复农村企业，增加农民收入"②来解决中国农村问题的出路。郝时远教授在接受记者采访时也指出："民族学、人类学的研究必然出入于传统与现代之间。从传统意义上讲，民族学、人类学需要深入农村、牧区进行扎实的田野调查；但另一方面，其田野工作的范围已不限于一村一寨的局限，需要面对现代化进程中出现的各种社会现象和问题。而这类问题，在广阔的西部地区往往与少数民族、民族地区经济社会发展以及民族问题联系在一起。"③目前我国已经进入全面深化改

---

① 张继焦：《当今国际人类学民族学的热点议题和发展动态》，《中央民族大学学报》（哲学社会科学版）2016 年第 2 期。
② 费孝通：《江村经济——中国农民的生活》，江苏人民出版社，1986。
③ 《访中国社会科学院学部委员、民族学与人类学研究所所长、研究员郝时远》，《中国社会科学院院报》2009 年 7 月 23 日。

革的攻坚期和深水区，全面建成小康社会和实现中华民族的伟大复兴向民族学提出了许多亟待研究的新情况和新课题，内容非常丰富，尤其是在全球化浪潮的冲击下，中国正处于社会转型的关键期，中国人类学民族学学科正处在上升发展阶段，队伍不断壮大，成果不断积累，服务或参与政治、社会、经济、文化发展的能力不断提高，国际交流日益频繁，未来发展前景也非常乐观。但我们必须同时清楚地看到，学术研究应该为社会服务，同时应保持学术的独立性，避免低水平重复性研究。把握好学科发展和应用的关系尺度，更不能让学术研究浸染世俗的气息。

三　中国民族学应该面向未来，构建民族学研究的国际话语体系

所谓面向未来，就是要看到随着国际学术交流的频繁，国内形势和学科的发展，民族学必然要逐渐扩大研究领域，同社会科学的许多学科发生交叉，出现一些交叉学科或边缘学科。尤其是在新形势下，全球化的浪潮席卷了世界上的每一个角落，在"互联网＋"条件下，世界变得愈加开放，这是时代发展的趋势。不仅改变着人们的生产和生活，而且深刻影响着学科的发展。在一定时期内，仍以系统概括和总结中国民族学的理论和体系为主，填补过去研究中存在的空白；加强应用问题的研究，为全面建设小康社会发挥民族学的服务功能；重视研究方法的引进和研究，等等。在扎扎实实搞好主体学科的基础上，逐步发展交叉学科的研究。如此，既能进一步深入研究和完善民族学的知识体系，不断完善中国民族学的学科体系，又不至于束缚交叉学科的发展，进一步扩大民族学的研究领域。

中国民族学自20世纪30年代产生以来，在学科建设等方面受到西方的影响，主要是因为我国的民族学先驱大多师从西方早期的民族学人类学理论学家。他们学成回国以后，应用西方民族学的理论，在与中国实际相结合的基础上建构了中国民族学。正因为如此，中国民族学从一开始就烙上了西方的印记，以至于有人讲中国民族学不过是西方民族学在中国的翻

版。对此我们要冷静看待中国民族学人类学与世界民族学人类学之间的关系问题。事实上，在中国民族学学科的早期实践过程中，最早是进行学科理论的翻译和引进，但这并不是"西化"的表现，因为在进行民族学文献和文物的收集整理过程中，我们充分结合了中国的国情并且我们一直在实践的基础上不断进行创新。举个具有典型性的例子，在我国 20 世纪 50 年代的民族识别过程中，我们以斯大林的民族定义作为指导性理论，将斯大林民族定义的四个特征作为依据来指导我国的民族识别，虽然我们没有完全迷信斯大林的民族定义，但在很大程度上还是有一定的依赖性，这也是因为我国的民族学理论还没有建立起自己的体系。尽管我们现在回头来看民族识别工作，有一些问题需要深入研究，但是，对中国各民族的自然地域、语言文字、经济生活、文化和心理素质等要素进行综合考察和分析，科学地确定民族成分和名称。对于建构社会主义新型民族关系，贯彻民族平等、团结政策奠定了坚实的基础。所以，系统梳理民族学的理论和体系显得十分必要。

习近平在哲学社会科学座谈会上强调指出：观察当代中国哲学社会科学，需要有一个宽广的视角，需要放到世界和我国发展大历史中去看。因此，我们在新形势下要加强民族学研究，就不能自言自语、闭门造车，我们应该学习借鉴国际上民族学的优秀成果。以往我们从国外民族学的理论与实践中得到了许多有益的启示，促进了中国民族学的发展，同时也应看到，国外民族学理论对中国民族学所产生的消极影响。这种消极影响曾经一度甚嚣尘上，几乎对中国民族学全盘否定，企图用国外的族群理论代替中国的民族理论，用国外的族群政策代替中国的民族政策。之所以出现这种状况，就在于中国民族学的学科体系、学术体系、话语体系未能充分体现中国特色、中国风格、中国气派。正如杨圣敏教授在"今日人类学民族学论丛"首发式暨研讨会上指出："中国学者有了发言机会，但我们在学界的真正影响仍比较小。近几年中国民族学人类学的研究成果很多，但在世界上的影响不大，而且我们所使用的主要理论都是西方人的。这说明我们的研究质量还有待提高。此外，中国学科的界限划分不够清楚合理，导致学科研究不够规范。只有解决了这些问题，才能更好地提高我们民族学人类学的研究水平。"①

　　在解读中国实践和社会发展、构建中国民族学理论上，我们应该最有发言权，但实际上目前我国民族学在国际上的声音还不够响亮，这与我们的大国地位和改革开放以来取得的巨大成就是不相符的。尽管改革开放以来，中国的学术研究走出了狭隘封闭的状态，逐渐与世界学术接轨，在学术成果方面，也产生了一些影响较大的论文和专著，学术水平也在不断提升。在国家民族事务委员会的直接领导下，我们对民族研究成果进行总结，展开了广泛而深入的田野调查。但是，我们在指导思想、学科体系、学术体系、话语体系建设方面存在诸多问题。因此，中国民族学的发展，在指导思想上应自觉坚持马克思主义为指导，解决好"为什么人"的问题；着力从民族和谐角度解释民族关系的相关事象；应着力打造易于国际社会所理解和接受的学术话语体系；积极参与世界民族问题研究。在国际讲坛上，不仅能发声，而且要发出言之有据的时代最强音。在有条件的情况下，积极加入国际性学术组织和建立海外中国学术研究中心，不仅要重视中国民族研究，还要因应"一带一路"倡议，加强对世界民族特别是跨界民族的研究。要聚焦国际社会共同关注的问题，推出并牵头组织世界性的民族学研究项目，增强中国民族学研究的国际影响力。争取发表具有世界性影响的文章，向国际推介高水平研究成果，构建中国民族学的话语权。

　　总之，中国民族学的发展，已经积累了丰硕的经验和成果。从民族的角度看，因这种环境条件的变化，各个民族的社会结构、心理意识、思想观念，以及他们的生产、生活方式，都发生了很大的改变，这与新世纪以前的情况相比，已不可同日而语，而由此产生的错综复杂的新情况、新问题便非常现实地摆到了中国民族学学者的面前。因此，在新形势下，我们必须依据中国民族的特点，结合现阶段中国社会的发展实际，加强中国民族学的应用研究和理论建设，不断完善中国民族学的理论体系，建立起中国民族学的理论大厦，并加强国际交流和合作，构建国际话语权。

---

① 薛倩：《中国人类学民族学的发展进入全新阶段》，《中国社会科学报》2012 年 4 月 29 日。

论藏传佛教适应社会的历史与现实

何　峰

积极引导宗教与社会主义社会相适应，是坚持和发展中国特色社会主义宗教理论并做好我国宗教工作一项十分重要的内容。习近平总书记强调，做好党的宗教工作，关键是要在"导"上想得深、看得透、把得准，做到"导"之有方、"导"之有力、"导"之有效，牢牢把握宗教工作主动权。这是我们党宗教工作的重要遵循。深入思考并有效引导藏传佛教更好地适应社会主义社会，事关党的宗教工作大局，事关藏区治理和改革稳定发展大局。现就藏传佛教适应社会相关问题做一探讨，以求有助于当前和未来工作，不妥之处敬请批评指正。

一　佛教与藏族社会的适应

佛教从古印度、尼泊尔一带和内地两路传入吐蕃，并经历与当地政治、经济、社会、文化的融合、适应，最终形成藏传佛教。关于佛教与藏族社会的适应进程可分为两个阶段。

1. 佛教在激烈斗争中适应吐蕃社会

藏文史书将佛教传入吐蕃的历史追溯到第二十七代藏王拉托托日年赞时期，然而学界比较一致的看法是，佛教真正传入吐蕃是在松赞干布当政的公元七世纪中叶。松赞干布派青年才俊赴印度学习，接触到佛教经典。

松赞干布迎娶尼泊尔赤尊公主、唐朝文成公主,两位公主分别带佛像、法轮、佛经等佛教器物至吐蕃。这些交往为佛教传入吐蕃提供了良好的机会。据藏文史书记载,松赞干布时代还翻译佛经、修建佛堂,甚至参照十善佛律制定法律,并且留下遗嘱要大力倡导佛教。

尽管如此,佛教在吐蕃的传播还是遇到了巨大的阻力。朝中有大臣公开反对,制定专门法律,禁止和处罚传佛行为,以至于赞普也有所忌惮。赤松德赞执政后,和一些大臣设计剪除反佛势力,才得以推行佛教。他从印度等地迎请莲花生等佛学大师来蕃传法,并耗费巨资历时十数年建成第一座规范的佛教寺院——桑耶寺,甚至为专事修佛而提前退位。

然而,不久朝中连续发生3起震惊全蕃的恶性命案。一是王子牟笛赞普在宫中刺杀大臣论尚伍亿而被判流刑,二是新赞普牟尼赞普继位仅1年零9个月遇弑身亡,三是牟笛赞普奉命从流放地回朝接替亡兄继承赞普位途中遇害。藏文史书对这些事件有零星记载,深入分析相关史料,发现这几起朝中命案都直接间接地与佛教有关。

牟尼赞普被其母后毒死于雍布宫,史书给出的原因是后妃之间争风吃醋。据史书记载,牟尼赞普最大的功业是:"信守十善佛律,为完满父王意愿,建立律藏、法藏、经藏供养,将桑耶寺四大佛塔宝盖与大屋顶殿的望楼用铁链连接起来,悬挂大旗经幡,奉献无数供品。"① 史书还说,他强迫民众用财物供养佛殿、佛像,发现民间贫富不均后强行平均财富,引起社会反感。因此,学界大都认为牟尼赞普遇弑是社会矛盾激化的结果,而其原因在于传入吐蕃的佛教。牟笛赞普在宫中悍然杀害大臣,是其父王为专心事佛而退位引起的权力之争所致。吐蕃朝廷对牟笛赞普杀人案的处理,适用的是反映佛教思想的法律,即判决只赔偿命价并附带其他处罚,违背了吐蕃杀人者抵命的传统。对这样的处理,身份特殊的受害者本来心中不满,不久竟然还要将一个有命案在身、正在服刑的人请来做赞普,出事当在意料之中。

---

① 萨迦·索南坚赞:《王统世系明鉴》,陈庆英、仁庆扎西译,辽宁人民出版社,1985,第181页。

赞普赤祖德赞执政后，任用高僧为大臣并掌握朝中大权，制定尊佛法律，供养僧尼，严惩不敬僧佛之民众，其信佛之笃登峰造极，最终被反佛势力趁其酒醉弑于宫中。其弟达玛乌都赞继位后，残酷镇压佛教势力，致使佛教在吐蕃本土绝迹。更不幸的是该赞普遭到佛教势力报复遇弑身亡，最终导致吐蕃王朝崩溃。

佛教传入吐蕃之初，虽得最高层极力推崇，但朝中有明显的反对势力并且成为主流。因此，赞普与辅政大臣之间产生尖锐矛盾，以至于发生活埋大臣的事件。铲除反佛势力之后，佛教一时得以顺利传播，但又发生一系列负面事件，并且都与佛教相关。更为严重的是，吐蕃两任赞普均因对佛教的基本态度而死于非命，最终还葬送了吐蕃王朝。说到底，这些历史事件都与佛教直接相关，表面上看它是对佛教持不同态度的势力之间的冲突，实质上反映的则是佛教与吐蕃社会是否适应的问题。当时，几代赞普崇信佛教，说明吐蕃统治者的一种政治需求和部分民众的信仰需求，表现出它适应吐蕃社会的一面。同时，吐蕃朝中发生多起恶性政治事件，最终导致吐蕃王朝崩溃，这些都直接间接地与佛教有关，这是它与吐蕃社会不适应的一面。

2. 佛教对变故后的藏族社会的适应

赞普达玛乌都赞被弑后，吐蕃朝中围绕王位继承问题产生严重分歧，王室内部分裂，导致吐蕃王朝崩溃，佛教也在吐蕃本土绝迹。佛教在吐蕃政治核心——吐蕃王朝传播，所得支持力度很大，所遇障碍和反对力度同样也很大，其结局出乎所有人意料。佛教势力总结历史经验和教训，从朝廷走向民间，由集中传播变为分散传播，这既是形势所迫也是佛教朝着适应藏族社会做出的重大调整。后来出现宁玛、噶当、萨迦、噶举、格鲁等教派，这是佛教适应藏族社会的结果。佛教努力与藏族社会相适应，主要表现在三个方面。

一是佛教与本教结合。佛教在吐蕃时期遇到的抵制主要来自原始宗教——本教。本教认为万物有灵，其教职人员以上祭祀天神、中安兴人家、下镇压鬼怪为业，它在吐蕃社会已是根深蒂固，成为主流意识形态。佛教传入伊始即遭到本教强烈抵制，吐蕃朝中发生的冲突后面都有本教的因素，这就是所谓"佛本之争"。后来形成的一些教派总结经验教训，吸收了不少本教的东西。宁玛派僧徒大致可分为两类，其中叫"阿巴"的一类专事念经念咒在社会上活动，他们和本教徒很相似，藏族社会上有人把他们看成真正的宁玛派僧人。同时，在宁玛派的密法中吸收了不少本教的东西。历史上，宁玛派的先驱还和本教徒共同修建寺院，一起举行活动。这些就是佛教主动适应本教的结果，也为自己的生存和发展创造了条件。

二是佛教与地方统治者结合。吐蕃王朝崩溃之后，很快形成一些割据的地方政权。地方政治势力统治人民需要精神方面的工具，而佛教的发展也需要政治集团的支持。各自的需求促使它们走到了一起，佛教很好地适应了地方势力的需求。几乎藏传佛教所有教派都依附于某个或某些地方势力集团，而这些地方势力在借助它巩固其统治的同时支持该教派发展，甚至演变成政教合一的统治。

三是佛教在一定程度上适应了民众的需求。青藏高原地广人稀，生存环境极端恶劣，生活处境十分艰难，很多自然现象都无法解释。不论科学与否，佛教用自己的观点对相关问题做了解答，并对未来给出了一个虚幻的期许和精神的抚慰，这对当时而言还是很有积极意义。更值得肯定的是，佛教教职人员掌握有天文、地理、历算、医药、文学等科学文化知识，这对经济社会发展具有重要意义。所以，适应了现实社会的佛教被藏族人民所接受，反过来也推动了藏传佛教的兴盛。

二　藏传佛教对中央政权的适应

藏传佛教在历史上积极作为，以灵活的适应性服从和服务于历代中央王朝的统治，在各个时期为汉藏友谊的发展做出了重要贡献。

1. 为藏族加入中华民族大家庭做出重要贡献

藏传佛教与中央王朝的适应始于元代，而它们的接触则从 13 世纪 40 年代初开始。当时坐镇凉州的成吉思汗之孙阔端派遣多达那波率兵经安多、康区进入卫藏，考察西藏佛教的教派情况。根据多达那波报告对各教派的分析，阔端最终决定邀请萨迦教派领袖萨迦班智达贡噶坚赞到凉州。

阔端给萨班的邀请信口气十分强硬，请他在自己前往凉州与蒙古人派兵去西藏之间速作选择。

萨班赴凉州之前，与西藏僧俗首领充分协商，达成共识。在凉州与阔端就藏人投诚后的赋税、蒙古人对藏传佛教的态度等诸多问题深入探讨。之后致信西藏，分析利害，从民族大义出发，奉劝藏人投诚，并安排相关事宜。西藏僧俗首领收到《萨迦班智达贡噶坚赞致乌思藏阿里善知识大德及诸施主的信》后，听从其建议，归顺元朝，西藏被正式纳入中国版图。因此，萨迦班智达成为藏族又一个十分重要的历史性人物，而他的萨迦教派也得到丰厚的回报，受到元朝倚重和支持，一批人物先后受到朝廷封赏。其中，最有代表性的人物就是八思巴，他先后受封国师、帝师，掌管藏传佛教事务并协助处理西藏及相关事务，为元代中央政府统治西藏及其他藏区发挥了重要作用。

其实，早在阔端邀请萨班之前，西藏各地方势力就开始在蒙古高层寻找靠山。成吉思汗征服祖国北方，逐渐攻取西夏境土后，安多康区一些寺院和高僧开始派人礼军，表示愿意遵从蒙古汗王旨令，请求不要派军进攻藏族居住的各地区。接着，这种办法也被卫藏各地普遍采用，各地方势力集团看到蒙古王子阔端先后派兵进入藏区不可抗拒的威势，纷纷遣人向各蒙古王子表示归顺并建立依靠的关系。历史表明，藏传佛教主动适应元朝中央政府的统治，为国家做出了贡献，自身也得到了较好的发展。

2. 为巩固和拓展西藏地方与中央政府的关系做出重要贡献

至 14 世纪 20 年代，萨迦统治集团内部分裂成名为"拉章"的 4 个派别，这些派系极尽拉拢之能事，而一些势力也在相关派系中选边站队，撕裂社会，引起战乱，民众负担沉重，最终宣告其对西藏近百年的统治结束。在萨迦派统治时期，噶举派日渐坐大，并且在藏传佛教与中央王朝的联系中发挥了举足轻重的作用。

当萨迦统治者为所欲为之时，帕竹噶举派的领袖人物相曲坚赞从军事和政治上与他们坚决斗争，始终坚定拥护和执行元朝法度，并遣使奏请皇帝，先后获赐大司徒名号、玉印及担任万户长的诏书，担任帕竹第悉并开始了对西藏十三万户的统治。1372 年，明太祖朱元璋封赐帕竹政权第二任第悉释迦坚赞为大司徒、靖国公、灌顶国师官职和印章以及相关诏书。明朝还给噶举派其他领袖人物封赏赐号，并且主要借助噶举教派统治西藏。

噶举教派成为当时西藏最具势力的一派，自然受到明王朝倚重。同时，失势的萨迦派和新兴的格鲁派也都与明朝廷积极互动，并且也都有所作为。明永乐皇帝邀请萨迦派的大乘法王贡噶扎西先到南京再到北京讲法，并赐给管领僧众、护持佛法之金册、金印及诸多珍宝，此后还对萨迦派其他相关人员封赐授官。值得一提的是，明王朝令帕竹第悉将萨迦大殿交还大乘法王，公正调处了教派间的重大纠纷。格鲁派与明王朝在永乐时期就开始建立良好的关系，至宣德时期已是非常深入了。有明一代，藏传佛教各派领袖人物纷纷入朝进贡，皇帝封号赏赐，关系融洽，藏区稳定。

3. 为深化西藏地方与中央政府关系做出了重要贡献

至清王朝之时，格鲁教派在藏传佛教中一派独大，而该教派的形成与发展本身就是藏传佛教与社会相适应的过程。至元末明初，藏传佛教不同教派各自发展并受世俗影响等原因，呈现颓废之相，宗喀巴凭借其深厚的佛学造诣和崇高的社会威望，厘定学佛内容，整顿学僧纪律，创办祈愿法会，创建寺庙学院，培养优秀人才，创立格鲁教派，力挽狂澜，可以说拯救了藏传佛教。

格鲁派与中央政府的关系在清代进一步深化，并为清王朝统治西藏发挥了重要作用。早在1642年，五世达赖和四世班禅与固始汗商议遣赛钦曲结为使前往沈阳与清朝高层联系，受到热情接待，清太宗令使者带回致达赖喇嘛、班禅大师和萨迦达钦的书信及所赐礼品。入关之后，顺治皇帝专门派人到西藏慰问达赖、班禅，并给西藏各大寺熬茶、布施。达赖、班禅亦派专人为贡使，祝贺皇帝登极，表贡方物。1651年，顺治皇帝专门派遣察干上师和席喇布上师前往西藏，敦请达赖喇嘛赴京，次年五世达赖率领西藏僧俗官员及随从进京受到礼遇，返藏途中皇帝遣使赐予金印金册。

清廷先后颁行《钦定十三条章程》和《钦定藏内善后二十九条章程》，加强中央政府对西藏事务的管理，并对藏传佛教的健康发展提供了具有法律意义的规范。这些章程在西藏得到长期有效执行，尤其金瓶掣签制度在西藏政教史上产生了广泛而深远的影响。

民国时期，藏传佛教适应社会表现出多样性的特点，在适应国民政府管理的同时，藏传佛教寺院和僧人中有的积极参与抗击日本帝国主义的侵略，有的反抗帝国主义对西藏的入侵和渗透，有的积极为中国工农红军提供帮助和支持，在中华民族的历史上谱写了光辉的篇章。

三　积极引导藏传佛教与社会主义社会相适应

我们党对西藏采取了特殊政策。中央政府与西藏地方政府谈判达成和平解放西藏的协议，西藏和平解放之后在很长一段时间依然实行原有的封建农奴制，其间保留了藏传佛教寺院及僧尼的既有特权。直到20世纪50年代末民主改革才废除这些特权，这是藏传佛教适应社会主义社会的开始。在历次政治运动中，藏传佛教也难免受到不同程度的冲击，"文革"期间尤甚。改革开放以来，拨乱反正，落实民族宗教政策，采取切实措施，积极引导藏传佛教与社会主义社会相适应，取得了显著成就。

我们坚信，根据藏传佛教适应社会的良好传统，它一定能够更好地适应社会主义社会，关键是我们能否做到积极有效的引导。在这方面可以做的工作很多，我们认为用宗喀巴大师的生平事迹教育广大僧职人员是其中应选之举。之所以提出这样的命题，是着眼于对藏传佛教的使命及其实现途径的考虑。

释迦牟尼创立佛教是为了寻找一条帮助众生解脱生老病死痛苦之道，千百万民众信仰藏传佛教就是想从中求得今生或来世的幸福。通过现世修习求得相对幸福，是藏传佛教的基本理念。其实现途径是学习和实践佛教理论，各教派都有所侧重，有的注重学习，有的注重实践，有的则兼而重之。格鲁派虽然形成最晚，但在寺院、寺僧、信众等规模上占绝对优势，同时在学理、持戒等方面有较高的要求，特别是其创始人宗喀巴大师在藏传佛教其他各教派受到比较一致的认可和尊崇。因此，宗喀巴大师的生平事迹亦容易被藏传佛教广大僧众所普遍接受，而其中最具教育价值的主要有以下几个方面。

第一，献身佛门。据宗喀巴传记记载，他一出生就被当地高僧看中，

3 岁受近圆戒，7 岁入寺受戒出家，27 岁受比丘戒，在此前后接受灌顶无数。根据佛教理论，能否持守戒律是检验对佛门忠诚度的试金石，宗喀巴在这方面做出了榜样。周加巷《宗喀巴传》记述他受出家戒的情形之后，紧接着说："在梵行众星列阵之中出类拔萃如同皓月当空，将所受戒律无论粗细毫无堕罪秽垢之污染，无论何时何地都终身持护。"① 传记在记述他受比丘戒仪式之后对其持守情况也有一段评论性文字："这也并非仅仅是勇于接受戒律，而是从此对比丘戒律极其微小的违碍也要极力禁忌，像爱护眼珠一样终身竭力持护戒律……"② 宗喀巴在持守戒律方面成为后世楷模。

第二，刻苦学习。藏传佛教有自己的理论体系，其中格鲁派尤以体系完备、次第严谨著称，而宗喀巴大师率先垂范，严格遵循亲自倡导创立的修习次第，广拜各教派名师修习显密，为精通佛理刻苦研读，留下许多千古佳话。

宗喀巴学习特别注重背诵。据传记记载，他在觉莫隆寺师从堪布噶希哇听习佛经，在听法之余从头背诵经藏广疏，每天心记箭长版经文 17 叶从不间断，以至于苦读成疾，"正当背诵广疏将其四十余部熟记于心之时，出现违碍，患上半身剧烈疼痛之病"③。宗喀巴惊人的记忆力在藏区广为传播，记忆高手朗·聪麦、多麦巴·赞华扎西、释迦珠三人前来挑战，与宗喀巴进行记忆比赛。据说，从天亮至太阳照到蔡维朗寺之顶，将从未看过的一部箭长九行版经典，宗喀巴熟记 4 叶，朗·聪麦断断续续记住 2 叶半，其他二人各只记住 1 叶，他们 3 人服输而归。

第三，倾心教学。以各种法会为平台，讲授、研习佛学理论，是弘扬佛法、培养人才、传承佛教的主要途径，藏传佛教各教派之中格鲁派在这方面着力至甚。宗喀巴在厘定学佛内容、撰写教程的基础上潜心讲学，还就融会贯通做了高难度的示范。

某年冬，诸弟子恳请效法先哲给他们一次性同步讲授多部经典，宗喀

---

① 周加巷：《宗喀巴传》（藏文），青海民族出版社，1981，第 112 页。
② 周加巷：《宗喀巴传》（藏文），青海民族出版社，1981，第 162 页。
③ 克珠杰：《宗喀巴小传》（藏文），青海民族出版社，1982，第 27 页。

巴欣然答应。当月初十日起闭关研读经典,月末之日将经卷全部捆扎起来。初一至初四日因故先行讲一些零星之法。初五日同一天内,从十五部经典之起首印度语开讲,每天自黎明至黄昏心讲十五座法,从未间断。其中有两部小经典被先行讲完,又选两部小经典续讲。历时整整三个月,总共讲授《释量论》《般若》《上下对观》《律经根本律》《慈氏后四论》《中观理聚五论》《入论》《四百颂》《入行论》等十七部经典。其间,大多数经典,依据各自注疏仔细讲解,疑难之点则以一些藏地注疏为依据,进行破立断定。这成为藏传佛教史上前无古人后无来者之举。

第四,实践创新。在传习佛教理论并解决认知问题的同时,进行实践显得更加重要。宗喀巴特别注重对佛学理论的实践,据其传记记载,他在36岁之年,率卫地四弟子和多麦四弟子9人从觉莫隆启程,乘牛皮小舟渡河赴沃卡避世修行。在那里就此前违戒细微过失进行刻苦忏悔,坚持虔诚地磕百头、献曼札,以至于手指被磨烂而露出骨头,还不畏艰难苦行菩萨之行,为僧众做了榜样。

据载,西藏涅地各村庄间世代不和,纠纷不断,从未聚集在一起。火鼠年(1396)夏,宗喀巴居于该地,与民众一起印造十万泥塑小型佛塔佛像伏藏,举行法会,为群众讲经说法,深得当地村民信仰。在宗喀巴的努力下当地各村庄消除隔阂,村民和睦相处,安居乐业,这些良好习俗一直延续至今,云云。这是他对佛教利益众生思想的生动实践。此外,创办祈愿法会、培养优秀人才、创立格鲁教派等,都是对佛学理论的实践和创新。

第五,爱国爱教。爱国与爱教相互统一而密不可分,宗喀巴大师以实际行动揭示了其深刻内涵。宗喀巴及其格鲁派在西藏声望日升,明永乐帝便遣使至藏,诏请宗喀巴入京。宗喀巴复信:"大皇帝下诏……这是大地之大主人向往佛法之诏命,尽管对此并不是不懂、不尊重和亵渎,然而只是由于我一遇到多人就立刻发作厉害疾病,因此未能遵从圣意,对此恳请您那像天空一样深邃宽广之心能够不生气。"[①] 回以重礼,并表示为皇帝长寿和江山稳固反复祈祷,永乐十二年(1414)遣高足释迦也失替自己赴京。释迦也失受到

---

① 周加巷:《宗喀巴传》(藏文),青海民族出版社,1981,第300页。

皇帝礼遇，次年封为"妙觉圆通慈慧普应辅国显教灌顶弘善西天佛子大国师"，再次年返藏，并用皇帝所赐财物修建色拉寺。宣德九年（1434），再次入朝，明宣宗封他为大慈法王。宗喀巴师徒与明廷的交往，推动了藏传佛教的发展，并为清王朝日后主要依靠格鲁派统治西藏做了前期准备。

结　语

藏传佛教的历史，从一定意义上讲就是不断地与现实社会相适应的过程，并形成了其积极适应社会的良好传统。当然，其间也有过一些不适应社会的情形，这在不同的历史时期都有所反映。藏传佛教与社会不相适应的情况，在历史长河中只不过是几朵不和谐的浪花，但对当时的社会却带来极大危害。对社会而言，轻则产生噪声、影响稳定，重则与政治发生冲突，酿成重大事件；对藏传佛教来说，轻则失去统治者的认可和支持，受到惩罚，重则招致灭顶之灾。无论在吐蕃社会以及吐蕃王朝崩溃之后的藏族社会，还是在自元以来的历代社会，这样的情形都不止一次地发生过。然而，最后无一不是以藏传佛教适应社会而终结。

中国特色社会主义宗教理论和我们党的宗教政策，为藏传佛教适应社会主义社会提供了最好的条件。实践证明，藏传佛教基本上适应社会主义社会，并为藏区经济、政治、社会、文化、生态建设发挥着积极作用。毋庸讳言，藏传佛教也有一些与社会主义社会不尽适应的现象，这固然有其他方面的原因，但其中之一则是个别寺院和个别寺僧没有将精力完全用在学佛上面。作为职业僧人，一旦精力不在学习和实践佛学理论上，就容易违背藏传佛教宗旨，甚至触犯国家法律。如果出现这样的情形，自然不能适应社会主义社会，也不可能适应任何一个社会。

根据藏传佛教理论，全心全意学佛是每个寺院和僧尼的天职，而宗喀巴大师就如何学佛以及此生学有所成为后世做出了表率。因此，用宗喀巴生平事迹教育藏传佛教广大僧职人员，号召僧尼效法宗喀巴大师，献身佛门、潜心学习、倾心教学、实践创新、爱国爱教，不失为当今积极引导藏传佛教更好地适应社会主义社会的一个有效选项。

当前国际国内背景下的新疆伊斯兰教以及宗教极端主义

地木拉提·奥迈尔

一

宗教是人类社会的历史文化现象，从最初的图腾崇拜、多神信仰的原始宗教到后来的人为宗教，再到一神教，经历了一个漫长的历史发展过程。对人类社会的进步与发展来说，宗教起过十分重要的促进与推动作用。宗教产生于人类社会的历史发展过程中，并随着人类社会的发展而变迁，与宗教相伴生的是在不同的社会发展阶段存在的不同宗教问题。"宗教方面存在的问题，本身就是一个有争议的问题。不是说宗教方面有问题还是没有问题，而是说从哪个角度看这些问题，是什么问题。"新疆宗教问题的本质在于，新疆宗教问题与国际政治问题、周边地缘政治问题、国内政治经济问题、民族问题、社会转型问题等相互交织、相互影响，具有深刻的国际性和复杂性。宗教问题在新疆具有特殊的重要性，历史和现实一再表明，新疆特别是南疆地区的一些重大政治事件的发生及其对新疆民族关系的破坏，大多与宗教因素密切相关。就南疆地区历史上多次出现过的分裂叛乱事件而言，宗教几乎都曾被怀有某种政治野心的分裂分子用作煽动和组织民众参与其作乱的工具。从新疆历史的发展来看，自乾隆中叶时起，新疆就一直存在着分裂与反分裂的斗争，并对民族关系产生着重要的影响。在道咸年间以至同治时期，这种斗争和影响曾呈现出十分激烈的态势。而在这一历史过程中，宗教因素尤其是伊斯兰教因素始终起着重要作用。近代新疆和卓家族是借助于依禅派教主的身份，利用其在信徒中的世袭影响力来进行煽惑和发动叛乱，而20世纪以来的"双泛"以及由此产生的所谓"东突"，也同样是把宗教作为达成其政治目的的主要工具。

我们应该如何看待我国少数民族社会的宗教问题，特别是在全球化席卷全球、城镇化迅速推进的今天，在新的一轮民族主义思潮迅速蔓延、伊斯兰宗教的复古主义（原教旨主义）进一步走向极端化的现在，这是一个越来越重要的现实问题。

联系到新疆，这不仅关系到少数民族社会的良性运行，更关系到多民族地区的稳定与发展，关系到国家的统一和边疆地区的长治久安。

在当前的国际背景下，伊斯兰教被普遍地污名化。而一些国家和地区的穆斯林社会针对这样一种现象也采取了极端的态度和行为。如此便形成了一个持续的恶性循环，甚至愈演愈烈，波及的地区和国家也越来越多，塔利班和"ISIS"的出现就是一些极端的个案，他们所进行的恐怖主义活动对爱好和平与安宁的社会造成了极大的破坏和威胁，成为当今世界最为重要和现实的问题。

以美国为首的西方国家制定并奉行的以恐反恐的战略非但未能达到预期的效果，反而引起了伊斯兰国家的不满，激化了伊斯兰极端势力的恐怖对抗，以更加暴力和恐怖的手段进行回应和报复。而亨廷顿则认为这是冷战结束以后国际社会几大文明之间的冲突，尤其是伊斯兰文明与基督教文明之间的冲突。

西方国家极力推行的所谓"民主"和"人权"观念，以及在这种旗号下干预伊拉克、叙利亚、埃及等国家的内部事务，破坏了这些地区和国家在威权政治统治下的相对稳定，造成了宗教极端势力的迅速蔓延。

西方敌对势力在中国推行"西化"和"分化"战略，因为按照亨廷顿对世界文明的分类，作为儒教文化的中国文明是对西方即基督教文明构成最大挑战的最重要力量，甚至特别担心儒教文明与伊斯兰文明联合起来对抗西方文明。所以要特别引起注意，要对中国实行"西化"和"分化"的战略，并将其突破点放在新疆和西藏。于是，新疆问题成为西方敌对势力把人权、宗教、民族、民主、文化与"三股势力"相挂钩并向我施压、对我渗透的突破口。

二

对新疆的民族与宗教问题进行研究，应该注意研究视角和方法论的问题。从研究视角方面来看，我们需要从以下四个角度来研究新疆问题：（1）跳出新疆看新疆——全国的视角；（2）跳出中国看新疆——国际的视角；（3）跳出当下看新疆——历史的视角；（4）跳出宗教看新疆——整体性的视角。唯此，我们才能对新疆问题有一个全面、深刻的了解和认识。

（1）所谓跳出新疆看新疆，讲求的是一个全国的视角。改革开放之前，作为边疆少数民族地区的新疆享受着党和政府在政治、经济、文化、教育等各方面一系列的优惠和照顾政策，在计划经济时代这些优惠政策的关照下，新疆的各项事业从无到有并有所发展，与全国各地处于同等的发展水平，甚至在某些方面要优越于内地部分地区，比如农业机械化水平、农村生活质量、干部职工工资收入等。即使在三年困难时期，新疆各族人民群众的粮食问题和生活水平也未受到太大的影响，民族关系和谐融洽，民族团结一直很好。新疆人到内地出差或学习，都被看作客人，甚至被当作有钱人来对待，作为新疆人有一种自豪和骄傲的感觉。这种情况持续到改革开放初期的20世纪80年代。随着市场经济改革和开放的不断深入以及国家经济政策的调整，东南沿海地区思想解放和凭借原有的技术实力以及优越的地缘优势，经济社会发展迅速，人民生活水平不断提高，逐渐拉开了与西部地区特别是少数民族地区的差距。新疆由于历史、传统文化以及地理生态环境的原因，经济发展滞后，面对市场经济改革的大潮，新疆人未做好准备，被远远抛在了后面。新疆人出现整体性的挫败感和失落感，原有的自豪感也已成为记忆中的往事。新疆的贫困也开始出现民族分化的趋向。与全国一样，社会问题不断出现并且越积越深，这些问题在新疆甚至开始带上了民族的色彩。加上"三股势力"的渗透和利用，宗教极端主义开始蔓延，群体性暴力恐怖事件不断发生，新疆的民族关系受到了前所未有的破坏。"跳出新疆看新疆"，就是要把新疆问题放在全国的层面来审视，并不是一个孤立的社会出现的特殊的问题。

（2）跳出中国看新疆，讲求的是研究新疆问题要有国际的视角。新疆是一个边疆省份，拥有 160 多万平方公里的国土面积，与 8 个国家接壤，除俄罗斯和蒙古国外，几乎均为伊斯兰国家，有 5400 多公里的边界线。新疆是一个多民族多元文化的地区，又是一个受伊斯兰教影响极深的地区。近 20 年来，伊斯兰教极端思想也在不断蔓延。宗教问题、民族问题、经济社会发展问题、社会与文化转型问题杂糅交错，导致社会稳定受到很大的冲击，严重影响了边疆社会的安全和稳定，以及经济发展和文化繁荣。

全球化不仅仅是西方价值观的全球传布，与之相对抗的世界伊斯兰复兴运动也是全球化的衍生物，是全球化的另一股思潮。凡是伊斯兰教传播到的多民族、多宗教的国家和地区，以伊斯兰教为焦点的宗教问题，以及与此相关联的其他社会问题、民族问题都不是一个孤立的问题，都应该放在全球化的历史背景下来予以关注和研究。

二战后，美苏两个超级大国争夺世界霸权，主要是意识形态领域的对抗和军备竞赛，国际社会进入冷战状态。1991 年苏联解体，美国成为独一超级大国，开始在全球范围内推行美国价值观。同时经济全球化时代到来，伊斯兰文明和社会做出强烈回应。伊斯兰复兴运动和政治伊斯兰势力得到发展，并走向极端化。埃及的哈桑·班纳、赛义德·库特布（穆斯林兄弟会、伊斯兰促进会），巴基斯坦毛拉纳·阿卜·阿拉·毛杜迪（反西方帝国主义，认为这是西方对穆斯林在政治、经济以及文化上的威胁），他们的伊斯兰世界观的基本原则是，伊斯兰为个人和集体的生活，为国家和社会构建了无所不包的思想体系；《古兰经》和先知穆罕默德的榜样是穆斯林生活的基础；《古兰经》和伊斯兰教法是穆斯林生活的神圣蓝图。

伊朗伊斯兰革命的成功使政治伊斯兰势力得到发展的巨大动力。在意识形态上影响了黎巴嫩的真主党、苏丹的伊斯兰政权、阿尔及利亚的伊斯兰拯救阵线，以及世界各地其他一些伊斯兰运动。阿富汗塔利班运动和本·拉登的"基地"组织是极端化的代表，其后出现的 ISIS 更使极端主义势力的影响达到顶峰。

以上所述的情况，在新疆都有传入和影响。新疆各宗教在这种错综复杂的局面中，面临的新问题、新情况层出不穷。这一特征在"三股势力"和西方"反华"势力的煽动和利用下，变得更加复杂和尖锐。伊斯兰教是新疆信教人数最多的宗教，伊斯兰教的民族性、群众性、复杂性和国际背景的特点更为突出，因而伊斯兰教问题在新疆非常敏感。在伊斯兰教领域，突出地存在着两类不同性质的矛盾，并常常交织在一起，处理稍有不慎，便会被境内外各种势力利用来煽动闹事。

而伊斯兰极端主义是在伊斯兰教名义下的极端主义，是伊斯兰教政治化最突出的表现形式。从伊斯兰极端主义与恐怖主义在新疆的种种表现和危害来看，它实际是一种扭曲了的行为和心理，是反伊斯兰教、反社会的邪恶势力。

（3）跳出当下看新疆，是指研究新疆问题不能仅限于当下看到的种种现象，要有历史的眼光。伊斯兰教传入新疆已有 1000 多年的历史，在这 1000 多年的传播中伊斯兰教经历了一个漫长的本土化过程，最终与本土的信仰文化融合而成当今新疆地区（甚至中亚）特有的既不同于阿拉伯半岛，也不同于波斯高地的伊斯兰教。众所周知，任何现实的问题都是历史的积累和再度呈现，都有着比较清晰的历史线索。宗教问题在新疆具有特殊的重要性，历史和现实一再表明，新疆特别是南疆地区的一些重大政治事件的发生及其对新疆民族关系的破坏，大多与宗教因素密切相关。就南疆地区历史上多次出现过的分裂叛乱事件而言，宗教几乎都曾被怀有某种政治野心的分裂分子用作煽动和组织民众参与其作乱的工具。从新疆历史的发展来看，自乾隆中叶时起，新疆就一直存在着分裂与反分裂的斗争，并对民族关系产生着重要的影响。在道咸年间以至同治时期，这种斗争和影响曾呈现出十分激烈的态势。而在这一历史过程中，宗教因素尤其是伊斯兰教因素始终起着重要作用。

（4）跳出宗教看新疆，讲的是研究新疆问题要有一个整体的视角，宗教仅仅是问题的一个方面，极端主义的实质就是政治问题，宗教成为被政治利用的工具。在新疆，最根本的问题是分裂主义问题，恐怖主义是行动方式，极端主义是思想基础，而分裂国家才是真正目的。如果说伊斯兰教就是极端主义，或者说极端主义就是伊斯兰教的本质，那么，我们就中了分裂主义的奸计，我们就会伤害更广大的穆斯林群体，无论是在国内还是国际问题上我们都会遭遇意想不到的困难和挑战。习近平总书记提出的"一带一路"倡议，其通过新疆这个丝绸之路经济带核心区首先要联系并带动起来的沿线陆路国家大多是伊斯兰国家。抛开宗教因素，新疆问题是国际国内政治、经济、社会、文化、历史、地理、生态环境等诸多因素交织而成的一个系统问题。

三

新疆现有伊斯兰教、佛教、基督教、天主教、东正教和道教等 6 种宗教。伊斯兰教是新疆信奉人数最多的宗教，为维吾尔、哈萨克、回、柯尔克孜、乌孜别克、塔吉克、塔塔尔、东乡、保安、撒拉等 10 个少数民族绝大多数人所信仰。

截止到 2012 年底，这 10 个少数民族总人口达到 1300 多万，占全国穆斯林人口半数以上，占全疆总人口的 59%。其中维吾尔族人口最多，达 1050 万，约占全疆总人口的 47%，占全疆信教人口总数的 80% 以上。

新疆宗教特别是伊斯兰教除了具有群众性、民族性、长期性、国际性和复杂性等五种特性之外，还具有：（1）历史久远并与民族传统文化交融一体的特点；（2）伊斯兰教信众占绝对多数的特点；（3）保守性和封闭性特点；（4）新疆宗教问题与政治问题关系较为密切的特点；（5）新疆知名宗教人士在本民族信众当中影响深刻的特点；（6）宗教问题与民族问题杂糅交错，较难厘清的特点；（7）伊斯兰教在维吾尔民族形成过程中起到了十分重要的作用。

20 世纪 90 年代，新疆伊斯兰极端势力得到迅猛发展。这一时期，新疆伊斯兰极端势力与民族分裂势力合流，政治化倾向完全显露，并由 80 年代的制造舆论、培养骨干阶段转入文武并举、以武为主的阶段。1990 ~

1997 年，伊斯兰极端势力制造了百余起民族分裂和暴力恐怖事件。1998 年以后，由于我国政府加大了打击力度，其活动方式趋于隐蔽化。21 世纪以来，伊斯兰极端势力与民族分裂势力、暴力恐怖势力加紧聚合，在武装夺权的战略目标失败后，转而向思想、文化、教育等领域渗透。

极端主义在新疆传播可以初步分为以下三个时期。一个是初期，初期大概就是 20 世纪 80 年代到 20 世纪 90 年代中期，那个时候传播的方式是秘密地聚会，有的时候是在比较公开的宗教场所。中期，即 20 世纪 90 年代末到 2010 年，这个时期是大面积地渗透和传播。第三个时期，就是"7·5"事件以后。2011 年到现在大面积地渗透和传播得到有效打击和遏制，但有一个新的情况出现，即由于新疆去极端化斗争不断深入，极端主义势力改变了地域上的传播方向和目标人群的渗透方式，由新疆转到内地，由社会流动人口转向内地新疆籍的少数民族学生群体。

宗教极端势力绑架了宗教、绑架了信教群众、绑架了民族风俗习惯、破坏了民族团结、破坏了社会稳定、危害了边疆安全，还撕裂本民族社会、妨碍民族教育、毒害民族青少年儿童、阻滞社会转型、拒绝现代文化等。

去极端化的斗争在新疆进行了许多年，也取得了很好的成效。我认为除了严打之外，还要多管齐下。杨圣敏先生、丁宏教授等对新疆问题都有非常深入的研究。杨圣敏先生提出的"兴正教，方能抑邪教"的方法是值得思考和采纳的很好建议。

国家治理现代化视域下的宁夏民族宗教工作新实践[*]

——以宁夏吴忠市经验为例

李　伟　王若溪

习近平总书记在全国宗教工作会议指出，"积极引导宗教与社会主义社会相适应，一个重要的任务就是支持我国宗教坚持中国化方向。要用社会主义核心价值观来引领和教育宗教界人士和信教群众，弘扬中华民族优良传统，用团结进步、和平宽容等观念引导广大信教群众，支持各宗教在保持基本信仰、核心教义、礼仪制度的同时，深入挖掘教义教规中有利于社会和谐、时代进步、健康文明的内容，对教规教义作出符合当代中国发展进步要求、符合中华优秀传统文化的阐释"①。习总书记的重要讲话明确指出了新形势下的民族宗教工作关键在"导"。如何积极引导宗教与社会

＊　本文是国家社科基金重大项目"我国多民族道德生活史系列研究"（13&ZD064）阶段性成果。本文的材料主要来自对自治区党委政府主要领导的访谈；对自治区统战部、民委相关领导和吴忠市主要领导的访谈；对吴忠市统战部、宗教局相关领导和工作人员的访谈；与吴忠市民族宗教局、伊斯兰教协会相关领导及科室负责人、回民中学校长、清真寺教长座谈；到利通区穆民新村、古城社区、市回民中学、利通一小、富荣社区、红山河食品有限公司、道道渠清真寺、东关清真寺、青铜峡市王嘴子清真寺、同兴村、怡园社区调研、访谈。
① 《习近平总书记在省部级主要领导干部学习十八届三中全会精神全面深化改革专题研讨班开班仪式上发表重要讲话》，《人民日报》2014年2月18日第1版。

主义社会相适应，做到导之有方、导之有力、导之有效，习近平总书记提出两个重要的路径：一是新形势下宗教工作的重要任务是支持我国宗教坚持中国化方向；二是用社会主义核心价值观和中华民族优良传统引领和引导。这两个方面是相辅相成的，前者是方向，后者是方法。把这两个方面有机地结合起来，是国家治理现代化的题中之意。从这个视域出发，我们可以发现宁夏回族自治区吴忠市在民族宗教工作中推进伊斯兰教中国化的新实践作为一种地方治理经验，对于国家治理现代化的重要借鉴意义。

一　国家治理现代化视域中吴忠在民族宗教工作中推进伊斯兰教中国化的新实践

党的十八届三中全会通过的《中共中央关于全面深化改革若干重大问题的决定》提出："完善和发展中国特色社会主义制度，推进国家治理体系和治理能力现代化。"① 这是国家正式把"国家治理"提高到深化改革总目标的高度，深化对国家治理的理解和实践。治理（governance）是 20 世纪 90 年代西方主流话语体系中开始出现的政治概念，很快就被许多国家学术界和政府所接受，成为西方许多国家解决社会问题的重要方式。中国共产党和中国政府提出国家治理概念，在主体性问题上与传统的"统治"和"管理"的概念不同，旨在探讨国家的主人及其社会多主体性的共生模式和共治模式，体现了社会的主人翁在于人民，在于人民的民主，在于政治协商，体现了社会主义国家的本质。因此在我国国家治理就成为社会多主体在国家制度、法律框架下共同协商解决社会矛盾和冲突的最高形式。国家治理现代化的前提是完善和发展中国特色的社会主义制度，使国家更好地体现社会主义本质，使人民更好地享受社会主义的优越性。习近平总书记讲："今天，摆在我们面前的一项重大历史任务，就是推动中国特色社会主义制度更加成熟更加定型，为党和国家事业发展、为人民幸福安康、

---

① 《中共中央关于全面深化改革若干重大问题的决定》，《人民日报》，2014 年 11 月 15 日第 1 版。

为社会和谐稳定、为国家长治久安提供一套更完备、更稳定、更管用的制度体系。"①

新中国成立后，我们党确立了人民代表大会制度框架下的民族区域自治制度，从此，民族地区的地方治理在这一制度的完善发展中开始了新的探索。在这一探索中如何推进伊斯兰教中国化是民族区域地方治理的一项重要内容，也是中国共产党对中国历史上"五方之民""因俗而治"治理理念的超越和创新，吴忠市的新实践就是这种探索的一个积极的方面。

吴忠市位于宁夏中部，总面积 2.02 万平方公里，辖 5 个县、区，总人口 141.6 万，生活着回、汉、满等 27 个民族，其中回族人口 76.1 万，占总人口的 53%，是全国回族人口比例最高的地级市，被称为"中国回族之乡"。中国伊斯兰教主要教派和门宦在市内均有分布，其中虎夫耶洪门门宦、哲合忍耶板桥门宦和沙沟门宦的道堂所在地都在吴忠。由于回族历史上全民信教的传统和大分散小聚居的特点，吴忠的民族团结和宗教和顺直接影响到全国社会治理中的安定团结。

在国家治理现代化的视域中，民族宗教工作是国家治理现代化的一个重要部分。习近平总书记在全国宗教工作会议上指出："宗教工作在党和国家工作全局中具有特殊重要性，关系中国特色社会主义事业发展，关系党工作与宗教工作紧紧联系同人民群众血肉联系，关系社会和谐、民族团结，关系国家安全和祖国统一。"② 把做好民族宗教工作与吴忠市的经济社会发展紧密联系在一起，把民族工作与宗教工作紧密联系在一起，在民族工作中，推进伊斯兰教中国化的新实践；在宗教工作中，积极动员社会治理主体共同参与吴忠市的民族宗教工作新实践，推进民族团结和宗教和顺，是吴忠市民族宗教工作新实践的重要特点。因此，吴忠市在民族宗教工作中推进伊斯兰教中国化的新实践既是吴忠市民族宗教工作的一项重要任务，也是地方治理中的一个重要环节，吴忠市的民族宗教工作经验既是治国理政的一种地方性工作经验，也是国家治理现代化理论体系中的一种

① 《习近平总书记在省部级主要领导干部学习十八届三中全会精神全面深化改革专题研讨班开班仪式上发表重要讲话》，《人民日报》2014 年 2 月 18 日第 1 版。
② 《人民日报》2016 年 4 月 24 日第 1 版。

地方性知识。

首先，吴忠市在民族宗教工作新实践中，牢牢把握坚持党的领导，坚持政府依法对涉及国家利益和社会公共利益的宗教事务进行管理，这是吴忠市在民族宗教工作新实践中坚持伊斯兰教中国化方向的前提和根本保证。

民族和宗教问题交织在一起，是吴忠市的一大区情，把宗教工作融入民族工作中，作为民族工作的一个重要组成部分，又是吴忠市在民族宗教工作坚持宗教中国化新实践的重要经验。吴忠市市委和政府从巩固执政党的地位和强化党的执政基础这个根本出发，坚持把宗教和顺作为增进民族团结的重中之重，把推进宗教中国化新实践纳入民族宗教工作整体安排中，作为工作的重要组成部分，同时又把维护民族团结和宗教和顺列入吴忠市整体工作的主要议事日程，作为富民强市的强基工程来抓。其具体举措有如下几点。

一是成立由市委、市政府重要领导负总责的领导小组，建立联席会议制度。高起点设计谋划，对民族宗教工作进行整体安排，明确任务，各负其责，责任考核。建立了"三个一"的工作联系制度①，明确各级党委和政府承担宗教工作的主体责任，党政分管领导是直接负责人，统战、宗教部门是直接责任单位，政府公共管理部门和宗教团体承担协同责任，形成党政齐抓共管、部门各尽其责、社会协同配合、宗教组织和信教群众积极参与的强大工作合力。

二是吴忠市委、市政府坚持在宗教信仰自由的政策下，依法管理宗教事务。先后研究出台了21项关于依法管理宗教事务、抵御非法宗教渗透活动的配套制度，建立规范了大型宗教活动协调服务等九项机制，既保证了宗教信仰自由，又依法加强了对宗教活动的管理。如：实施伊斯兰教教职人员公开考试、择优认定、备案管理；严格清真寺建设和大型宗教活动申报审批、安全管理；依法打击"达洼"宣教等非法宗教活动，确保伊斯兰

---

① "三个一"的工作联系制度：每位县领导负责联系一名宗教界代表人士、一个宗教活动场所和一片信教群众聚居区。

教领域持续和谐稳定；围绕建章立制、人员选聘和财务管理，指导清真寺完善寺管会工作职责、议事规则等民主管理制度；成立民主理财监督小组，开设银行结算账户，自觉接受监督，积极创建"和谐清真寺"。

三是用社会主义核心价值观引领和教育宗教界人士和信教群众，弘扬中华民族优良传统，用团结进步、和平宽容等观念引导广大信教群众，使"爱国是信仰的一部分"的理念深入广大穆斯林群众心中。吴忠市坚持每年为全市1200多个清真寺免费订阅《吴忠日报》，定期组织宗教界代表人士进行免费体检和参观考察，先后拨出专款在各清真寺新建"穆斯林书屋"410个，引导信教群众感受分享吴忠改革发展的最新成果，吴忠生态移民区的穆斯林群众喊出了"共产党好，黄河水甜"的心声；朝觐归来的群众深有感触地说：当代中国的穆斯林是世界上最幸福的穆斯林。

四是坚持宗教人士教育经常化。2010年以来，市县两级共组织宗教人士"三定"① 学习班1000余场次，举办宗教人士骨干培训班、座谈会、研讨班60多次。坚持开展国策法规进清真寺活动，把送国策法规进清真寺作为"四五普法"和"五五普法"的重要内容，作为宗教人士"三定学习"的必学内容，组织专家学者到各清真寺开展巡回演讲1000多场次。采取集中向各清真寺捐赠法律法规书籍、举办培训班、播放宣传片等形式，向广大信教群众宣传法律法规，增强他们的法律意识和维权意识。

其次，吴忠市在民族宗教工作新实践中，努力发挥宗教组织的积极性和主动性，这是吴忠市在民族宗教工作新实践中坚持伊斯兰教中国化方向的关键。从国家治理的视域看，社会共同参与民族宗教工作中中国化的新实践是国家治理与政府行政管理的重要区别。这其中宗教界人士和信教群众的参与非常重要，因为在民族宗教工作中，坚持伊斯兰教中国化方向关键在中国宗教自己，在宗教界人士和信教群众，这是宗教中国化的主体，是事物的内因，宗教的中国化必须靠他们的自觉自愿和积极参与。

宗教的本土化，是世界各宗教生存和发展的普遍规律。历史上，回族在伊斯兰教本土化的过程中，把伊斯兰教的文化与中国传统文化特别是儒

---

① "三定"：定学习时间、定学习地点、定学习内容。

家文化有机地结合起来，形成了以"二元忠诚"为核心的信仰体系和两世吉庆、孝亲思想、中道、中和理念为基础的道德规范体系，形成了"经汉并授""汉文译著"的中国式经堂教育方式和内容，为伊斯兰教中国化开拓了一种全新的方式，形成了自己独特的信仰方式、文化体系、心理素质和民族意识。进入近代后，这种中国化的进程历经从鸦片战争到抗日战争的救国图存的民族救亡运动和新中国成立后的社会主义建设和改革开放，发展为爱国爱教的爱国主义传统，这一切使伊斯兰教中国化进入一个崭新的视野。吴忠市宗教组织在这一进程中的新实践丰富了伊斯兰教中国化的内容，其具体做法如下。

一是通过解经，对教规教义做出符合当代中国发展进步要求、符合中华优秀传统文化的阐释。解经是伊斯兰教中国化的一个关键环节，历史上回族通过"汉文译著"和"经汉并授"对伊斯兰教的教规教义做出了符合当时社会发展的要求和阐释，促进了伊斯兰教本土化。今天伊斯兰教中国化的一个重要内容就是在保持基本信仰、核心教义、礼仪制度的同时，深入挖掘伊斯兰教教义教规中有利于社会和谐、时代进步、健康文明的内容，对教规教义做出符合当代中国发展进步要求、符合中华优秀传统文化的阐释。吴忠市伊协连续举办四届全市伊斯兰教界《古兰经》诵读暨新编"卧尔兹"演讲大赛，参加演讲的宗教人士120多人，参加聆听的信教群众近万人；伊协还通过统战宗教部门帮助，邀请对伊斯兰教和回族文化有研究的专家学者和知名阿訇，共同挖掘伊斯兰教中有利于社会和谐、爱国爱教、坚守中道、公平正义、勤俭节约、健康文明的理念，分类归纳整理，组织寺管会主任和宗教教职人员学习领会，利用回族重大节日和主麻日给信众讲"卧尔兹"，鼓励伊斯兰教界人士结合中国传统文化中的仁爱、中道等思想，对伊斯兰教教义教理做出符合时代进步的阐释，引导广大穆斯林群众自觉抵御伊斯兰教领域各种极端思想渗透，自觉维护现有宗教格局稳定。

二是通过"三进两创一公开"①"和谐寺观教堂""平安宗教场所"等

---

① "三进两创一公开"：科学发展观、国策法规、综合服务进宗教场所，创建平安、团结宗教场所，凡信教群众关心的事项一律公开。

创建活动创新清真寺功能。清真寺也称礼拜寺，是穆斯林举行礼拜、举行功课、举办宗教教育和宣教等活动的中心场所，同时也是伊斯兰文化中心和处理穆斯林民事以及穆斯林联系交往的中心。清真寺与穆斯林一生的宗教生活和世俗生活息息相关，可以说哪里有穆斯林哪里就有清真寺。它是伊斯兰教中国化的重要载体，积极发挥和创新清真寺的特殊功能是伊斯兰教中国化的重要途径。

吴忠市回族聚居区清真寺的主要特点是：清真寺数量多。现有清真寺1380座，平均每500名回族群众就拥有一座清真寺；各类宗教活动多。穆斯林除一日五次礼拜外，每周五主麻聚礼，每年开斋节、古尔邦节会礼，斋月晚间在清真寺礼拜等；平时聚集人数多。一般的清真寺平均每天正常参加礼拜的有五六百人次，遇到重大宗教活动聚集的人员更多，单日最高峰同一清真寺曾聚集过七八万人；社会影响面广。清真寺始终与该地区的政治、经济、社会、文化紧密联系在一起，其功能发挥得如何直接影响到该地区的政治稳定、经济发展、民族团结和社会和谐①。近年来，吴忠市在创新清真寺功能上的重要举措是通过伊斯兰教协会和清真寺管理委员会在清真寺以强化服务为基础，以教育引导为核心，以规范管理为重点，以创新功能为主导，以"四进"活动②和"军（警）寺共建"等活动为载体，挖掘教义教规中有利于社会和谐、时代进步、健康文明的积极因素，发挥和创新清真寺特殊功能，走出了一条引导宗教与社会主义相适应的新路子，取得了良好的成效，使吴忠市的清真寺成为合法宗教活动的保障区、民族团结的教育区、矛盾纠纷的化解区、国策法规的宣传区、宗教场所民主管理的示范区、回族文化的展示区、致富技能的传播区。目前吴忠市已有500多处宗教场所创建为"和谐寺观教堂"，其中四处被评为全国"和谐寺观教堂"。

三是通过阿訇把宣教与解经结合起来，积极引导信教群众在思想上、文化上、生活方式上与时俱进，与社会主义社会相适应。把宣教与弘扬爱

---

① 杨志文：《西北回族聚居区清真寺社会功能研究——以宁夏吴忠市为例》，《中国穆斯林》2013年第6期。
② "四进"活动：社会主义核心价值观进清真寺、国旗进清真寺、党报党刊免费进清真寺、农家书屋进清真寺。

国爱教的优良传统结合起来，经常宣传"爱国是信仰的一部分"等圣训，引导信教群众爱祖国、爱人民、爱家乡；把宣教与宣传科学文化知识结合起来，宣传"清洁是信仰的一半"等圣训，引导信教群众提高生殖水平和预防性病艾滋病的能力，努力做到外清内洁，心灵健康。宣讲"求知是穆斯林的天职、求知从摇篮到坟墓"等圣训，引导信教群众重视学习，追求知识，不断提高科学文化水平；把宣教与宣传民族团结结合起来，宣讲"谁不仁爱他人，也得不到仁爱"等圣训，引导信教群众不但要内部互相友爱，还要和其他民族和平友爱；把宣教与宣传中华传统优秀文化结合起来，宣讲"伊斯兰的首要使命是在人间栽培道德美行"等圣训，引导信教群众提高自身修养，树立良好品行。向各清真寺和信教群众发出"诚信守法倡议书"，引导信教群众在日常生活和经济生活中诚信守法，公平交易。

再次，吴忠市在民族宗教工作新实践中，努力发挥宗教人士和信教群众的积极作用，这是吴忠市在民族宗教工作中坚持伊斯兰教中国化方向的社会主体和群众基础。习近平总书记在全国宗教工作会议上要求：要坚持政治上靠得住、宗教上有造诣、品德上能服众、关键时起作用的标准，支持宗教界搞好人才队伍建设。在国家治理现代化的视域中，人才是治理现代化的关键，这是21世纪国家治理架构中的重要一环。宗教人士作为信教群众的引领者，深刻影响着信教群众，影响着宗教的面貌和健康发展，宗教人才是我国坚持伊斯兰教中国化方向的关键性因素。加强宗教人才的培养，已成为在民族宗教工作中坚持和推进伊斯兰教中国化方向的一个根本性、全局性、战略性的问题，而这一点在我国的地方治理中往往重视不够。吴忠市在长期从事民族宗教工作中深深体会到，一些品德高尚、知识渊博的阿訇，在信教群众中威信高、说话有人听。在社会管理中鼓励他们发挥做群众工作的积极作用，是推进伊斯兰教中国化的新实践中非常重要的一项工作。在这方面吴忠市的具体做法如下。

一是在宗教人士中开展了"四同"行动主题教育。① 宣传党的十八大

---

① "四同"：回乡吴忠与党同心、慈善吴忠携手同行、和谐吴忠聚力同建、小康吴忠你我同享。

精神，增强党在宗教界人士和信教群众中的号召力、吸引力和凝聚力；以创建全国慈善城市为载体，在宗教界通过伊协在全市开展"每会一善、每寺一善、每人一善"活动。仅 2012 年全市宗教界共捐献善款 120 余万元，进一步展现了宗教界人士的新形象，2012 年在第二届中国城市慈善公益指数发布会上，吴忠市被评为七星级慈善城市；开展宗教事务依法管理"五项创新"① 工作，积极引导宗教人士立足清真寺，服务全社会，为构建和谐吴忠多做鼓劲、顺气、解结工作；采取各种措施关怀宗教人士和信教群众，共享吴忠发展成果，进一步激发和振奋宗教界的爱国热情。

二是引导宗教人士争做维护宗教和顺、民族团结、社会和谐的"八大员"②，充分发挥他们在构建社会主义和谐社会，推进伊斯兰教中国化新实践中的积极作用。这些活动得到了宗教人士的积极响应，涌现出了一批率先垂范，通过言传身教引导信教群众为民族团结、宗教和顺、社会和谐做贡献的进步宗教人士。2010 年以来，全市共有 23 名宗教人士被命名为全国创建"和谐寺观教堂"先进个人。吴忠市红寺堡区的康伏海阿訇担任人民调解员 10 年间，共调解重大矛盾纠纷 4500 余起，调解成功率 98% 以上，为受害人挽回经济损失 5200 多万元，被评为全国先进人民调解员。目前吴忠市"一名宗教人士一堵维稳墙，一个宗教场所一台稳压器"的工作模式正在逐步形成。

三是以培养"五好"③ 宗教教职人员为重点，完善《宗教人士学习培训制度》，推行"四进入"④，定期为宗教人士举办各种类型培训班，增强宗教教职人员的爱国爱教意识和遵纪守法观念以及依法处理民族宗教热点难点问题的能力。加强高层次、高水平宗教教职人员的培养，选送教职人员到社会主义学院学习，与经学院联合举办宗教教职人员大专学习班，选拔优秀教职人员进行学历教育，提高宗教教职人员的整体素质和知识

---

① "五项创新"：创新组织领导工作、创新宗教教职人员管理制度、创新宗教场所民主管理方式、创新宗教活动协调服务机制、创新民族宗教领域矛盾化解机制。
② "八大员"：法律法规的普及员、健康生活的指导员、矛盾纠纷的调解员、慈善事业的宣传员、民风建设的讲解员、特殊人群的帮教员、党群关系的联络员、增收致富的引导员。
③ "五好"：爱国爱教好、遵纪守法好、思想品德好、团结互助好、服务精神好。
④ "四进入"：学习进宗教活动场所、进管理制度、进宗教人士头脑、进信教群众家。

层次。

四是严格按照宗教教职人员有关聘任程序，坚持宗教教职人员资格定期审核制度，采取对宗教教职人员资格每三年审核一次的办法，加强对宗教教职人员的管理和服务，保证他们在宗教管理和服务中的整体素质和能力。

群众性是宗教的主要特征之一，宗教的存在是以群众的参与为基本前提。恩格斯说："宗教是由那些本身感到宗教的需要，并且懂得群众对宗教的需要的人创立的。"习近平总书记明确指出，宗教工作的本质是群众工作。并且进一步强调，要把能不能把广大信教群众团结在党和政府周围作为评价宗教工作成效的根本标准。吴忠市的具体做法如下。

一是通过民族团结进步创建活动，倡导遵规守法、团结友善的和顺包容理念，倾心打造民族团结社会环境。积极引导信教群众发扬优良传统，牢固树立国家意识、公民意识、法律意识，努力做到尊法、知法、守法，使他们在民族团结中发挥积极作用。吴忠历来就有民族和睦、回汉团结的优良传统，回汉人民和睦相处一直是吴忠民族关系的主流。吴忠市回族教主洪寿林冒险掩护红军，在红军最困难时帮助红军，红军将领赠送锦旗；中央红军在吴忠市同心县建立中国共产党领导下的第一个少数民族区域自治政权——豫海县回民自治政府；宁夏回族自治区成立后全国各地响应中央号召支持宁夏，大批汉族干部、技术人员、教师、医生、文艺工作者和知识青年来到吴忠市支援建设的故事家喻户晓，这些都为吴忠市推进伊斯兰教中国化的新实践打下了历史基础。在吴忠市民族团结进步创建活动中，吴忠市始终把加强对宗教人士和信教群众的民族团结教育作为一项重要工作来抓，组织开展了"民族团结宣传月""回汉一家亲""社区邻里节"等群众喜闻乐见的宣传教育活动，营造欢乐祥和的民族团结氛围，取得了积极的成效，使"两个共同""三个离不开"的思想家喻户晓、深入人心，在信教群众中涌现出一大批民族团结的典范，得到了中央、国务院的充分肯定，也有力地推进了吴忠市伊斯兰教中国化的新实践。

二是紧紧围绕信教群众安居乐业、民意民生的实事，通过加快发展、改善民生、民族教育、精准扶贫等重大举措，以"念好两本经、再做新贡献"等主题教育实践活动为载体，倡导既重后世、更重今世的两世吉庆理念。引导穆斯林群众践行伊斯兰教"两世吉庆"理念，既念"古兰经"、又念"致富经"，把精力和智慧投入到重视教育、发展生产、改善生活、脱贫致富上来，使广大信教群众共享改革发展的成果，让信教群众感受到党和政府的关怀和社会主义大家庭的温暖。如大力实施民族地区经济振兴工程、社会事业全面提升工程、生态移民工程；实施"发挥宗教人士作用，提高信教群众生殖健康水平和预防性病艾滋病能力"项目，把计划生育政策、生殖健康知识等送到清真寺，发动教职人员担任计划生育协会理事，吸收 2000 多名信教群众作为计划生育协会会员，使穆斯林群众生殖健康工作经验在全国推广；组织开展"送医送药送服务"进清真寺的活动，免费配送价值 200 多万元的药品，为宗教人士和信教群众义诊 2 万多次；调动宗教人士参与化解矛盾的积极性，减少了矛盾发生量和上交量，矛盾纠纷调解率达 100%，调解成功率达 96% 以上，对已调解纠纷的回访率达 95% 以上，既大大提高了基层化解矛盾纠纷的效能，做到了小事不出坊、大事不出村，又降低行政运行成本。

三是以打造吴忠回族文化软实力为切入点，通过弘扬回族优秀传统文化，使信教群众在推进伊斯兰教中国化的新实践中发挥积极作用。在中华民族长期发展的历史进程中，回族在伊斯兰教本土化方面有着自己独特的经验，即回族在自己的民族形态产生前就开始较自觉地学习中国的思想文化，虽然当时他们保持着穆斯林的风俗习惯，但对伊斯兰教教义、教法的解释开始中国化，出现了伊斯兰教教义与中国传统文化相结合的新的文化模式，形成了回族文化。回族文化内容丰富，其饮食文化、服饰文化、建筑文化以及教育卫生、文学艺术、美术书法等方面都有独特魅力，已成为中华文化精神家园中的重要组成部分，是伊斯兰教中国化的重要文化基础和纽带。吴忠市在民族宗教工作中推进伊斯兰教中国化的新实践，充分利用这一优势，通过在回族信教群众中宣传和弘扬回族优秀传统文化，规范生活习俗，凝聚人心，促进家庭关系、宗教关系、社会关系和谐和信教群众之间和睦相处，丰富了信教群众的精神文化生活，促进了信教群众的知识观念的更新，增强了信教群众的思想文化认同，有力地推进了吴忠市民族宗教工作中伊斯兰教中国化的新实践。

二　国家治理现代化与地方性知识

习近平总书记指出：做好新形势下宗教工作，就要坚持用马克思主义立场、观点、方法认识和对待宗教，遵循宗教和宗教工作规律，深入研究和妥善处理宗教领域各种问题，结合我国宗教发展变化和宗教工作实际，不断丰富和发展中国特色社会主义宗教理论，更好指导我国宗教工作实践。当政治精英从民族宗教工作的实践视角，总结吴忠市在民族宗教工作中推进伊斯兰教中国化新实践的工作经验"是什么"时，知识精英则往往喜欢从不同学科的学术视角追问这些实践总结背后的"为什么"，二者的结合才能为"怎么做"奠定理论和实践的基础。从国家治理现代化的视域探索吴忠市在民族宗教工作中推进伊斯兰教中国化的新实践背后的政治历史成因和文化价值成因，是这种学术追究的两个重要方面，也是政治精英在全国民族工作会议和全国宗教工作会议后如何准确地贯彻会议精神亟待解决的问题。比如，如何在坚持中华民族命运共同体的共识下把握好一与多的关系；如何在大家庭的认同中处理好各民族兄弟关系；如何在社会主义核心价值观的前提下共筑中华民族共有精神家园；如何在坚持中国特色解决民族问题的正确道路中推进民族工作开拓创新；如何在国家治理现代化的实践中重视民族区域自治经验；如何在加强中华民族大团结的过程中促进各民族交往交流交融；如何在全面建成小康社会进程中精准扶贫让各族群众过上好日子；如何在"两学一做"学习教育活动中加强民族地区基层组织和干部作风建设；如何在我国进入各民族跨区域大流动的活跃期做好城市民族工作，使各民族群众和睦相处；如何在贯彻好党的宗教信仰自由政策的同时加强和创新依法管理宗教事务；如何针对宗教工作的重点坚持独立自主办教，促进伊斯兰教中国化；如何抓住宗教工作的本质做好群众工作，赢得宗教工作的主动权；如何深刻理解宗教工作关键在"导"，积极引导宗教与社会主义社会相适应，做到导之有方、导之有力、导之有效；如何在宗教工作中改善和加强党的领导，充分发挥宗教人士和信教群众在构建社会主义和谐社会中的积极作用。而国家治理现代化的视域恰恰是以问题为导向，把理论和实践结合起来，从"实然"和"应然"两个角度对吴忠市在推进伊斯兰教中国化的新实践中关于上述问题的探索和回应进行事实判断和价值判断，既做"是什么"的田野调查，又做"为什么"的价值分析；既做文本的叙事，又做经验的描述。它把吴忠经验中所蕴含的意义和表征通过政治历史和伦理文化的叙事方式进行描述和分析，从而把"是什么""为什么""怎么做"有机结合起来。对吴忠经验从国家治理现代化的视角进行研究是这种方法论的一个尝试。

吴忠市在民族宗教工作新实践中所形成的经验无疑是一种地方性的知识，但我国是一个统一的多民族国家，由于不同地区和不同民族区域的地方性存在很大差异，国家治理必须与地方性文化联系在一起，从各地区各民族的实际出发，汲取地方性知识的营养。

地方性知识（local knowledge）是美国人类学家克利福德·格尔茨（Clifford Geertz）提出来的，他在《地方性知识》一书中说，"'地方性'或者说'局域性'也不仅是在特定的地域意义上说的，它还涉及在知识的生成与辩护中所形成的特定的情境（context），包括由特定的历史条件所形成的文化与亚文化群体的价值观，由特定的利益关系所决定的立场和视域等"。于是全国宗教工作会议后宁夏吴忠市在民族宗教工作中推进伊斯兰教中国化新实践作为一种地方性知识的有效性就成为人们追问的问题，这也正是全国宗教工作会议后宁夏民族宗教工作在贯彻会议精神中所亟须回答的问题。宁夏吴忠市在民族宗教工作中的新实践在什么地域是有效的，什么样的区域是无效的，它为什么会有效，有效的原因是什么。这些都直指宁夏吴忠市民族宗教工作经验的要害。

宁夏吴忠市在民族宗教工作中推进伊斯兰教中国化新实践的有效性是与人类学中的连带性问题联系在一起的。美国著名思想家理查德·罗蒂认为，"连带性在人类学家眼里往往是一种种族关系，人们只能以自身所属的种族为中心获得判定知识的基准，然而扩展来看，人们不只是由于血缘或地缘而产生连带，其实信仰、利益关系、观点和立场也均能产生连带感"。宁夏吴忠市民族宗教工作的新实践作为一种地方性知识只有在特定的环境下、特定的共同体中才显现其意义，这个共同体就包含着各种连带性。这些对国家治理具有极为重要的启示。

第一，宁夏吴忠市民族宗教工作的新实践作为一种地方性知识，是国家治理知识的一部分。任何知识都具有地方性，国家治理从其产生就是一种地方性的存在。国家治理作为一种地方性知识有两个方面，一是国家治理相对于全球治理而言是地方性的，二是国家治理的内容、对象是地方性的。因此宁夏吴忠市的新实践为国家关于民族地区的治理提供了一种可操作的地方性治理经验，并且这种经验已被宁夏地方治理的实践证明是成功的，并有效地成为国家治理经验的一部分，它为国家成功治理民族地区民族宗教事务的有效性提供了有力的佐证。

第二，宁夏吴忠市民族宗教工作的新实践为国家治理提供了一种民族地区的治理模式。这种模式的内容与宁夏其他市县区的民族宗教工作经验一道被宁夏回族自治区党委和政府概括为："倡导四大理念""坚持五化并举""处理好五个关系"，推进伊斯兰教中国化在宁夏的新实践。在国家治理现代化视域下，这四个方面成功经验的实质就是：从宁夏实际出发，坚持中国特色解决民族问题的正确道路，积极推进伊斯兰教中国化，同筑中华民族共有精神家园，共建回汉一家亲和谐社会，共圆中国梦。

第三，宁夏吴忠市民族宗教工作的新实践为国家治理创新进行了一种新的探索，增添了一份制度创新的自信和定力。我国是一个统一的多民族国家，不同民族、不同地区之间的地方性知识存在很大的差异性。在民族地区实行民族区域自治制度是中国特色社会主义的制度创新，经过半个多世纪的中国实践，这种制度创新已取得巨大的成就，它使国家治理能力不断提高。但是在新世纪、新的历史条件下，我国的民族工作面临着"五个并存"的阶段性特征，其结果就是影响民族关系的因素日益增多，民族宗教工作出现了一系列新情况新问题。在这种情况下，宁夏吴忠市委、市政府敢为天下先，对宁夏民族宗教工作进行了一系列改革创新，在推进伊斯兰教中国化的新实践中探索出不少成功的经验，为国家治理的改进和完善增添民族特色和制度自信。

第四，宁夏吴忠市民族宗教工作的新实践经历了一个从不自觉到自觉的过程。这种实践既有历史上回汉团结的优良传统，又有伊斯兰教本土化的历史积淀；既有新中国成立以来民族区域自治制度的实践经验，又有改革开放以来的民族宗教工作的改革创新，特别是党的十八大以来吴忠市在民族团结创建活动中的理论自觉使吴忠市推进伊斯兰教中国化的新实践有了更加明确的目标和实施路径。全国民族工作会议和全国宗教工作会议的召开为吴忠市在民族宗教工作如何坚持推进伊斯兰教中国化的新实践提供了新的认识高度和工作遵循。尽管目前宁夏吴忠市在民族宗教工作新实践中还有许多亟待提高和改进的地方，尽管一些经验做法仍有非议和不同看法，但是把吴忠市在民族宗教工作中推进伊斯兰教中国化的新实践的工作经验放在国家治理现代化的大视域中来探讨，我们就会发现吴忠经验的来之不易和难能可贵，找到改进和完善创新之处。

第五，从国家治理现代化的视域出发，吴忠市民族宗教工作中的新实践还有不少需要探索的地方。比如，如何更好地贯彻落实全国宗教工作会议精神，发挥各级党组织和政府部门在推进新实践中的综合协调作用，把坚持"方向"和"创新"方法融于"五大文明"建设和"四个宁夏"的建设中，融入全面建成小康社会的目标和实践中；再比如，可否进一步发挥伊协和寺管会以及宗教界人士积极作用，把推进伊斯兰教中国化，新实践中一些以党委统战部门和政府名义出面，在宗教界或宗教场所开展的有关创建活动、学习教育活动和慈善公益活动由党委政府部门引导和指导，宗教组织出面组织安排；还比如，如何使学者和统战部、民族宗教工作者、宗教界人士加强学术交流共同对伊斯兰教中国化新实践中的如宗教门宦的改革、经堂教育的内容和方式、教义的阐释、清真寺的功能、宗教院校的教育改革、宗教"功课"的践行等重大现实问题进行探索和讨论，以利于政治精英的决策和实施。

第六，宁夏吴忠市民族宗教工作中的新实践是一种具有鲜明地方民族区域特点的地方性知识，对于宁夏地区如何在民族宗教工作中推进伊斯兰教中国化的新实践具有很强的适应性、指导性和可操作性。同时，对于全国其他地区的民族宗教工作也具有可参考性，但不能照搬。如何把这种地方性的知识上升为国家治理现代化中的公共知识，还需要从理论和实践的结合上给予更多的探索和实践。从国家治理现代化的视角总结和提升吴忠

经验为这种探索和实践提供了一个新的视角，知识精英应当给予积极的关
注和研究。

参考资料

《宁夏回族自治区党委、自治区人民政府在中央民族工作会议和中央宗教会议上的发言
　　材料》。
《民族团结花正红——创建全国民族团结进步示范市工作纪实》。
《吴忠市宗教人士优秀"八大员"事迹汇编》。
李伟、潘忠宇：《回族伦理文化导论》，宁夏人民出版社，2011。
《"第八届"中国社会科学前沿论坛论文集——社会转型与国家治理》，中国社会科学
　　出版社，2015。

民族自治地方善治中的价值共识与价值认同[*]

——基于吴忠市民族宗教工作的案例分析

潘忠宇　于　兰

民族区域自治地方治理是国家治理的重要组成部分，实现民族自治地方的善治，就是实现民族自治地方公共利益的最大化。那么，民族地区应该如何通过价值共识和价值认同来推进民族自治地方的善治？宁夏吴忠市近几年在民族宗教工作中做了大量积极而有成效的探索，其经验为我们提供了许多有益的启示。

一　民族自治地方善治中价值共识、价值认同的内涵和价值

管理—治理—善治是当代公共管理和社会治理发展的基本趋势。善治

* 本文系国家社科基金重点项目"少数民族社会主义核心价值观培育研究"（14AZD006）阶段性成果；国家社科基金一般项目"少数民族社会主义核心价值观培育的认知维度和实践路径研究"（14BKS085）阶段性成果。本文中的调查材料主要来自对吴忠市统战部、宗教局相关领导和工作人员的访谈；与吴忠市民族宗教局、伊斯兰教协会相关领导及科室负责人、回民中学校长、清真寺教长的座谈；到利通区穆民新村、古城社区、市回民中学、利通一小、富荣社区、红山河食品有限公司、道道渠清真寺、东关清真寺、青铜峡市王嘴子清真寺、同兴村、怡园社区的调研、访谈。对上述单位领导及接受访谈人员表示衷心感谢。

（Good Governance） 即良好的治理。20 世纪 90 年代以来，在西方的政治学文献中，善治概念的使用率直线上升，成为出现频率最高的术语之一。概括地说，善治就是使公共利益最大化的社会管理过程，其本质特征是政府与公民对公共事务的合作管理，是政府与市场、社会的一种新颖关系。①

善治是社会治理的一种价值取向、理想状态和奋斗目标，一种政府与公民对公共生活进行合作管理的新型治理模式，目的是实现公共利益的最大化。关于善治概念，董仲舒曾在《对贤良策》中提到"当更化而不更化，虽有大贤不能善治也。故汉得天下以来，常欲善治而至今不可善治者，失之于当更化而不更化也"。因而，在这种情境下，善治其主要意义是指好的政府和相应的好的治理手段。新的治理理论更加强调社会管理的主体多元化。俞可平教授认为，善治其主要的概念是"公共利益最大化的管理过程"，善治的实现是政治制度的终极目的。俞可平教授提出的十个善治的基本要素包括：（1）合法性；（2）法治；（3）透明性；（4）责任性；（5）回应；（6）有效性；（7）参与；（8）稳定性；（9）廉洁；（10）公正。② 陈广胜教授在其专著《走向善治》中对善治这一概念进行了有代表性的概括：就治理主体而言，善治是"善者治理"；就治理目的而言，善治是"善意治理"；就治理方式而言，善治是"善于治理"；就治理结果而言，善治是"善态治理"。③

实现善治，必须实现公共产品供给主体的多元化和社会管理的主体多元化；必须坚持政府是主导；必须实现政府—社会组织—民众三方社会治理主体的良性互动；必须"在良性互动中寻求'善治'"。

实现民族地方的善治，就是实现民族自治地方公共利益的最大化。目前，我国处在全面建成小康社会和实现中华民族伟大复兴的关键时期，实现民族自治地方善治，对全面小康社会的建成将有极大的促进作用。十八届三中全会提出，全面深化改革的总的目标是发展和完善中国特色社会主义制度，推进国家治理体系和治理能力的现代化。十八届四中全会对加强

---

①　陈广胜：《走向善治》：浙江大学出版社，2007，第 102 页。

②　俞可平：《增量政治改革与社会主义政治文明建设》，《公共管理学报》，2004 年第 1 期。

③　陈广胜：《走向善治》：浙江大学出版社，2007，第 2 页。

社会主义民主政治制度建设和推进法治中国建设提出明确要求，从完善制度、发展民主政治、推进全面依法治国来达到国家治理的善治。民族自治地方作为国家治理的重要地区，随着经济社会发展，许多问题的解决和治理有其独特的复杂性。

那么，民族地区应该如何通过价值共识和价值认同来推进民族自治地方的善治？

实现民族自治地方的善治，既要发挥政府的主要推动者的作用，也不能忽视自治地方民间组织和群众的重要作用，自治地方的政府要在与当地民间组织和群众的良性互动中寻求价值共识，以核心价值观认同为导向，将它融入人们的生活中，以推进民族自治地方的善治。

在民族自治地方，各民族的团结和宗教和谐是实现民族自治地方善治的前提条件。社会主义核心价值观构成了各族人民和各种宗教共同认可的价值共识，成为促进民族自治地方民族团结、宗教和谐的精神纽带。各族人民和各宗教界人士对核心价值的认同，对民族团结、宗教和谐有着极为重要的作用。

吴忠市民族众多，五大宗教齐全，要实现善治，就必须有一个价值共识来维护民族的团结、宗教的和顺和社会的和谐，而这个价值共识也就是社会主义核心价值观。吴忠市通过将社会主义核心价值观融入宗教的教义解释中，融入信教群众的思想观念和日常活动中，使人们增强对社会主义核心价值观的认同，通过价值共识和价值认同来促进民族自治地方的善治，取得了良好效果。2012年7月，吴忠市的利通区荣获全国民族团结进步创建活动示范县，成为宁夏唯一被命名的国家级示范单位。2013年9月，吴忠市被国家民委等部委确定为创建全国民族团结进步示范州（地、市、盟）首批试点单位。2016年3月，国家民委命名吴忠市为"全国民族团结进步创建活动示范市"。

二　吴忠市民族宗教工作的探索

地处宁夏中部引黄灌区菁华之地的吴忠市现辖利通区、红寺堡区、青铜峡市、盐池县、同心县，总面积 2.07 万平方公里，总人口 143.7 万，有回、汉、满、蒙古等 27 个民族，其中，回族人口 76.2 万，占总人口的 53.1%，是全国回族人口比例最高的地级市，被誉为"中国回族之乡"。吴忠市辖区共有依法登记的宗教场所 1300 多处，其中伊斯兰教 1200 多处，每年举办跨省区大型宗教活动 20 余次，参与信教群众 50 余万人次。

吴忠濒临黄河，有水洞沟遗址，是中华文明的发祥地之一，是北方游牧民族与汉族文化的交汇点。在漫长的历史演变中，各族人民在此繁衍生息，相互交融，经历了艰辛，也创造了辉煌。在吴忠的史册上，有秦汉文明的印迹，有盛唐时期"灵州会盟"的盛况，有"水旱码头、天下大集"的繁荣，也有中国共产党领导的第一个县级民族区域自治政权——陕甘宁省豫海县回民自治政府的"红色光芒"。新中国成立以来，尤其是改革开放以来，历届党委、政府认真贯彻执行党的民族政策，高度重视民族地区经济社会事业发展，保障少数民族行使当家做主的权利，不断巩固和发展了"平等、团结、互助、和谐"的社会主义新型民族关系。沐浴着党的民族宗教政策的光辉，回乡各族人民情同手足，和睦相处，谱写出了经济发展、民族团结、宗教和顺、社会和谐、人民安康的新篇章。

在吴忠市这样一个多民族、多宗教地区，如何通过增进价值共识和价值认同来推进民族自治地方善治，吴忠市进行了有益的探索。我们在吴忠市多次调研中了解到，吴忠市先后推进"八大工程"、"八五五"模式、"六进"模式、"八大员"工程来推进作为民族自治地方的吴忠市民族团结、宗教和顺、社会和谐，以努力实现民族自治地方的善治目标。

近年来，吴忠市委、市政府立足辖区内五大宗教齐全、信教群众多、教派门类多、宗教场所多、大型宗教活动多等特殊市情，从推进民族地区长治久安、与全国同步建成全面小康社会的战略全局出发，以创建"全国民族团结进步示范市"为目标，把维护民族团结确定为富民强市的百年工程，全面吹响了民族团结进步创建工作的"集结号"。借助民族团结的丰厚积淀和优良传统，吴忠市创新方式，围绕落实"两个共同"主题，深化"三个离不开"教育，率先实施了民族团结进步创建进学校、进机关、进社区、进企业、进军营、进乡镇、进行政村、进宗教场所的"八进"活动，重点开展了民族法制、民族认知、民族平等、民族互信、民族互助"五项教育"，鼓励引导宗教人士当好政策法规的普及员、矛盾纠纷的调解员、特殊人群的帮教员、健康生活的指导员、慈善事业的宣传员、民风建设的讲解员、党群关系的联络员、增收致富的引导员，积极稳妥推进社会主义核心价值观、国旗、农家书屋、党报党刊进清真寺活动，"社区邻居节""军（警）寺共建"等特色宣传教育品牌逐步形成，全市上下激荡起"团结兴业、共建和谐"的滚滚热潮。下面介绍几个探索案例。

案例1　创新开展"五项特色教育"

吴忠市创新开展"五项特色教育"，即根据不同人群的特点确定了各具特色的教育重点。

以各级领导干部为重点，把党的民族宗教理论纳入市委中心组和党校培训内容，先后邀请专家、学者、领导做专题讲座，深化民族法制教育；

以中小学生为重点，开设民族团结教育课程，抓好民族团结"希望工程"，深化民族认知教育；

以国家公职人员为重点，将民族政策理论纳入通用能力培训体系，深化民族平等教育；

以宗教人士和信教群众为重点，开展"卧尔兹"演讲比赛、举办宗教人士培训班，深化民族互信教育；

以非公经济人士为重点，组织开展"手拉手""心连心""一帮一"活动，动员帮扶各族困难群众，深化民族互助教育。

案例2　制定民族团结进步模范单位创建标准

2011年3月，吴忠市民族团结进步创建活动领导小组办公室，为认真贯彻落实国务院第五次全国民族团结进步表彰大会精神，进一步推进新形势下全市民族团结进步事业，按照市委、市政府《关于进一步加强民族团结宣传教育工作的决定》和《吴忠市深入开展民族团结进步创建活动三年规划（2011—2013 年）》要求，在深入讨论，广泛征求意见的基础上，市民族团结进步创建活动领导小组研究制定了民族团结进步模范乡镇、民族团结进步模范社区、民族团结进步模范机关、民族团结进步模范企业、民族团结进步模范学校、民族团结进步模范村、和谐寺观教堂创建标准，印发给各单位，请结合各地、各部门实际，认真组织开展创建活动。

1. 吴忠市民族团结进步模范乡（镇）创建标准

（1）民族工作机制优。成立民族团结进步工作领导小组，指定专人具体抓民族宗教工作，工作有计划、有检查、有考核。每年至少召开 2 次党委会专门研究部署民族团结进步工作。民族宗教工作经费有保障，并逐年有所增加。把民族宗教工作依法管理情况纳入对基层领导班子和领导干部的绩效考核内容。

（2）宣传教育效果优。组织辖区内的机关、企事业单位、窗口单位、公共服务行业、社区、学校、宗教场所，利用民族团结宣传月、宣传周或宣传日及各种纪念日，广泛开展民族团结成就展、知识竞赛、文艺表演、演讲征文等民族团结进步宣传教育活动，民族团结进步氛围良好，"三个离不开"的思想深入人心。

（3）创建活动措施优。广泛开展民族团结进步模范村（社区）、模范单位（企事业单位、学校）和和谐寺观教堂活动，创建目标明确，创建措施得力，创建效果良好。创建工作得到广大群众普遍认同和热情参与，满意率达到 90%。

（4）依法管理工作优。全面贯彻党的民族宗教政策，维护少数民族的合法权益，切实尊重少数民族风俗习惯。按照属地管理原则，依法管理宗教事务，保护正常的宗教活动，坚决抵制宗教领域的渗透活动，维护现有宗教及教派格局稳定。制止乱分滥建寺庙现象。以宗教场所"三进两创一公开"活动为抓手，经常性地进行宗教领域矛盾纠纷排查，建立并完善群体性事件应急预案，辖区近两年没有发生与民族宗教问题有关的突发事件和重大矛盾纠纷。

（5）经济社会发展优。本辖区经济运行态势良好，地区生产总值、农民人均纯收入等经济指标高于全县乡镇平均水平。适龄儿童入学率达到100%，医疗卫生机构健全，新型合作医疗参合率达到80%以上，农业实用技术培训率和农业科技技术普及率达到50%以上，社会事业健康发展，基础设施基本完善，群众生活水平逐步提高，人居环境逐年优化。

2. 吴忠市和谐寺观教堂创建标准

（1）爱国爱教好。热爱祖国，拥护中国共产党的领导和社会主义制度，维护祖国统一、民族团结和社会稳定；"三进两创一公开"活动健康发展；穆斯林书屋作用明显；民族团结宣传教育深入扎实，民族团结、宗教和顺的氛围良好。

（2）学法守法好。积极开展普法宣传教育，严格按照《宗教事务条例》的规定开展宗教活动；无境内外势力利用宗教进行的渗透现象；自觉抵御和反对邪教，努力为信教群众提供良好的宗教服务。

（3）团结稳定好。宗教场所自我管理组织成员、宗教教职人员、信教群众之间团结和谐；宗教活动场所与社会有关方面关系融洽；宗教教职人员、宗教场所在化解矛盾、维护稳定方面作用发挥充分；不组织、不参与群体性上访或越级上访事件。

（4）服务社会好。大力宣传党和国家的路线、方针、政策；引导信教群众积极参与地方经济建设；大力开展扶贫帮困活动，支持民族团结进步事业健康发展；积极开展社会公益慈善事业，努力促进社会和谐发展。

（5）民主管理好。管理组织健全，管理制度完善，管理方式民主，管理机制有效，管理措施到位。建筑设施安全，安保措施到位；院落整洁卫生，与周围环境协调。

案例3 建设穆斯林书屋

清真寺是穆斯林信教群众去得较多的地方，部分信教群众每天五次礼拜，近8个小时在清真寺里度过。每逢重大宗教活动，阿訇在此讲授《古兰经》教义，有超过平时10倍左右的人在这里聚会礼拜。可以说，清真寺是信教群众使用最为频繁的场所。吴忠市统战、民族宗教等相关部门深入走访了清真寺和信教群众，召集广大穆斯林群众召开座谈会，广泛征求意见建议。调研后形成了统一意见：宣传教育不仅不能忽视这一块阵地，反而应该加强。

2010年，通过多方提议，吴忠市三届人大三次会议审议通过了《吴忠市人民政府落实自治区民生计划暨承诺为民办实事的报告》，为全市1275个依法登记的宗教场所免费订阅《宁夏日报》《吴忠日报》。同年，争取项目资金200万元，购置了计生、宗教、农业科技、卫生保健、文学艺术、法律法规、青少年读物等1500余册图书和部分音像制品，以及书架、桌椅、电脑、电视机、VCD等硬件设施，在吴忠市100座清真寺建起了100所穆斯林书屋。

这一年，建有穆斯林书屋的清真寺，发生了令人欣喜的变化。过去上完寺没事可干的穆斯林群众，纷纷读书读报，了解国家的方针政策，学习各类知识。目前，吴忠市已在各县（市、区）建起穆斯林书屋610个。随着党报的进入和穆斯林书屋的建成，国策法规、禁毒、科普知识、种养植（殖）技术、消防安全等方方面面的宣传陆续进入清真寺。

案例4　引导宗教人士争做助推发展的"八大员"

长期从事民族宗教工作的干部了解到，一些品德高尚、知识渊博的阿訇，在信教群众中威信高、说话有人听。鼓励他们发挥做群众工作、社会管理中的积极作用，是个事半功倍的好办法。

2012年，吴忠市政府全额出资，将40名经考试合格的教职人员送宁夏经学院大专班学习，经过两年的学习，这些教职人员的个人素质、知识水平都得到了提升，也得到了信教群众的认可和拥戴。各相关部门结合业务实际，引导阿訇参与各种宣传和教育。吴忠市计生部门积极吸收阿訇加入计生协会，组织阿訇以《古兰经》为基础，汇编了《穆斯林生殖健康汇编》及《穆斯林生殖健康知识宣传手册》，作为宗教人士开展宣传的教材，开展《新编卧尔兹》演讲，影响和带动更多的宗教人士及穆斯林群众参与生殖健康及预防性病艾滋病宣传教育和服务活动，先后有200多位阿訇担任了各级计生协会的名誉会长，穆斯林群众对生殖健康基础知识知晓率由46%提高到了95%。

吴忠市统战和民族宗教等部门，引导宗教人士争做助推发展的"八大员"：政策法规的普及员、矛盾纠纷的调解员、特殊人群的帮教员、健康生活的指导员、慈善事业的宣传员、民风建设的讲解员、党群关系的联络员、脱贫致富的引导员。

阿訇的积极性被调动了起来，他们纷纷表示愿意做这样的好事善事，涌现出了一批乐于参与社会管理并做出突出贡献的教职人员。吴学兴阿訇针对小区内的禁毒工作，多次以讲"卧尔兹"（伊斯兰教教职人员传统的讲经宣教方式，其内容涉及伊斯兰教的方方面面，如教义、教法、功修、礼仪、伦理道德等）的形式，宣传毒品的危害性，主动与派出所民警和社区工作人员深入吸毒人员的家中，做好帮教工作，引导他们树立和坚定与毒瘾斗争的信心；王金玉阿訇多次调解处理家庭、邻里之间的矛盾，赢得了穆斯林群众的赞扬和爱戴；马吉仁阿訇积极宣传勤劳致富的能人和典型，引导信教群众既要念好《古兰经》，更要念好"致富经"……通过宗教教职人员讲法律，讲道德，并从他们口中传递给信教群众，起到教育一大片、激励一大片、带动一大片的良好效果。近5年来，吴忠市200多个清真寺创建成为自治区、吴忠市"和谐寺观教堂"，其中有4个清真寺被评为全国"和谐寺观教堂"。

案例5 倡导清真寺升国旗 弘扬爱国主义精神

以爱国主义为核心的民族精神是社会主义核心价值体系的重要内容，也是56个民族的共同心声。铸就美丽的"中国梦"，实现中华民族的伟大复兴，必先倡导爱国主义精神，增强中华民族的凝聚力。这一点，对民族地区尤为重要。

能不能通过在清真寺举行升国旗仪式，对信教群众进行爱国主义教育？当这个大胆的想法提出来后，反对声不绝于耳。毕竟，清真寺里升国旗是一个新鲜事物，在吴忠市甚至全国都没有先例。个别宗教人士认为在宗教场所升国旗，超出了宗教事务活动的范畴，根本没有必要，态度漠然。

在这个问题上，吴忠市委、市政府没有强制要求，而是广泛深入地开展调研，征求意见建议，在利通区先行先试。利通区乡镇、社区逐级分别召开宗教人士座谈会，围绕"在宗教场所开展爱国主义教育对不对、在宗教场所升国旗行不行"开展大讨论，先后有1000多名宗教人士和群众参与了讨论。

在清真寺能不能升国旗？利通区的信教群众尤其是哈吉做出了十分肯定的回答。宗教人士的倡导，得到了广大宗教人士和信教群众的认同。紧接着，利通区委、区政府适时组织80多名宗教教职人员和寺管会主任到六盘山红军长征纪念馆、同心清真大寺等地参观学习，缅怀革命烈士的丰功伟绩，畅谈国家从积贫积弱走向繁荣富强的艰辛历程，回顾老一辈宗教人士与共产党亲密合作的深厚情谊，进一步增强了宗教人士爱国爱教、维护团结发展大好局面、与党同心同行的意识。2013年，吴忠市在"全国和谐寺观教堂创建工作先进单位"——吴南清真大寺、青铜峡市王嘴子清真南寺建起了国旗台，并结合"军（警）寺共建"活动的开展，在部队官兵和当地群众的共同参与下，举行了庄严的升国旗仪式。之后，各清真寺纷纷响应，拉开了在吴忠市宗教场所建设国旗台的序幕。目前，吴忠市的利通区、青铜峡市等县（市、区）近160多座规模相对较大的清真寺建设了国旗台，每逢重大节日和国庆节，都会举行升国旗仪式。不仅如此，建国旗台、升国旗活动还拓展到了吴忠市佛、道、天、基等宗教场所。

案例6　解析新教义，融入核心价值观

崇尚与社会进步相适应的道德理念和道德规范，是伊斯兰教的基本思想和价值追求。基于这样的思想认识，吴忠市委宣传、统战、宗

教部门共同联手，本着慎重、尊重的态度，并多方请宗教界人士把关，将社会主义核心价值观的 24 字内容用阿文进行了解释，确保释义准确、明晰。2013 年初，吴忠市首先将社会主义核心价值观 24 字内容绘制成展板放置在道道渠清真寺院内。由于有中阿文对照解析 24 字内容，一下子博得了众多信教群众的眼球。在道道渠清真寺里礼拜的郭玉林第一次见到这幅宣传巨幅时，激动地说："这项工作做得很细致！让我们一下子就知道了国家倡导的和《古兰经》中倡导的许多内容都是一致的！"

在深挖伊斯兰宗教文化和中华传统文化的基础上，吴忠市整理出"厉行勤俭节约、反对铺张浪费""扬善抑恶、诚实守信""爱教先爱国"等格言警句，在道道渠、秦桥、吴南等多个清真寺绘制成展板上墙，被信教群众称为教育人的"文化墙"。如今，类似"进寺拜主赞圣、出寺遵纪守法"的楹联在清真寺很常见，"两个共同""三个离不开"等宣传标语也比比皆是。社会主义核心价值观的 24 字内容，已经步伐稳健地走进了吴忠市众多清真寺。

在吴忠市这个民族地区的清真寺里，社会主义核心价值观——这一当代中国人共同的价值共识，不仅仅简单地挂在墙上，而是已经与信教群众的宗教教义互通互融，在清真寺里生根发芽，已走进了穆斯林群众的心中，成为各族群众增强民族团结意识，实现"中国梦"的共同价值追求。

三　吴忠市增进价值共识促进民族自治地方善治的启示

习近平总书记强调，"解决好民族问题，物质方面的问题要解决好，精神方面的问题也要解决好"。在民族地区，实现善治不能忽视民族宗教问题，必须做好民族宗教工作。通过对吴忠市的调查、研究和思考，我们感到，吴忠市做好民族宗教工作的探索，对增进价值共识、促进民族自治地方善治有许多启示。

第一，立足基本国情、区情是民族自治地方善治的出发点。我国是一个多民族国家，民族工作必须从实际出发，解决民族问题急不得，简单不得。吴忠市被誉为"中国回族之乡"，有回、汉、满、蒙古等27个民族，其中，有回族人口76.2万，占总人口的53.1%，是全国回族人口比例最高的地级市，工作中坚持从多民族地区、回族聚集地区的实际出发开展民族宗教工作。

第二，多元主体的良性互动是民族自治地方善治的基础。善治是在政府的主持之下，多元主体实现分工合作、良性互动、运行协调的共治。因此，要调动各方积极性，找准政府与民间互动中的价值共识切入点，将价值共识融入人们的生活中，以达到民族自治地方的善治。要协调动员各方面力量，齐抓共管。同时，广泛调动各民族群众的积极性、主动性、创造性，用群众喜闻乐见的内容和形式来吸引群众。

第三，宗教组织、宗教场所、宗教人士和信教群众可以成为民族自治地方善治中的社会资本。民族自治地方的善治，政府是起主要作用的，但是可以充分发挥宗教组织、社会人群和宗教人士的积极作用。吴忠市辖区共有依法登记的宗教场所1300多处，其中伊斯兰教1200多处，每年举办跨省区大型宗教活动20余次，参与信教群众50余万人次。吴忠市在民族宗教工作中，充分发挥宗教组织、社会人群和宗教人士的积极作用，取得了良好效果。

第四，满足群众需要是民族自治地方善治的重点。从需求入手，有利于消除不同民族、不同宗教、不同信仰之间的隔阂，也从心理上拉近了政府与信教群众之间的距离，达到了"以心交心"的目的。吴忠市近几年组织开展了"民族团结宣传月""回汉一家亲""社区邻里节""军（警）寺共建""国旗进清真寺"等群众喜闻乐见的宣传教育活动，使"两个共同""三个离不开"的思想家喻户晓、深入人心。

第五，引导交流是民族自治地方善治的关键。当代民族地方的价值共识的形成是多种文化在当代的建构过程。要把增强文化认同放到重要的位置上，使伊斯兰教宗教文化、中华民族的传统文化相互交流、融合，求同存异，培育中华民族共同体意识，起到凝聚人心、争取人心的作用，做好引导工作，以社会主义核心价值观来引领价值共识，推进民族自治地方的善治。吴忠市注重创新、丰富活动载体，开展了以各级领导干部为重点的民族法制教育，以中小学生为重点的民族认知教育，以国家公职人员为重点的民族平等教育，以普通群众为重点的民族互信教育，以非公经济人士为重点的民族互助教育"五项特色教育"；在宗教人士中开展了以回乡吴忠与党同心、慈善吴忠携手同行、和谐吴忠聚力同建、小康吴忠你我同享"四同行动"专题教育，使党的民族理论和民族政策宣传教育不断深化，促进了各民族的交往交流。

第六，勇于创新是民族自治地方善治的动力。处理好他者的他者观与非他者的兼容共存融合问题。要敢于打破常规思路，不断用新思路开拓新境界，用新机制激发新活力，使民族宗教工作常作常新。吴忠市借助民族团结的丰厚积淀和优良传统，创新工作方式，围绕落实"两个共同"主题，深化"三个离不开"教育，民族团结进步创建的"八进"活动，"五项教育"活动，鼓励引导宗教人士当好"八大员"活动，积极稳妥推进社会主义核心价值观进清真寺等"四进"活动，"社区邻居节""军（警）寺共建"等特色宣传教育品牌等活动，但是他们在民族宗教工作中结合本地实际，创新性开展工作的积极探索，这些创新探索成为做好民族宗教工作、促进民族自治地方善治的重要动力。

20 世纪前期中国民族分类学知识谱系的进展及其影响[*]

祁进玉

20 世纪 50 年代，我国经过"民族识别"工作正确解决了各少数民族没有民族地位的问题，承认了一批少数民族，这是历史上从未有过的，也是推行民族平等政策必不可少的前提。民族区域自治制度是中国共产党创造性地运用马克思主义民族理论并结合中国具体实际解决我国民族问题的创举。民族识别工作与民族区域自治制度的重要意义在于从理论与制度上为实现真正意义上的民族平等和民族团结奠定了扎实的基础。

本文主要基于 20 世纪前期国内外学界有关中国民族分类学知识谱系的文本分析，并大致梳理了关于"民族分类"的种种表述及其衍生的学术意义和持续影响力。同时，本文也将西方学术界对于中国民族问题研究中存有的若干误区加以针对性分析和回应，以期进一步明晰西方中国民族问题研究的实质及其目的。

一 研究缘起

20 世纪 50 年代至 80 年代，西方学者乔治·莫斯利（George V. H.

* 本文系 2016 年度教育部人文社会科学重点研究基地资助项目"中国西部民族地区宗教舆情与监测研究"（课题编号：16JJD850018）阶段性成果。

Moseley）、金德芳（Teufel Dreyer）等人对中国的民族问题研究旨趣多侧重于自中华人民共和国成立以来执政的中国共产党和中央政府如何治理少数民族地区的相关事务。如乔治·莫斯利就把广西壮族自治区的设立视为中央政府为了打击国民党在广西的残余势力，减轻广西等边远地区的治理难度而做出的决定。① 自 90 年代以来，一些西方学者显示出对中国少数民族的族群认同（ethnic group identity）与族群性（ethnicity）方面研究越来越浓厚的兴趣。这些研究主要集中在有关少数民族研究中的女性主义、文化研究以及后殖民主义叙事等诸多研究主题。该领域代表性研究有：美国学者杜磊（Dru C. Gladney）的中国回族认同研究，在学术界产生了较大的影响。他认为"回族"是一个被政治建构的分类体系，这一人群分类范畴包括了不同历史来源的人群，这一群体的人们除了拥有信仰伊斯兰教的共同的宗教认同外，在文化、语言、生计方式、文化地理等诸多方面存在着较大的差异，他们彼此之间并无多少共同之处。② 此外，斯蒂文·郝瑞（Steven Harrell）③ 对彝族的族群关系、民族认同的研究颇具代表性。他认为，国家在民族（彝族）身份的赋予和认同的塑造上起到了决定性的作用。中国的民族识别不仅受到西方民族主义与斯大林式的马克思主义民族理论的影响，还体现出中国共产党将共产主义意识形态和民族理论与中国复杂的历史与社会现实相协调而做出的意识形态上的创新与调整。白荷婷（Katherine Palmer Kaup）的《创造壮族：中国的族群政治》（2000）一书中就提出如下观点：中国人口最多的少数民族——壮族的创造是中国共产党及政府进行中华民族融合的权威政策的一种产物。但是，如果从创造壮族仅仅为了构建中华民族和实施民族融合政策的初衷来看，事实显然是相反的。这种刻意的民族创造过程本身就是对民族融合的一种潜在解构，又何必刻

① George V. H. Moseley, *The Consolidation of the South China Frontier*, Los Angeles: University of California Press, 1973; Teufel Dreyer, China'Four Millions, Cambridge, Mass: Harvard University Press, 1976.

② Dru C. Gladney, "*The making of a Muslim minority in China: Dialogue and contestation*", *Etudes Oriental*, Hardcourt Brace & Company, 1994.

③ Steven Harrell, The History of the History of the Yi, in Stevan Harrell ed., *Cultural Encounters on China's Ethnic Frontiers*, Seattle: University of Washington Press, 1995.

意地制造一种紧张与危机呢！按照爱德华·萨义德的解释，西方与东方之间存在着一种权力关系、支配关系、霸权关系。英国学者亚齐乌丁·萨达尔则指出，西方和东方都不是均质的整体性实体；二者都是复杂、不明确和异质性的。① 所以，西方学者对于中国民族问题与族群性研究的旨趣在于重现类似于"东方学"的表述：他们（少数民族）无法表述自己，他们必须被别人表述。② 白荷婷等西方学者有意或无意地漠视中国历史上民族多样性的历史事实，忽视了少数民族群体几千年以来自然而然的、有效传承和绵延的历史脉络，仅从当下出发做出如此狭隘的解读和评论。广西壮族自治区原副主席张声震（壮族）曾撰文讲述了壮族民族识别的过程，他反驳道："现在有些西方学者（金德芳、白荷婷等）说壮族是共产党创造出来的民族，这是不符合实际的。以我个人作例子，应该说，我本是壮族，我之所以一度民族意识模糊，是由于历史原因。中国共产党不是创造出壮族，而是以马克思主义的民族平等观唤醒了壮族的民族意识。"③

科林·马克拉斯（另译作马克林，Colin Mackerras）认为，中国政府一贯扶持少数民族，其实质是为族群差异的充分展示做准备，包括语言、艺术和宗教等方面，但同时也极为强调"中华民族"的内聚力。中国政府严厉打击分离主义，任何试图分离的意识都会遭到强烈的谴责并被坚决禁止。在不威胁民族团结和国家统一的前提下，中国政府允许甚至鼓励民族意识（少数民族的自我意识）。④ 墨磊宁（Thomas S. Mullaney）近年来致力于研究中国西南少数民族"民族识别"的历史与过程。他认为，对中国西南民族的探索应超越单一民族的研究模式，走向民族史和民族学学科史相结合的研究方向，对中国民族识别工作的认识也应具有历史的深度。⑤

① 〔英〕亚齐乌丁·萨达尔：《东方主义》，马雪峰等译，吉林人民出版社，2005，第 2 页。
② 〔美〕爱德华·萨义德：《东方学》，王根宇译，生活·读书·新知三联书店，1999。
③ 张声震：《民族识别，唤醒了壮族人民的民族意识》，《中国民族报》2007 年 7 月 20 日。
④ Colin Mackerras, *Han-Muslim and Intra-Muslim Social Relations in Northwestern China*, in *Nationalism and Ethnoregional Identities in China*, William Safran eds., FRANK CASS, 1998, pp. 28 – 44.
⑤ Thomas S. Mullaney, *Coming to Terms with the Nation: Ethnic Classification in Modern China*, University of California Press, 2011.

西方学术界对中国少数民族的族群性研究和针对中国的民族识别工作的学术解构与政治企图，引发了国内学术界对我国少数民族的族群认同与族群性的讨论，也促进了学者对田野研究个案的研究，同时，由于学者们对"民族"与"族群"概念的不同认识而在学术界引发了较大的争议与讨论。由上述"民族"（nation）与"族群"（ethnic group）的概念之争，掀起新一轮的学术争鸣，并引发对20世纪50~60年代民族识别工作的反思和讨论。目前，在学术界针对中国进行民族识别的后果有两种截然不同的看法：一方强调少数民族因"民族识别"所享有的社会平等以及互助、融洽的族际关系；另一方则强调少数民族在政治、经济和社会生活中所处的边缘地位。

近年来，国内外也有学者对中国的民族区域自治政策提出种种质疑，这些声音在一定程度上起到了误导或混淆视听的作用，进而企图否定60年来我国在少数民族地区经济、社会和文化教育等方面取得的巨大进步和辉煌成就。基于上述背景，笔者认为在当前有必要重新审视从清末至民国期间西方与中国学者关于中国民族分类的相关论述进行初步的文献梳理，以回应国际上针对中国民族问题研究中的种种质疑和认识论上的误区，深层次分析种种分歧与争论之学术陷阱及其实质。

二 20世纪早、中期中西方学者对中国民族的分类谱系

20世纪50年代初大规模开展的中国"民族识别"工作，其实质是一种人群共同体的分类法。① 然而，这种对不同民族系属及其支系的划分，

---

① 秦和平认为，中国各民族在历史上均有存在，延续至今。有关部门之所以开展族别调查，只是辨析族体、合并类别、确认族称。这些新确认的民族仅占中国民族数的1/4弱、人口的3%（1964年统计数），不能以少括多，得出"56个民族的来历"源于"民族识别"的结论。他指出，50年代少数省区对个别族体开展调查、辨析族属、明确族称，只是对该共同体的明确，关键在于国家依据相关资料而确认，"识别"不等于"确认"。参阅秦和平《"56个民族的来历"并非源于民族识别——关于族别调查的认识与思考》，《民族学刊》2013年第5期。

早在中国古代就已经开始了。

汉代司马迁的《史记·西南夷列传》中将中国古代的西南民族划分为三类：夜郎、滇、邛都诸族为耕田民族；寯、昆明为随畜民族；筰都等为半耕半猎民族。其对于民族的分类是以经济、政治与习俗为标准。晋时范晔的《后汉书·南蛮西南夷传》将西南诸族分为七系：武陵蛮（包括长沙蛮、澧中蛮、溇中蛮、零阳蛮、零陵蛮等诸种）、南郡蛮、江夏蛮、板楯蛮、南方蛮（包括交趾、越裳、海州、九真、日南、合浦、蛮里、乌浒、象林诸蛮）、益州羌、西南夷（包括夜郎、滇、邛都、筰都、哀牢、白马氏等诸族）等。范氏以地理分布为标准，将上述七种名称的民族分别划归四个种族：蛮、羌、夷、氏。

清代的《皇清职贡图》和《黔苗图说》等书对于中国境内诸族的分类，是从地域和文化、服饰及风俗等角度进行的一种民族分类法，其中《皇清职贡图》将中国北方、西北与西南地区的少数民族进行大致分类，其中有很多是各地土司所辖之民也被视为一个民族，通篇使用的"土人""熟番""生番"等用语其含义也是十分混乱与混淆，其划分标准是以政治、经济和服饰及风俗为分类依据。

清人李宗昉参照《黔苗图说》将西南民族划分为八十二种。马长寿对李氏分类法的评价如下："（李氏）上列八十二种族名分类法可谓为'枚举法'，其弊端在于过事分析，未能综合，非分类法之上乘者也。如所谓仲家有六种，龙家有四种，黑苗有五种，仡佬有八种，皆应归类说明。若此，则结果必更倾向于科学。《云南通志稿》之南蛮土人分类亦仿此，缺点相同。"[1]

1890 年，英国人亚历山大·霍斯（Alexander Hosie）在其《华西三年驻节记》一书中将西南民族分为三种："苗人、掸族与倮罗为贵州、云南、四川三种显然不同之种族。"[2] 1909 年，英国军官戴维斯少校（H. R. Davies）在《云南：连接印度与扬子江》一书中将云南与川南各民

---

① 马长寿：《马长寿民族学论集》，人民出版社，2003，第 55 页。

② A. Hosie, *Three Years in Western China: A Narrative of Three Journey in Szechwan, Kweichow, and Yunnan*, White Lotus Ltd., 1890.

族的语言分为四个系统，即所谓"戴维斯分类法"：

（一）蒙克语系（Mon-khmer family）

（甲）苗瑶群：1. 苗；2. 瑶

（乙）民家群：1. 民家或白子

（丙）瓦噗喇：1. 瓦（Wa）；2. 喇（La）；3. 蒲蛮（Puman）；4. 噗喇（Palaung）；5. 卡仫（Ka-mu）

（二）掸语系（Shan family）：1. 掸或台（Tai，傣）

（三）汉语系：1. 汉语

（四）藏缅语系（Tibeto-Burman family）

（甲）西藏群：1. 西藏语或包括一部分西番语

（乙）西番语：1. 西番；2. 么些（Moso）或纳西（Nashi）；3. 怒子（Lü-Tsö）或阿难（Anang）

（丙）倮倮群：1. 倮倮或纳苏（Nei-su or Ngo-su）；2. 栗粟（Li-su，即傈僳）；3. 喇胡（La-hu，即拉祜）；4. 窝泥（Wo-ni）包括马黑（Mahe）、卡惰（Kuto）、普特（Pu-tu）、骠人（Pi-o）、阿卡（A-Ki）、山苏（San-su）、苦聪（Ku-tsung）及滇南诸族

（丁）缅甸群：1. 阿成（A-Chang，即阿昌）；2. 马喇（Ma-ru）；3. 喇偎（La-shi）；4. 系（Zie）或阿系（A-si）

（戊）开钦群：1. 开钦（Kachiin，即克钦）或青颇（Chingpaw，即景颇）

最早对戴维斯的分类框架提出质疑的是杨成志。在 1930 年出版的《云南民族调查报告》一文中，杨成志在引述了有关云南民族的汉文古籍和戴维斯的分类报告以后，认为："他（指戴维斯）这种分类虽比汉人所述的可靠些，但就我个人观察，还要加上一个'？'，尽管 Davies 做了一张《云南民族分布图》，其实有许多地方和许多民族弄错了去。那么，他的分析当然要经一番校勘和证误的。"[①]

---

① 彭文斌：《中西之间的西南视野：西南民族志分类图示》，《西南民族大学学报》（人文社科版）2007 年第 10 期。

1911 年，克拉克（S. R. Clarke）在其《中国西南民族》一书中也将西南民族分为以下三类：苗族、仲家、傈猡。1925 年，巴斯顿（L. H. Boxton）沿用了克拉克的三分法。巴斯顿为了证明他的民族分类法的成立，特意采用人类学家丁文江的观点，如更加强调各民族的历史性与民族之间的相互影响。

1922 年，梁启超在其《中国历史上民族之研究》一文中将中国民族分为六大系。梁氏将西南民族称为南蛮族。他采用西洋学者研究成果，将苗蛮族分为三系：苗、摆夷、傈猡。梁氏明确指出：民族既与种族不同，也与国民不同。种族是人种学（人类学）研究的对象，国民是法律学研究的对象，而民族虽以血缘、语言、信仰为成立之有力条件，但断不能以此三者作为民族之分野。"民族成立之唯一的要素，在'民族意识'之发现与确立。"①

1928 年，李济在《中国民族的形成》一书中引用了丁文江对中国云南语言的分类（丁氏分类是依据戴维斯分类法并加以修正）：

  A. 孟—高棉语：（a）苗瑶语支：（1）苗；

          （2）瑶

    （b）佤—崩龙语支：（1）佤或卡佤；

          （2）喇或夏喇；

          （3）蒲蛮；

          （4）崩龙；

          （5）（原缺）；

          （6）结些

  B. 掸语，掸语族：（1）摆夷，包括怒人、侬人、沙人、岑家、

          土佬、孟乌、喇毛

    （2）民家或那马（皆为今白族）

---

① 梁启超：《中国历史上民族之研究》，载《饮冰室合集》专集之四十二，中华书局，1989，第 1 页。

  C. 藏缅语：（a）藏语族：（1）藏或古宗；

          （2）西番；

          （3）（原缺）；

          （4）怒子；

          （5）俅子

    （b）老语族：（1）罗罗；

          （2）僳僳；

          （3）窝泥；

          （4）拉祜

    （c）缅语族：（1）阿昌；

          （2）马鲁；

          （3）勒期（也称浪速，今景颇族的

            一支）；

          （4）济（亦作阿济，今景颇族中的载

            低支）

    （d）克钦语

 D. 尼格里陀语

 丁文江式分类（云南民族语言分类）[①]

  李济认为，在没有任何现成的体质人类学资料的情况下，语言学的分类成了划分这些部落的唯一依据。然而，遗憾的是，即使用语言学分类法也很难做出最终的结论。然而，比较一些前人对于民族的分类方法后，李济指出，戴维斯对中国云南民族的语言分类法在分类方面已经有了长足进步。李济认为"其中的一条是，戴维斯的材料完全来自于实地调查。除去观测上的个人误差之外，他的分类比较令人满意，尽管从整个体系上看还

 ①　李济：《中国民族的形成》，载《中国现代学术经典·李济卷》，河北教育出版社，1996，第291页。

是没有脱出拉古伯里的窠臼"。① 丁文江在《爨文丛刻自序》中把所有云南的民族进行了系统的分类。有研究者认为，虽然丁文江的识别与分类和今天有些差异，但从总体上来看，丁氏对云南民族的识别与分类已经具有了现代的学科分类意味，他是从文化类型的角度来进行分类的。②

1934 年，吕思勉的《中国民族史》将中国历史上的各民族分为十二族：汉族、匈奴、鲜卑、丁令、貉族、肃慎、羌族、藏族、苗族、越族、濮族、白种诸族。吕氏对于"民族"的定义如下：

> 民族与种族不同。种族论肤色，论骨骼，其同异一望可知。然杂居稍久，遂不免于混合。民族则论言文，论信仰，论风俗，其同异不能别之以外观。然于其能否抟结，实大有关系。同者虽分而必趋合，异者虽合而必求分。其同异，非一时可泯也。③

吕思勉认为，所谓的民族是具有客观条件，因而发生共同（对外即可称为特异）的文化，因此发生民族意识，由此意识而相团结的集团。吕氏从上述对"民族"的界定出发，列举出关于构成民族的一些重要条件，如种族、语言、风俗、宗教、文学、国土、历史、外力等要素是构成"民族"客观上最重要的条件。他认为，此等条件中的前面的七种要素都备具——或缺其若干，或有若干种不甚充足——共同的文化，自会发生。④

马长寿认为，中国史家之分类传说如故也，因无新方法，是以无新创造。及至种类繁多而无以甄别时，于清时遂有如魏源者出，思以玄观方法，解答西南民族分类问题，遂倡言"无君长不相统属之谓苗；各长其部，割据一方者谓之蛮。"于是僮、黎、瑶、生番、野人皆苗矣。宋之羁縻州，元、明、清之土司皆蛮矣。西南民族分类问题，由范晔至魏源，可

① 李济：《中国民族的形成》，载《中国现代学术经典·李济卷》，河北教育出版社，1996，第 290 页。
② 王文光、尤伟琼：《1950 年以前对云南民族的识别与分类》，《广西民族大学学报》（哲学社会科学版）2010 年第 2 期。
③ 吕思勉：《中国民族史》，中国大百科全书出版社，1987，第 6 页。
④ 吕思勉：《中华民族源流史》，九州出版社，2009，第 5~9 页。

谓江河日下。① 1936 年，马长寿在《中国西南民族分类》一文中分析指出：

> 在欧洲方面，40 年来关于西南民族之著述，约在百种以上。又西南各省与法领安南、英领缅甸、印度接壤，故欧洲各国，尤以英法学者，于西南问题特为注意。英法学者于西南民族分类，持论不一。简者为西南民族为一族，如法之丹尼克（J. Daniker）是。繁者谓西南民族为七种，如法之加底尔（Cordier）是。其间如葛岱（Gaide）之二分法；浩熙（A. Hosie）、达卜林（Deplonne）之三分法；李达德（Lietard）之四分法。简复详略，迄无定论。综合言之，在各分类中，以三分法最为普遍。②

马长寿指出，克拉克和巴斯顿的分类方法，已较前人是一种进步。但是，他们的叙述尚不及戴维斯对于西南民族的分类法。③ 他指出："戴维斯相信云南语之繁杂为世界冠。而语言繁杂实由于云南之人种繁杂。云南多崇山峻岭，陡泉奔流，外来文明既传播不易，而内在诸族间之联络亦不易产生。诸族即偶相交通，复以生活艰难，其祖若父所创造之传统成绩，至其子若孙则荡无存矣。故云南诸族无文字记录与较大帝国之形成，其种族分类殊为不易也。"④ 对于戴维斯分类中的谬误之处，马长寿撰文指出："达（戴）氏分类最为可质疑者为处理民家与浦蛮之位置问题。达氏决定民家为蒙克语系民族之理由殊不充足。盖语言区域常由人口移动混淆之。而人口移动又有自然移殖与命令移殖两种。前者移殖终点由人民与环境决定，后者移殖终点则由政府与领袖命令决定。民家语言所受外界之影响若属于前者，吾人自可于四周民族中寻其自然移殖之踪迹。影响若属于后者，则影响民家语源之因素，不在四周之民族，而即参伍于民家中间之民

① 马长寿：《马长寿民族学论集》，人民出版社，2003，第 52 页。
② 马长寿：《中国西南民族分类》，《民族学研究集刊》1936 年第 1 期。
③ 马长寿：《中国西南民族分类》，《民族学研究集刊》1936 年第 1 期。
④ 马长寿：《马长寿民族学论集》，人民出版社，2003，第 59 页。

族也。"丁文江氏于此点曾有解释云："达（戴）氏谓民家有蒙克语源，而周围无蒙克民族。推其原因，盖在南诏建国时，以瓦拉为兵丁，蒙克语因而传授于民家。"①

马长寿认为，人种分类的标准一般有两种：其一为体质；其二为文化。然而，就体质与文化而言"语言之游离性乃较体质为大，故以语言划分人类者为不得已而求其次之方法"。所以，马氏认为，但凡民族分类的依据，因语言与体质皆有欠缺，所以需要佐之以其他文化因素，如宗教、衣饰之类的，最为关键的是要追溯其民族历史的演变情况，由历史演变可以辨证语言变迁之所由来。

1936 年，林惠祥在《中国民族史》一书中，对中国的民族分类详加梳理，他认为缪凤林、那珂通世、梁启超、张其昀、宋文炳、赖希如、王桐龄、李济、吕思勉等人对于中国民族的分类各有千秋。他的评价如下：

> 以上各家分类殊不一致。其一，名称方面颇有异同。如汉或华或称夏，满洲或称东胡或称肃慎，回族或称突厥或称丁令；其二，民族数目亦不相等，有少至六族者，有多至十余者；其三，系统亦有歧异，如蒙古有以之属于东胡者有属于突厥者，匈奴有归入回族者有独立一系者。以上三种差异想系由于观点之不同，若使观点相同想或不至于有若此差异。

林惠祥认为，民族分类有过去及现在两种观点："着眼于过去，则其对象实为历史上之民族；着眼于现在，则其对象即为现代之民族。历史上之民族未必即等于现代之民族。民族非固定而一成不变者，其变迁秩序时时在进行中，不但名称常有更改，即其成分因与其他民族接触混合亦必有变化。"② 林惠祥对于中国历史上的民族分类法采取了特殊的处理方法，即所谓的"两重分类法"：他的本意在于对中国历史上的民族加以分类叙述，

① 马长寿：《中国西南民族分类》，《民族学研究集刊》1936 年第 1 期。
② 林惠祥：《中国民族史》，上海书店出版社，2012，第 6 页。

但是其名义略加区别。即现代民族谓之族，历史上者谓之系；历史上的民族然而使用古代名称和称谓，如肃慎；现代民族用现代称谓，如满族。他认为上述的两种观点可以并用，而不致互相矛盾。林惠祥所提及的"两重分类法"，是指以历史上民族与现代民族各为一种分类，然后将前者联合于后者。林氏采用上述"两重分类法"的民族分类法有其理论依据，在他文中自有交代和阐明：

> 盖民族史内对于民族之分类应有一种历史上的分类，复有一种现代的分类。历史上之各民族混合分歧之结果便成为现代之民族，故此二种分类可由于指出其民族变化之线索而结连之，不致互相讹（应该是木字旁）凿。注重现代民族者原为民族志之观点，而民族史则应偏（遍）重历史上之民族。但民族史若不能将历史上之民族指明与现代民族之关系，则民族之演变终不能明？故民族史宜遍重历史上之民族，就历史上民族而分类及叙述，但亦应顾及现代民族之分类，以及其与历史上民族之关系。①

林惠祥在分析了前人对于民族分类的相关研究之后，提出了林氏民族分类法：中国民族系统表（见表1，实线表示蜕变关系极为密切者；虚线表示关系较为疏远然而似有影响者）。林氏对中国历史上的各族族源及其现代演变加以分析和阐明：（1）华夏系：汉族来源之一。华夏系不特为今汉族之主干且亦为全中国民族之主干。（2）东夷系：汉族来源之二。东夷在史上有广狭之分，狭义专指今中国境内者。自秦统一后东夷皆散为民户，自是完全与华夏同化，故为汉族来源之第二支也。（3）荆吴系：汉族来源之三。（4）百越系：汉族来源之四。（5）东胡系：满族来源之一。（6）肃慎系：满族来源之二。（7）匈奴系：回族来源之一。（8）突厥系：回族来源之二。（9）蒙古系：蒙古系后起似为匈奴、东胡、突厥等系之混合的产物。（10）氐羌系：藏族来源之一。（11）藏系：藏族本支。（12）苗瑶

---

① 林惠祥：《中国民族史》，上海书店出版社，2012，第7页。

系。（13）罗罗缅甸系（罗缅系）：罗罗自昔住中国西南，今多在四川之南
蛮中似亦有其人。缅甸族在中国者居云南西境，有阿昌、马喇、阿系、喀
钦诸部。（14）僰掸系：现代之僰掸多住在云南南部及广西贵州，有摆夷、
仲家、獚獠等支。（15）白种：白种之成分有数支。①汉西域之于阗、龟
兹、焉耆、疏勒等国，汉通西域时与之发生关系，今已同化于回族内；
②西域又有乌孙亦白种人；③黠戛斯为白种与铁勒混合人种，现与回族混
合为哈萨克人；④唐宋以来波斯、阿拉伯、犹太之商人来中国者甚多，且
有久住者，亦白种人。（16）黑种：中国人中似非无黑种之成分。①

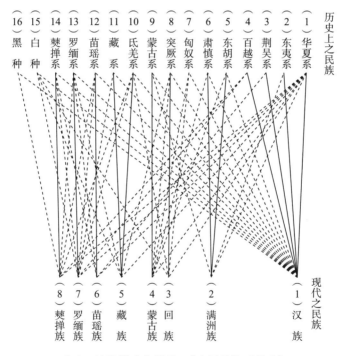

表 1　林惠祥式分类法：《中国民族系统表》

　　林氏的民族分类法，充分考虑到现代中国民族与历史上古代中国民族
的区别与联系，既考虑到中国民族发展演变的历史轨迹，也充分地体察到
各民族之间的接触、融合与同化的可能性，其分类法有一定的可取之处。

---

①　林惠祥：《中国民族史》，上海书店出版社，2012，第 8~12 页。

但是，时至今日，通过对林惠祥民族分类的文本分析，我们也能发现一些很明显的错误、混淆与遗漏之处。如林惠祥在谈及"氏羌系"时，将今居住在青海的藏族误认为是羌族。例如：

> 羌族今名唐谷特（Tanguts），住青海，自明代额鲁特蒙古固始汗侵入青海，羌族受其压逼大半徙帐黄河以南及长江上游一带避之。清雍正时青海之蒙古族被征服。迨乾隆以后羌族又强，蒙族被逼北退，羌族恢复固有牧地。在青海之羌族属西宁办事大臣管辖，近西藏者则属驻藏大臣管辖。各族均有土司，在西宁大臣监督之下以直接管理土民。民国成立仍置西宁办事长官。民国四年改西宁道为甘边宁海镇守使管辖，称宁海区。十七年中央明令划西宁道七县及青海全部改设青海省。①

林氏显然是参考了民国期间出版的张得善的《青海种族分布概况》、青海省政府编《最近之青海》、杨希尧的《青海风土记》、张其昀的《中华民族之地理分布》以及戴季陶等人编的《西北》等有关介绍西北甘青地区地理、民族、宗教情况的游记、调查报告等，但是，他显然错误地认为古代历史上西北的羌族仍然生活在青海境内。事实上，在清人有关西北甘青地区民族分布的一些地方志中就已经较为明确地区分了藏族与羌人，如清人杨应琚编纂的《西宁府志》等一些地方志。尽管林氏的民族分类存有上述的遗漏和混淆，但是，不可置疑的是他的民族分类以及"两重分类法"的尝试对于此后中国的民族史及中国民族研究产生了重要而深刻的学术影响。

抗日战争时期，中国共产党的民族观以及民族纲领有了很大的变化。由以往强调民族自决权、主张实行联邦制逐渐转变为主张各少数民族在共同对日原则下，有自己管理自己事务之权，同时与汉族联合建立统一国

---

① 林惠祥：《中国民族史》，上海书店出版社，2012，第271页。

家。这种变化以中共六届六中全会为标志。1939 年 12 月，毛泽东在《中国革命和中国共产党》一文中指出，中国是一个由多数民族结合而成的拥有广大人口的国家。对此，他有明确的阐述：

> 我们中国现在拥有四亿五千万人口，差不多占了全世界人口的四分之一。在这四亿五千万人口中，十分之九以上为汉人。此外，还有蒙人、回人、藏人、维吾尔人、苗人、彝人、壮人、仲家人、朝鲜人等，共有数十种少数民族，虽然文化发展的程度不同，但是都已有长久的历史。中国是一个由多数民族结合而成的拥有广大人口的国家。

1938 年 10 月 12～14 日，毛泽东在《论新阶段》中明确提出，各少数民族有自己管理自己事务之权，同时与汉族联合建立统一的国家：

> 第一，允许蒙、回、藏、苗、瑶、夷、番各民族与汉族有平等权利，在共同对日原则之下，有自己管理自己事务之权，同时与汉族联合建立统一的国家。第二，各少数民族与汉族杂居的地方，当地政府设置由当地少数民族的人员组成的委员会，作为省县政府的一部门，管理和他们有关事务，调节各族间的关系，在省县政府委员中应有他们的位置……同时，也重视培养少数民族干部。①

1940 年 5 月 30 日，由中共中央北方分局、晋察冀中央局主办的《抗敌报》刊载了《关于"中华民族"问题》一文，编者阐述道："斯大林所下的民族定义，并不是木制的箱子，要我们在任何场合、任何时候讨论任何一民族问题时，都把这个箱子拿去，试装一下，放得下去的才算、才成为一个民族；不是这样，相反地，马列主义所要求我们的，是对一个原则具体的活的应用。那么，讨论中华民族问题时，就应根据中国特定的历史环境、历史的地位来考察中华民族。"也有学者认为，这段论述实际上构

---

① 毛泽东：《论新阶段》，载《毛泽东救国言论选集》，重庆新华日报馆，1939，第 220 页。

成了新中国成立后民族识别的先导。①

　　考察这一阶段的中国共产党"民族"观，可以发现在民族成分的划分上更为细化，以前被忽略的西南一些少数民族开始进入共产党人的视野。"中华民族"概念的内涵和外延也有了极大的拓展，包括中国地理疆界内生活的所有民族。各民族在大敌当前、国家存亡的关键时刻理应平等共处，联合建立统一的国家。比较国民党的汉族为主脉的满、蒙、回和藏四族同化于汉的民族观，中国共产党的民族观已经有了极大的进步和发展，也有利于联合各民族一致抗日。中国共产党的"民族"观就明显有别于以往。从建立党以后至长征期间，中国共产党认为各族群是应该具有各自的独立国家的无产阶级民族，强调民族自治权利。而后发展为各族群是与所有的阶级为一体的，是与汉人共同组成的"中华民族"。回顾中华民族的产生及其形成的历史轨迹，我们可以从中发现民族格局分布、民族关系乃至民族集团的形成与民族间的相互认同，都有一个自然的发展历程。在这一历史发展中，由于历代统治者的民族政策、政治、经济的调整与实践以及各民族文化自身的特点，自然的文化"族群"（ethnic group）概念有着逐渐向现代被人为建构的政治化的"民族"概念衍变的历程，而这一历程在近代中国又恰好契合了构建民族国家（nation state）的历史。② 郝时远认为，民族是人类共同体依托于民族国家而形成的现代形式。他指出，作为通俗的理解，一个民族就是一个民族国家的全体居民或全部享有该国家国籍的人的总称。因此，将 nation 理解为"国族"事实上是非常贴切的。但是，由于民族与国家之间的密切关系，由于民族主义与爱国主义时而重叠、时而相悖，由于当代世界各个民族国家（除少数国家外）内部的居民成分大都不是同质的，普遍存在着历史源流、语言文字、宗教信仰、文化特点、生活习俗、价值观念、行为方式甚至种族特征等方面的不同，同时也存在着一些民族国家内部的居民成分在上述要素方面基本相同的现象，

①　周昆云：《抗日战争时期中国共产党对国内少数民族的认识》，《广西民族研究》2003 年第 3 期。
②　祁进玉：《国内近百年来民族和族群研究评述》，《广西民族研究》2005 年第 2 期。

所以为"民族"下定义变得十分困难，至今未形成统一的规范定义。① 德国学者尤尔根·哈贝马斯（Jürgen Habermas）认为，只有当国民转变为一个由公民组成的民族，并把政治命运掌握在自己手里的时候，才会有一种民主的自决权。但是，对"臣民"的政治动员要求混杂在一起的人民在文化上实现一体化。这一点是必不可少的，有了它，民族观念也就付诸了实践；而借助于民族观念，国家成员超越了对于村落和家庭、地域和王朝的天生的忠诚，建立了一种新型的集体认同。哈贝马斯进而指出：

> 一个"民族"可以从他们共同的出生、语言和历史当中找到其自身的特征，这就是"民族精神"；而一个民族的文化符号体系建立了一种多少带有想像特点的同一性，并由此而让居住在一定国土范围内的民众意识到他们的共同属性，尽管这种属性一直都是抽象的，只有通过法律才能传达出来。正是一个"民族"的符号结构使得现代国家成为了民族国家。②

1946 年，民族学家芮逸夫③采用较为科学的方法，根据各民族生活习俗和宗教信仰等维度，进行了综合分析与比较研究。他把中国的民族分为66 族，这种分类法比较接近于我们今天的分类法，有一定的根据。美国人类学家弗朗兹·博厄斯、拉尔夫·林顿等人对于文化的界定和文化范畴分类思想对芮逸夫产生了一定的影响，他开始有意识地将中国民族分类系统的学理背景提升至中国地理知识以外的人类学概念的陈述领域。然而，陈永龄则指出，"芮氏分类法"尽管有一定的科学性，但是仍然存在一些问题。如芮逸夫把蒙古族分为 6 个民族，把藏族分为 5 个民族，这是把两个

---

① 郝时远：《类族辨物："民族"与"族群"概念之中西对话》，中国社会科学出版社，2013，第 253 页。

② 〔德〕尤尔根·哈贝马斯：《后民族结构》，曹卫东译，上海人民出版社，2002，第 76 ~ 77 页。

③ 芮逸夫：《中华国族的分支及其分布》，载《中国民族及其文化论稿》，台北：艺文印书馆，1946，第 11 ~ 31 页。

民族按其在不同地区的不同叫法来分的，今天看来当然是不科学的。①

1947 年，吕振羽的《中国民族简史》一书对中国民族的分类如下：汉族、满族、回族、藏族（图伯特族）、维吾尔族、哈萨克族、扎萨克族、布鲁特族、罗罗族、唐谷特族、苗族、僰族、掸族、瓦崩族、卡菁族、缅甸族、黎族（"土番""蜑民""畲民"等）、鄂伦春族、达呼尔族等民族。吕振羽认为："中国人种的主要成分为蒙古人种和马来人种。除此之外，中国人种也有其他一些次要的成分，如所谓高加索人种（这是一种习惯的非科学的用语）的高鼻、深目、丛须等特征，在维吾尔族、哈萨克族和一部分回人、汉人中也具现着。在长期历史过程中，中国各民族都不断杂入世界其他民族的血液，世界其他民族也不断吸收中国民族的血液；中国各民族相互间的血统混合与同化，更有一个长期的立体交流的过程。"②

三　民族分类法对中国民族识别的影响

中华人民共和国成立以来，经过民族识别，正确解决了千百年来各少数民族没有民族地位的问题，承认了一批少数民族，这是历史上从未有过的。搞好民族识别工作，最重要的是要坚持正确的指导思想：坚持辩证唯物主义和历史唯物主义的马克思主义理论基础。用较通俗一点的话来说，就是"实事求是"。黄光学和施联珠等人对 20 世纪 50 年代初的民族识别的背景有较为详细的说明："自 1953 年起，民族识别问题被提到民族工作的日程上来，由中央及有关地方的民族事务机关组织了包括专家、学者和从事民族工作人员在内的科研队伍，对新提出的各个族体，深入实际，进行认真的民族识别调查研究工作，弄清他们的民族成分，明确他们的族称，以便国家用法律形式规定下来，帮助他们充分享受民族平等和民族区域自治的权利，发展民族经济和文化事业，发挥他们在祖国社会主义革命

① 陈永龄：《民族学浅论文集》，台北：弘毅出版社编印，1995，第85页。
② 吕振羽：《中国民族简史》，人民出版社，2009，第8页。

和建设中的积极性，促使各少数民族尽快地跻身于先进民族的行列。"①

　　1954 年，林耀华率领一个民族社会调查组到昆明，协助云南省开展民族识别工作。在民族语言方面得到语言学家傅懋勣等人的协助，通过语言和方言的比较分析，区分了民族和民族支系，基本摸清了云南全省的民族成分和语言系属等重要问题。1955 年中国科学院少数民族语言研究所派出七个调查队，其中派到云南的第三工作队 100 多人与云南民族语文工作指导委员会的调查工作人员 200 多人合并，分别对哈尼、傣、傈僳、拉祜、纳西等十几个民族的语言和方言、土语进行了系统的调查研究。1956 年 8 月，以费孝通为组长的云南少数民族社会历史调查组到达昆明，方国瑜、侯方岳、杨堃、江应樑、马曜等人也参加了此次调查。②

　　1978 年 9 月，费孝通在政协全国委员会民族组会议上的发言《关于我国民族的识别问题》（1978）中谈到了中国民族识别的大致情况以及今后的工作：

　　　　面对中国民族情况的这些（历史长、渊源久；幅员广大、民族众多；各民族社会经济发展的不平衡性）特点，用马列主义理论结合我国社会的实际，从 1953 年起到 1957 年初，对需要识别的各民族单位进行了实地调查。经过本民族代表人物及群众的同意，明确了 11 个少数民族的民族成分；其后又陆续明确了 9 个少数民族的民族成分，其中有一个民族是 1979 年才予以确认的，就是基诺族。到目前为止，加上蒙、回、藏等历来被公认的民族，经中央公布的，包括汉族在内，一共有 56 个民族。

　　　　但是民族识别工作并没有结束，因为（1）台湾及西藏东南部珞渝和察隅等一部分地区的少数民族尚有待将来实地调查后才能识别；（2）一些解放初期已经提出的民族名称，如云南的苦聪人等，至今还

① 黄光学、施联珠主编《中国的民族识别——56 个民族的来历》，民族出版社，2005，第 63 页。

② 马曜：《记建国初期云南民族调查》，载郝时远主编《田野调查实录——民族调查回忆》，社会科学文献出版社，1999，第 6~7 页。

没有作出识别的结论；（3）对过去决定的族别还有需要重新审定的如四川的"平武藏人"等。

费孝通指出，应当看到，民族这种人们共同体是历史的产物。虽然有它的稳定性，但也在历史过程中不断发展、变化；有些相互融合了，有些又发生了分化。所以民族这张名单不可能永远固定不变，民族识别工作也将继续下去。[1]

斯大林的"民族"定义自 20 世纪 30 年代后期译为中文后，为中国共产党人所接受和运用。尤其在新中国成立后，更是被作为制定民族政策和进行民族识别工作的理论依据之一。特别是 20 世纪 50 年代关于汉民族形成问题的大讨论以后，斯大林的民族定义便成了我国学术界所熟悉的原则。20 世纪 50 年代初期当我国开始尝试进行民族识别工作时，就是以斯大林的民族定义为指针的。当然，在进行具体的民族识别时，结合每个民族的实际情况适当调整也是必需的。苏联学者罗加乔夫和斯维尔德林在《论"民族"概念》（1966）一文中指出：对斯大林提出的民族定义，要做重大修改。他们提出进行重大修改的理由如下：

> 在苏联的著作（包括教科书）中，过去广泛流传的民族定义是 1913 年斯大林在《马克思主义和民族问题》一书中提出的。当时，它起了肯定的作用，特别是在批判"民族文化自治"纲领方面。但是，这个定义所根据的材料，受到历史的限制，基本上是以欧洲民族的生活为基础的。它需要根据社会主义民族的发展以及帝国主义殖民体系解体所引起的民族过程中的新现象，作重大的修订（特别是在所谓民族心理素质问题上），并予以补充。这个问题之所以引起许多学者们的注意，绝不是偶然的。[2]

---

[1]　费孝通：《关于我国民族的识别问题》，《中国社会科学》1980 年第 1 期。

[2]　〔苏〕Π. М. 罗加乔夫、М. А. 斯维尔德林：《论"民族"概念》，《民族译丛》1979 年第 1 期，原载苏联《历史问题》1966 年第 1 期。

中华人民共和国成立初期，进行民族识别是推行民族平等政策必不可少的前提。当时在民族识别调查中，比较倾向性的意见是赞同采用斯大林的民族理论（主要是民族定义）作为民族识别工作的指导理论，不过也强调在实际调查研究中注重灵活运用。黄淑娉教授认为，所谓灵活运用，实际上是在做斯大林民族定义的"中国化"工作。她分析指出：

> 民族识别的理论前提已不纯然是斯大林的民族理论，而是"中国化"了的斯大林的民族理论。这一理论与其母体的区别在于：1. 民族的外延不同。斯大林的民族只是指资本主义上升阶段的民族共同体；我们则指一切历史阶段的民族共同体，外延要大得多。2. 民族的四个特征可以只具萌芽状态。3. 理论上更具弹性。斯大林对于民族的界定是确定的，中国化的斯大林民族理论强调"灵活运用"，这就为以后的理论探索提供了空间。[①]

对于上述谈及的有关斯大林民族理论的中国化问题，黄淑娉教授从斯大林民族定义的四个核心特质逐一加以对照分析，经研究得出了这样一个结论：民族这一历史上形成的人们共同体，在漫长的发展过程中不断发生变化，可能失去了形成期具有的共同地域和经济联系，甚至丢掉了固有的语言，但共同的文化特点始终保留或者部分地保留下来，就决定了一个民族有别于另一个民族；反之，如果失去了共同文化，将不成其为原来的民族。她认为，我们当时充分考虑到斯大林对于"表现在共同文化上的共同的心理素质"这一民族要素的论述，借鉴民族学的有关理论，决定以构成民族的最主要的特征——共同文化特点作为识别民族的标准，坚持了实事求是的科学精神。今天看来，这正是对民族识别预设理论的重大突破。[②]

林耀华教授总结民族识别的经验时谈到，对民族概念的掌握，必须注意运用马克思主义关于民族问题的理论，尤其是斯大林关于民族四个特征

---

① 黄淑娉：《民族识别及其理论意义》，《中国社会科学》1989 年第 1 期。

② 参阅黄淑娉《民族识别及其理论意义》，《中国社会科学》1989 年第 1 期。

的著名论断，但也要考虑到中国的国情与各民族的实际，采取具体问题具体分析的方法。① 在谈到斯大林的"民族"概念在民族识别中的适用性问题时，费孝通先生指出，我国民族情况的特点十分复杂，各民族社会经济发展不平衡。所以，我们所用"民族"一词历来不仅适用于发展水平不同的民族集团，而且适用于历史上不同时期的民族集团。这是一个含义广泛的名词。由于我国和欧洲各国历史不同，"民族"一词的传统含义也有区别，为了避免因中西文翻译而引起理论上不必要的混乱，在具体使用中有必要对概念进行界定。② 陈连开教授认为当时所能遵循的基本的理论依据，是1913年斯大林提出的"民族"定义。"虽然对什么是民族以及民族形成的科学研究与讨论没有停止，但并没有影响民族识别工作的进行，而且逐渐形成了我国进行民族识别工作的共识：只要是历史上形成的在语言、经济、文化、民族意识等方面，具有明显特点的稳定的人们共同体，经过识别确认为单一民族，广泛征询本民族意愿加以认定。"③ 这场"民族"以及"民族"是如何形成的学术大讨论，对于我们后来进行少数民族社会历史调查和民族识别工作的顺利开展，奠定了初步的理论基础。

20世纪70年代末和80年代初，在我国学术界也有一些学者对民族定义提出了这样或那样的"补充""修改"意见，但是大多数学者迄今仍然认为，斯大林的民族定义基本上是科学的。④ 当然，参与"民族识别"工作的专家们也从中国实际出发，将中国历史和现实灵活地同斯大林理论相结合，将科学认定灵活地与本民族意愿（民族认同）相结合，创立了一种

---

① 参阅林耀华《中国西南地区的民族识别》，《民族研究论文集（第三集）》，中央民族学院民族研究所编，1984。

② 参阅费孝通《关于我国民族的识别问题》，《中国社会科学》1980年第1期。

③ 参阅陈连开《历时40年的民族大识别》，《瞭望新闻周刊》1999年第26期。

④ 郝时远认为，斯大林民族定义的理论基础是马克思列宁主义对资本主义时期现代民族和民族国家的论述，该定义指称的时空对象十分清楚。但是，该定义在应用于建构苏联民族国家体系过程中发生了变异，而且斯大林对这种变异所进行的理论说明也与其原定义发生了矛盾。他指出，事实上，斯大林的民族定义是马克思列宁主义对民族国家层面的民族最系统的定义，至今对于我们认识民族国家时代的民族现象仍具有科学价值。参阅郝时远《类族辨物："民族"与"族群"概念之中西对话》，中国社会科学出版社，2013，第264~265页。

带有苏联影响的民族客位（etic）分类法。

2005 年 5 月 31 日，中共中央政治局召开中央民族工作会议，对"民族"概念进行了新的阐释："民族是在一定历史发展阶段形成的稳定的人们共同体。一般来说，民族在历史渊源、生产方式、语言、文化、风俗习惯以及心理认同等方面具有共同的特征。有的民族在形成和发展的过程中，宗教起着重要的作用。"①

关于民族识别工作中所要遵循的原则问题，苏克勤在其文章中指出：

> 民族识别工作是根据马克思列宁主义关于民族问题的理论和党的民族政策进行的。在工作中，严格地按照历史唯物主义的原理，充分地照顾到各民族的特点和各民族人民的意愿。几年间，民族识别工作的成绩是很大的。经过民族识别工作，我国现已正式确定的有五十多个少数民族，比原来人们知道的增加了好多倍。当然，那些新确定的少数民族在中国境内早就存在，只是由于旧中国的反动统治者的否认，过去很少为人们知道而已。②

20 世纪 50 年代的民族识别与少数民族社会历史调查工作的开展，也在一定程度上积累了丰富的经验。例如谢扶民在其文章中就提到了少数民族社会历史调查中取得了一定的经验积累，为以后的民族调查研究工作打下坚实的实地调查的方法论规范。

> 积累的经验应该说很丰富的，我们取得了调查工作方法的许多经验，如：点面结合、调查与研究相结合、调查工作与当地中心工作相结合、调查组的任务与组员的专业专长相结合、现状调查与历史追溯相结合等方面的经验。如果说我们过去开始调查时还要先作几个月的

---

① 《中共中央、国务院关于进一步加强民族工作，加快少数民族和民族地区经济社会发展的决定》，2005 年 5 月 31 日。

② 苏克勤：《关于少数民族社会历史调查研究的十年》，《民族研究》1959 年第 10 期。

试点工作，以后就不需要这样了。如果说许多同志过去没有到过民族地区，对少数民族社会调查是生手，现在就是老手了。①

当然，这种一边调查一边积累经验的做法在当时得到了官方的肯定和认可。如谢扶民谈到对凉山彝族社会历史调查时说："肯定地说，不对现实的情况进行调查研究，只想靠历史文献或古希腊、罗马的历史去推断彝族的历史，是不行的。相反地，照我们现在的做法，即对现实情况调查之后，再去研究历史，才是正确的研究方法。"② 实际上，这种做法倒是符合人类学民族学的民族志田野研究的惯例，即民族学者深入田野调查地的微观社区中，从事较长时期的参与观察与实地调查，从而为该社区或族群描述一个被发掘的"社会结构、生计方式、婚姻家庭与亲属制度、文化、习俗、宗教、历史等"方方面面的"常识"。

对于 20 世纪 50 年代中国民族识别工作的评价，布鲁诺·拉图尔（Bruno Latour，1987）认为："不论它在历史上是如何引起争议，它的内部形成是如何复杂，使得它成形并保持地位的商业或学术网络多么庞大，这些都不重要，只有此项工程的投入和产出是重要的。"③ 康·阿尔玛兹（Almaz Khan，1996）指出，对中国的民族识别工作进行揭示和反驳，称其是"非科学的"是不够的，这样做只能限制了可以提出问题的范围。④ 墨磊宁（Thomas Mullaney，2004）则通过对 1954 年民族识别工作的实地调研，旨在"对此项工程在成为科学社会学的学者称之为'黑匣子'之前的那个历史时刻进行研究"。他认为，中国的民族识别工作从规模和影响上来说都是巨大的，然而其基础和执行却是薄弱的。这个工作是一个里程碑，它影响了后来所有有关中国民族学知识的模式，其所形成的"棱镜"

---

① 谢扶民：《两年来少数民族社会历史调查工作的基本总结》，《民族研究》1958 年第 1 期。
② 谢扶民：《两年来少数民族社会历史调查工作的基本总结》，《民族研究》1958 年第 1 期。
③ Bruno Latour, *Science in Action*: *How to Follow Scientists and Engineers through Society*, Cambridge, M. A.: Harvard University Press, 1987, p. 3.
④ Almaz Khan, "Who are the Mongols? State, Ethnicity, and the Politics of Representation in the PRC", in Melissa J. Brown (ed), *Negotiating Ethnicities in China and Taiwan*, Berkeley: Institute for Asian Studies, 1996, p. 127.

不可避免地反射出我们后来对中国民族组成的理解。然而同时，因为这个工程在理论和实践上的局限性，它的薄弱性远远没有为公众所认识。① 同时，墨磊宁也分析指出，中华人民共和国时期的民族分类方法，主要是以语言学理论为基础的方法，很大程度上是从民国时期继承而来的。其结果是，共和国时期研究者所发展的分类结构上有着明显的 20 世纪 30~40 年代研究的烙印。他指出，尽管有这种民国时期的血脉传承，20 世纪 50 年代的民族识别工作如果没有中央集中领导下的新中国是不可能实现的。

四　结语与讨论

20 世纪初期以来，斯大林的"民族"定义与英法等国学者对中国少数民族进行的研究及其分类方法对于新中国的民族识别工作产生了较为重要的学术影响。这种影响的有效性，我们可以从丁文江、李济、林惠祥、凌纯生、芮逸夫、马长寿等前辈学者的相关表述中一窥端倪。

我们不难发现，20 世纪 50 年代的中国民族识别工作，其理论奠基工程其实早在 20 世纪初期就已经在进行了，"民族识别"这一过程本身并非仅仅受到苏联民族理论以及斯大林的民族定义的影响。从 19 世纪末的亚历山大·霍斯到克拉克与巴斯顿等人对中国西南民族的三分法，然后到 20 世纪初期的戴维斯分类法，实际上依稀可见西方学者关于"民族分类"的学术话语以及无处不在的学术影响。语言学的民族分类法并不科学，即受戴维斯分类法影响的丁文江式的语言学分类其实并不符合科学的规范。美国学者墨磊宁在其新近出版的著作中对于 20 世纪之初到过云南的英人戴维斯所创的"戴维斯分类法"及其学术影响进行了深入分析和细致的讨论。他指出，民国时期的中国学者因为对之前的帝国式的和地方志式的民族学研究不满，带着一腔分类学的热情，开始寻找新的民族分类方法，最终在语言学和以语言为基础的民族分类方法上汇合。墨磊宁认为，民国期间中国

---

① Thomas Mullaney, "Ethnic Classification Writ Large: The 1954 Yunnan Province Ethnic Classification Project and its Foundations in Republican-Era Taxonomic Thought", *China Information*, Vol. 18, No. 2 (2004), pp. 207 – 241.

学者在上述的分类学方法上的突破，对从此以后的分类思想毫无疑问会产生很大的影响。① 墨磊宁认为中国的民族识别从分类学的知识谱系上深受戴维斯分类法的影响，即所谓的民族分类"西来说"。但是，如果对戴维斯分类法进行学理上的细致分析，不难发现，戴氏的观点也深受自古以来中国民族分类方法的影响，戴氏分类法只不过是对前人的相关分类方法加以综合而成的。马长寿指出，宗教、服饰、习俗以及语言变迁和体质、历史脉络等种种因素对于民族识别或民族分类，有着重要的现实意义。而"戴维斯分类法"过于考虑了中国西南各民族的语言、体质及文化的差异，而无意中忽略了最为关键的历史性要素，所以马长寿指责戴氏分类法不佐以历史事实，导致其分类谬误杂出。彭文斌分析指出，西方有关中国西南民族分类的知识在中国的"地方化"的过程，实际上具有高度国家化、民族化、意识形态化的色彩。中国学者所要创制的西南民族分类图示成为国家与民族疆域建构的重要组成部分。②

上述西方学者对于中国民族及其分类学研究，其实质正如后殖民理论家爱德华·萨义德在《东方学》中所指的西方话语霸权垄断下的对殖民地人民的想象及其表述的不对称性。他指出："将东方学描述为通过做出与东方有关的陈述，对有关东方的观点进行权威裁断，对东方进行描述、教授、殖民、统治等方式来处理东方的一种机制：简言之，将东方学视为西方用以控制、重建和君临东方的一种方式。"③ 正如本尼迪克特·安德森所指出的，在殖民地区，人口调查、地图和博物馆三者更是一起深刻地形塑了殖民地政府想象其领地的方式，人口的分类范畴被不断重组编排，与地图一样，都隐含着一种新的论述。④

---

① 〔美〕墨磊宁：《放大民族分类：1954 年云南民族识别及其民国时期分类学思想根基》，载董玥主编《走出区域研究：西方中国近代史论集粹》，社会科学文献出版社，2013，第335 页。

② 彭文斌：《中西之间的西南视野：西南民族志分类图示》，《西南民族大学学报》（人文社科版）2007 年第 10 期。

③ 〔美〕爱德华·W. 萨义德：《东方学》，王宇根译，三联书店，1999，第 4 页。

④ 《本尼迪克特·安德森访谈录：如何记忆是一个非常重要问题》，《文汇报》2014 年 4 月 8日。http://www.guancha.cn/Benedict-Anderson/2014_04_10_220911.shtml。

　　现在看来，无论是 20 世纪早期克拉克、巴斯顿及戴维斯等人在中国西南少数民族地区的调查及其民族分类法，还是 20 世纪中期芮逸夫对中国民族的"芮氏分类法"，其实质都是根据一定的标准对于一些人类共同体的划分、确认、分类及其识别。这件工作本身就是通过实地调查与研究分析，在此基础上高度概括与提炼各个人群共同体的特点，从而得出其所属与归属的结论，这个过程从某种意义而言就是一种关于中国民族分类知识谱系的知识生产过程，其最终产品便是那些被分类、被标签化了的一个个自在和自为的人群共同体。

民族学的中国"故事"

——以杨建新先生的学术人生与民族学理论为个案

杨文炯

民族学的中国"故事"从留洋取经的舶来、"污名化"的资产阶级学科的"法难",再到今天本土化的中国话语,这似乎是文化传播之变迁的经典路径——接触—碰撞—根植的历史。在"故事"的文脉里,其实中国民族学的发展不仅只有舶来的历史,还有本土生长的历史,但历史从来不是单线进化的,而总是复线的,但又不是平行的,而是交叉与涵化的历史。本"故事"的主角——民族学家杨建新先生的学术人生与民族学理论就是这一历史的最好注脚与生动写照,但他不是"孤本",正如历史造就的不是个体,而是一个时代一样,他只是众多中的个案——我们在复线的历史中管窥、诠释中国民族学的发展历程及建构中国民族学学科话语体系的一个"文本"。

一 历史的滥觞:西方民族学的中国际遇

民族学(或人类学)的诞生本身就是一种社会文化现象,确切地讲,是在非西方社会的"田野"里生长出的西方文化现象。它诞生在 19 世纪的西方,然而在西方门类众多的人文社会科学的队列里,民族学又具有强烈的"另类性":其一,民族学出生在一个特殊的历史语境里——西方资本主义扩张、启蒙理性与进化论的话语支配和殖民统治体系的政治需求；其二，民族学作为一门分娩在西方且由西方学者掌握话语权和制定"游戏规则"的学科却在很长时期内"不配"研究西方社会本身，这一点与同样出生在西方的政治学、经济学、社会学等截然不同，在西方中心论的文明进化序列中它只配研究"野蛮""蒙昧"社会，然而它却与西方社会的文化立场、政治经济利益深度相关；其三，20世纪40年代之后西方民族学在经历了西方"文明社会"的第一、第二次世界大战和殖民体系解体的惨痛之后而开始在自我反省中发生转型，开始认识到西方历史文化语境中的民族学话语体系与方法论的局限性，同时伴随民族学在非西方社会的发展和本土话语对西方关于"异文化"的民族学理论质疑的强音而促使西方民族学研究的转型和理论与方法的民族志的批评与写文化的省思——民族学的自我"解殖"和"东方学"话语的反省。

民族学舶来中国，同样与它分娩的母体社会——西方息息相关。其一，19世纪40年代中国在西方的坚船利炮中卷入西方资本主义体系，沦为半殖民地社会，也揭开了中国社会百年的救亡图存的历史序幕，历史以清王朝的崩溃为分水岭，前期是以"中体西用"为路径的文化体制之内的救亡图存，然而历经戊戌变法、新政与王朝的倾覆，这个路径转变为对传统之否定的文化体制之外的救亡图存——在西方寻求救国真理的路径，其中同样夹杂着"师夷长技以制夷"的民族主义的爱恨情仇，民族学就是在这样的放逐传统和追慕西方的历史境遇中被"取经"到中国。其二，民族学的"西方功能"与儒家中国的学以致用的传统和救亡图存的民族主义主题一拍即合，促使早期的中国民族学家在取经中未对西方民族学话语体系进行"深思熟虑"就应用到中国研究。就学科本身而言，这一"无心插柳"之举竟然推动了民族学研究的转型——由西方的"异文化"研究转向"本文化"研究，而其实践层面的代表无疑是与西方有着直接师承关系的费孝通先生，他的本文化的中国研究所带来的西方民族学界的"文化震惊"聚讼纷纭。马林诺夫斯基对其学生的本文化写作的解读不仅在其字里行间读到了人类学话语中的"爱国主义"的文化立场与学术责任，也看到了人类学未来的"中国时代"。同样有人指责此种"本文化"研究除了功能论的色彩之外一无所取，亦有人质疑此种研究将从特罗布里恩岛提炼出来的"社区方法"应用到具有很长帝国政治和文明历史的复杂社会的研究是否接洽和足以解释中国，从而推动了西方学术界对民族学方法的反思与拓展。同样，在笔者看来，这更是民族学在中国本土化的第一时期。其三，舶来之民族学的"内部东方主义"倾向。西方民族学的"异文化"研究不仅是"东方主义"建构的主要武库，而且很长时期内是"东方学"话语的代言人，作为舶来的民族学在中国自然与它藕断丝连，尤其是"华夷之别"的王朝帝国政治传统的内应，致使民族学的中国研究从对象到主题具有了"内部东方主义"的指向——"少数民族"成为中国主流民族学界"异文化"研究的主体和建构中国民族学体系的质料，由此导致民族学在中国很长时期内"堕落"为研究"少数民族"的学科，而这个学科内部充斥的"内部东方主义"话语至今未被很好地清理（尤其近年有所膨胀），并成为建构中国民族学学科理论体系的智障。

20世纪50年代新中国的建立——救亡图存之民族主义任务的终结与马克思主义在中国的主导地位的确立是民族学在中国本土化的第二时期。这一时期分为两个阶段，第一阶段是20世纪50年代，第二阶段是20世纪80年代以来。杨先生的学术人生完整地步履了这一时期民族学本土化的坎坷历程，他的民族学思想正是在这样的历史背景和社会转型、个人的学术实践以及与中外学术对话中建构起来的。因此，他的学术人生和民族学思想又成为我们管窥民族学在中国本土发展的最好个案。

二　求知（1958~1979）：象牙塔与
"田野"中的人生之旅①

1934年杨先生出生于新疆乌鲁木齐，这里自古就是东西方文明交流荟萃之地，积淀丰厚的多元族群文化无疑是他学术人生启蒙与根植的沃土。

---

① 杨文炯、张翔：《灯火阑珊处：杨建新先生的学术人生与民族学思想初探》，《历史教学问题》，2012年第3期。

童年的他经常随着母亲参加维吾尔族妇女充满音乐与歌舞的"恰依"聚会，平常他更喜欢观赏激情的"麦希莱甫"。当时的小学、中学开设维吾尔语课程，语言的学习使他进一步了解了多民族的文化。1953年，19岁的他正是带着这样一种从小耳濡目染的文化底蕴从新疆省第一中学毕业并以优异的成绩考入兰州大学历史系。大学5年的学习，历史学这门古老的学科给予了他理解社会历史与文化变迁的纵深视野。1958年杨先生本科毕业时，正值全国人大民委从北京大学、中央民族学院（现中央民族大学）、中央国家机关和各地高等院校、国家机关抽调力量组成调查组，开展全国少数民族社会历史调查工作，杨先生参与了该项工作并担任甘肃省东乡族社会历史调查组副组长，成员由中央民族学院、北京大学、甘肃省民委等十几人组成，在对东乡族进行了一年的社会历史调查后，杨先生又主持编辑出版了东乡族的第一部史书——《东乡族简史简志合编》。[①] 这本民族志标志着杨先生学术人生的转折点——从象牙塔到"田野"、从历史学到民族学、从文献的方法到民族学的实地调查。一年多与东乡族群众的同吃、同住与共同劳动的生活，使他在生动的社会实践中将学科的边界从历史学拓展到了民族学，从而形成了自己纵向与横向相结合的博大的学术视野，也为他以后的跨学科的科学研究奠定了深厚的基础。

1960年，杨先生携带调研成果到北京参加全国少数民族社会历史调查的评审并参与了对全国其他若干调查成果的评审工作。半年之后，他到知名学者云集的中央民族学院历史系进修，当时的系主任是翁独健[②]，副主

---

① 中国科学院民族研究所出版，1963。
② 翁独健（1906～1986），福建省福清县（今福清市）人，著名的史学家、民族学家。1928年入北平燕京大学历史系学习，1935年赴美留学，1938年获哈佛大学博士学位，同年入巴黎大学深造，于1939年回国，先后担任云南大学、北平中国大学、燕京大学等校教授。中华人民共和国成立后，曾担任燕京大学代理校长，北京市教育局局长，国家民族事务委员会委员，民族历史研究工作指导委员会副主任委员，中国民族研究学会副理事长，中国民族研究团体联合会顾问，中国社会科学院民族研究所研究员、副所长、顾问，中国社会科学院中国边疆史地研究中心主任，中央民族学院历史系主任（1956～1966）、研究部主任，中国史学会常务理事、理事长，中国蒙古史学会理事长、名誉理事长，中国元史研究会名誉会长，中亚文化研究国际协会副主席等职务。

任是林耀华①（不久后聘为主任）。杨先生作为进修教师经常跟民院的各位老师一起交流学习，他跟随王辅仁②、贾敬颜③两位先生分别系统地学习了藏族史、蒙古族史等民族史课程，历时3年之久。这次进修学习，杨先生在中国通史的基础上，再次拓展了他的学术视域，超越了传统的"王朝-中心"史观，从传统"正史"的边缘——民族史的角度来理解中国历史，从而为他以后提出的"各民族共创中华"的理论打下了基础。同时在进修期间，他完成了《关于十二世纪蒙古族社会的性质》④ 和《1904年英国对西藏的武装侵略》⑤ 两篇重要的学术成果。1963年8月杨先生进修结束回到兰州大学历史系任教，第二年被抽调到甘肃省民乐县何家庄大队参加社教运动，1965年再回到兰州大学历史系任教，首次在大学的课堂讲授"少数民族概论"选修课，开设这样的"民族类"课程在当时的中国高校界无疑是凤毛麟角。1966年"文革"爆发，杨先生正常的教学科研工作被迫中断，然而天性乐观、开朗的他依然卷不释手、笔耕不辍。

就在"文革"结束的前一年，中央为了中苏论战的需要，要求西北地区的高等院校等科研部门集中力量研究沙俄侵略中国西北边疆史问题，最

---

① 林耀华（1910~2000），福建省古田县人，著名的民族学家、人类学家、历史学家。1935年在北平燕京大学获硕士学位，1940年在美国哈佛大学获哲学博士学位。自1941年起先后在云南大学、燕京大学、北京大学和中央民族学院致力于原始社会史和民族学的教学、科研工作。曾被聘为国际人类学和民族学协会主编的《当代人类学》通讯编辑、日本国立民族学博物馆高级研究员和美国传记研究所的国际名誉顾问。他的传记被美国《世界名人传》第6、7版，英国《当代成功的国际名人传》和日本《文化人类学事典》等书收录。

② 王辅仁（1930~1995），河北滦南县人，著名的民族学家、历史学家、藏学家。1949年入燕京大学社会学系学习，1952年毕业后到中央民族学院研究部任教，1956年调至历史系，1961年后任历史系研究生导师。1976年任副教授、教授、博士生导师。先后担任中央民族学院民族研究所所长、名誉所长，民族学系主任、名誉主任，民族文化交流研究所顾问，中国藏学中心干事以及北京市社会学会、中国民族史学会、中国民族学学会、中国西南民族研究会、西藏佛教研究会副会长和国家哲学社会科学基金民族研究评审组成员、中国少数民族文学艺术基金会学术委员等职。

③ 贾敬颜（1924~1990），河北束鹿县（今辛集市）人。著名的历史学家、蒙古学家。1949年毕业于北平中法大学文史系。先在中国科学院考古研究所工作，1952年调入中央民族学院，任历史系讲师、副教授、教授，主要致力于北方民族史及历史文献学教学与研究。

④ 该文后发表于1964年4月《民族团结》。

⑤ 该文后发表于1979年第2期《兰州大学学报》。

后由兰州大学、甘肃师范大学（现西北师范大学）、西北大学、新疆大学、新疆社科院五家单位联合承担该项科研任务。兰州大学由杨先生担纲并从历史系另聘两名学者参与工作，课题组经过 4 年的大量文献查阅、考证和反复论证的艰苦研究，于 1979 年完成专著《沙俄侵略中国西北边疆史》，[①]该书的第一章"中国的西北边疆"的研究和撰稿由杨先生完成。该书不仅以确凿的历史事实首次弄清了沙俄侵略中国前的我国西北边疆的"国界线"位置，有力地支持了中苏论战中的中国话语权，而且进一步阐明了历史上西北边疆与中原内地的密切关系。

从象牙塔的书本到大变迁的社会"田野"，杨先生的学术研究逐步形成了两大学科平台——历史学与民族学理论与方法的互惠依托，以中国通史和西北民族地区为场域，以民族史－民族学为研究核心的学术取向，从而成就了他的基于文献的历史学的宏观－纵向研究与民族学的"田野"微观－横向研究相结合的独特的民族学研究视野与路径。

三 发展（1979～1999）：学术人生的春天

1979 年后，在改革开放的大好形势下，杨先生迎来了他的学术人生的春天。这一时期，他在兰州大学历史系的教学、科研工作，由于基于长期的学术积累、耕耘与思考，除了给七七级等年级的本科生开设课程之外，在民族史、民族学的研究领域硕果累累。据笔者统计，这一时期他在《新疆大学学报》《兰州大学学报》《西北史地》等学术期刊上发表学术论文25 篇，出版、主编学术著作 8 部（卷），代表性的著作如下。

一是 1981 年出版的《丝绸之路》，[②]这部著作是国内第一部全面论述"丝绸之路"的专著，全面系统地研究了"丝绸之路"的线路、货物、转输、贮藏、交易点、历史大事、历史名人等情况，首次提出了"丝绸之路"分为东段、中段、西段的"三段划分法"，该划分一直被学界沿用

---

① 人民出版社，1979。
② 与卢苇合著，甘肃人民出版社 1981 年版，1988 年由甘肃人民出版社出版修订本，1992 年再版。

至今。

二是《外国考察家在中国西北》①，这是国内第一部由中国人从正面角度描写外国考察家的著作。

三是 1988 年他结合多年从事教学、科研工作的研究成果，完成专著《中国西北少数民族史》②，是我国第一部系统的西北少数民族史，受到国内外学术界的关注和好评。

四是《西北民族关系史》③，全面阐述了历史上我国西北各民族政治、经济、文化等方面密切交流互动的历史关系，揭示了各民族共创中华的生动历史。

五是主编 10 卷本"各民族共创中华丛书"④，其中他完成"蒙古族卷"，首次突破学术界传统的理解中国历史的"主体论"和"大民族论"等观点，通过剖析历史上各民族之间族体上的相互吸纳，祖国疆域的共同开拓，经济上的开发和相互促进，对中国政治历史文化传统的共同维系，共同对中华文化宝库的丰富，近代以来共同抵抗侵略和保卫中华，对中国民主革命做出的巨大贡献，维护祖国统一与反对分裂以及共铸中华精神等九个方面，系统论述了各个民族在中国历史上的贡献，提出了各民族共创中华的新观点。如其所言："中国自古以来就是一个多民族国家，经过数千年的发展和演变，我国现在有 56 个民族。我国各民族都具有悠久的历史，而且现在中国的各民族，都是古代民族在中国历史的大环境中，在历史上中国的疆域内，经过长期的相互吸收、融化、发展而形成的。现在中国各民族就是历史上中国各民族的直接继承者。因此说，现在中国各民族都是共创中华的主体，是现在中国的各个民族共同缔造了中华。"⑤

六是于 1990 年和 1999 年先后主编、出版了 41 册的"中国西北文献丛书·西北史地文献"和 61 册的"中国西北文献丛书续编"，其中有不少珍

---

① 与马曼丽合著，河南人民出版社，1983。
② 宁夏人民出版社，1988 年版，2003 年由民族出版社出版修订本。
③ 民族出版社，1990。
④ 韩效文、杨建新主编《各民族共创中华丛书》，甘肃文化出版社，1999。
⑤ 杨建新：《中国少数民族通论》，民族出版社，2005，第 156 页。

贵历史文献是首次披露，作为研究西北史地的大型文献集成不仅为国内外各大图书馆收藏，而且极大地推动了西北历史、地理与民族文化的研究。

值得提及的是，1980年杨先生时任西北地区中俄关系史研究会秘书长，他以研究会为平台，联合志同道合的学者共同创办了《西北史地》学术期刊，学刊创立之初历尽困苦，尤其经费十分不足。从试刊的第3期开始，终于申请到国家新闻出版总署正式刊号，在时任兰州大学校长胡之德教授的支持下，每年给刊物一万元左右的经费支持，但后来所有经费开始自筹，在经费、办公条件极其困难的条件下，杨先生清贫看守，致力于学术的追求，搭建起了一个高水平的学术平台，《西北史地》不仅吸引了众多著名学者的投稿，而且通过这个平台一些年轻学者后来都发展为相关领域的知名专家，《西北史地》一度成为全国知名的高水平期刊，在当时国外订购单位就达100多家，当时被誉为学术界的"小禹贡"，成为推动西北历史和民族研究发展的重要力量。然而，1999年，办了近20年的《西北史地》学刊，因为一个让人无奈的理由，刊号被调用，刊物名存实亡。1997~2000年，笔者当时是杨先生的硕士研究生，在位于兰州大学旧文科楼的《西北史地》编辑部做过一段时间的编辑工作，为了坚持办好这个刊物，杨先生常常废寝忘食、殚精竭虑，至今让笔者记忆犹新。时过境迁，每每提及这个刊物，杨先生依然念念不忘，惋惜之至。

从1988年8月开始，杨先生荣任兰州大学历史系主任，在他主持系务工作的十年间，他重点致力于学科建设，实现了兰州大学人文社会科学两个零的重大突破。

一是1990年争取到兰州大学人文社会科学的第一个博士点——民族学博士点；同时杨先生也被国务院学位委员会批准为兰州大学人文社会科学第一个博士生导师——民族学专业的博士生导师，并从1991年起享受国务院有突出贡献的专家津贴。至此，兰州大学人文社会科学开始招收博士研究生。

二是1994年兰州大学历史系成功申请到教育部批准的历史学国家文科基础学科人才培养与科学研究基地，成为当时全国15个历史学国家人才培养与科学研究基地之一，成为迄今为止兰州大学唯一的国家级文科基础学科人才培养与科学研究基地，1995 年业绩卓著的杨先生被甘肃省委、省政府评为甘肃省优秀专家。

这两项突破性的工作不但极大地提升了兰州大学人文社会科学的地位，也为历史系乃至兰州大学人文社会科学的发展奠定了基础。乃至今日在兰州大学这所以理工科为主的"985"大学中，在所有的人文社会科学博士点中，仅民族学和历史学的博士点就占到了一半多以上。这些辉煌成绩的取得不能不说与杨先生兢兢业业的工作和贡献息息相关。因此，回首兰州大学人文社会学科的发展史，在 20 世纪 80～90 年代这个关键时期，杨先生无疑发挥了承前启后的关键作用，尤其是民族学学科的发展，从无到有，到现在发展到本科—硕士—博士—博士后流动站之完整的学科人才培养体系，乃至兰州大学西北少数民族研究中心成为中国民族学研究的重镇之一，他无疑是开拓者和奠基人。

四 大成（1999 年至今）：学术人生的秋实

1998 年杨先生从历史系主任的岗位上退下来之后，开始积极筹备申请西北少数民族研究中心事宜。2000 年，教育部批准在兰州大学成立教育部人文社会科学重点研究基地——兰州大学西北少数民族研究中心，杨先生任中心主任。正是在这个国家级的学术平台上，杨先生的学术人生再次迎来了一个大创造、大丰收的时期，他带领的学术团队所在的研究中心在民族学学科发展方面取得了更上一层楼的大发展。

一是 2006 年由起初的一个民族学二级学科博士点发展为民族学一级学科博士点，5 个二级学科博士点，成为兰州大学人文社会科学历史上第一个一级学科博士点，为民族学和学校人文社会科学的长足发展奠定了基础。

二是 2007 年民族学被确定为国家重点学科。

三是民族学成为兰州大学 211 工程和 985 工程重点建设学科。

四是十多年间的发展，西北少数民族研究中心培养博士 100 多人，当中大部分都成为相关领域和机构的骨干力量，培养硕士近 200 人。

　　五是 2005 年，杨先生被兰州大学评为兰州大学人文社会科学领域唯一的一位资深教授。

　　六是杨先生的专著《中国西北少数民族史》（民族出版社，2003）和《中国少数民族通论》（民族出版社，2005）分别荣获教育部第一届和第四届中国高校人文社会科学研究优秀成果奖二等奖。

　　七是 2008 年创办《中国民族学集刊》（后改名为《中国民族学》），搭建了一个沟通、交流国内外学术界的高水平的学术论坛。

　　八是 2008 年杨先生主编的 13 卷本《中国少数民族通史》由民族出版社出版，受到学术界的高度关注，先后荣获第二届中国出版政府奖图书奖提名奖和甘肃省第十二届社会科学优秀成果奖一等奖，成为兰州大学西北少数民族研究中心的标志性成果。

　　九是 2010 年杨先生主持迎接了教育部关于高校人文社会科学重点研究基地第二次评估工作，在此次评估中，兰州大学西北少数民族研究中心通过专家打分排名位居教育部人文社科百所重点研究基地前十九名，名列四个民族学类基地的首位。

　　这一期间，杨先生笔耕不辍，发表论文数十篇，出版了一系列重要的学术著作。

　　一是 2002 年合著的《成吉思汗忽必烈评传》在南京大学出版社出版。

　　二是 2003 年专著《中国西北少数民族史》（修订版）由民族出版社出版。

　　三是 2005 年专著《中国少数民族通论》在民族出版社出版。

　　四是 2004 年杨先生申请到教育部重大攻关项目"西部民族关系与宗教问题研究"，批准经费 70 万元。

　　五是 2006 年杨先生主持国家重大文化工程"清史·民族志·回族及甘宁青其他少数民族篇"，批准经费 22 万元。

　　六是 2008 年杨先生主编的 13 卷本《中国少数民族通史》由民族出版社出版。

　　这一时期杨先生的学术思想聚焦于一些重大问题的理论思考，包括学术界一直争论的一些"热点""前沿"问题，如民族关系、民族政策以及学术界的"去政治化"、中国民族学的建构等观点。在这些方面，他的代表性的论著有《中国少数民族通论》《关于民族发展与民族关系中的几个问题》《中国民族关系理论的几点思考》《从民族关系的视角谈中华文化》等。杨先生指出："中国有几千年的历史，有着众多的民族，其民族关系的发展，有着自己的特点，与世界许多国家的民族关系，特别是与美国、欧洲等国的民族关系，有极大的差别。"① 相比较美国而言，他进一步指出，美国是一个移民国家。在美国的领土上，现在生活着几乎包括世界所有民族的成分，而且除了印第安人之外，几乎没有任何一个"族群"是在美国本土形成的。这些移民或族群大多是以个人或家庭为单位，因为各种各样的原因和目的而迁入美国，既不是同一个族群，也不大可能在美国社会中很快形成一种牢固的、密切的联系，不可能在美国有一块属于某个族群的区域，更不可能以某个族群的集体身份在美国政治舞台上获得特殊地位。简言之，不同时期、不同情况下迁入美国的这些民族成分，并没有民族的地位、民族的身份和民族意识，也不会与美国境内的某个地区有特殊的联系，他们之间的认同，完全是迁入者个人的私事，他们"主要作为文化群体而存在"，对国家和社会来说，"所有族群的成员都被视作平等的国家公民"，"政府在各种政治、经济、文化活动中有意地淡化和模糊各个种族、族群之间的边界，鼓励族际通婚，并以各种方式来促进族群之间的相互融合"，且"绝不允许建立在种族、族群方面具有排他性并具有'自治倾向'的政治组织和经济组织"。美国对迁入其国的不同民族成分采取这种"去政治化"，实行"文化化"的政策，自有其理由和道理，也是符合美国只有族群而没有像中国境内的蒙古族、维吾尔族、藏族等那种共同性十分严整、内凝力十分强劲的民族共同体的实际情况的。同时，苏联的民族状况又与美国有着本质的不同。"前苏联的解体，原因很多，在处理国内各民族关系方面，存在的问题，是造成苏联解体的一个重要原因。但据我们看来，前苏联处理民族关系的失败决不在于所谓'政治化'、'制度化'和'群体化'，最实质的问题还是前苏联党和政府对各加盟共和国和

---

① 杨建新：《中国民族关系理论的几点思考》，《中国民族学集刊》，2008 年第 1 期。

自治共和国实行了大俄罗斯化或同化政策。……前苏联党和政府口头上主张民族平等，实际却推行大俄罗斯主义，或者说在政治体制上实行加盟共和国的联邦制度，在实际的政治和社会生活中却推行破坏联邦制度的大俄罗斯化或'文化化'，不尊重各联邦权利和利益，不维护各民族的传统，形成了各少数民族与俄罗斯之间的隔阂与矛盾，造成了俄罗斯联邦与各加盟共和国之间的矛盾和斗争，在其他条件成熟时，最后导致各加盟共和国的分裂。"① 基于这一跨国比较的学术视野，杨先生认为，把这一套"去政治化"和"文化化"的政策搬到中国或用这种"文化化"的标准来衡量中国的民族关系，那就很不适合了。因为我国是一个历史上就形成的多民族国家，"中华民族多元一体格局"的形成和发展，大体可用图表示如下：

$$A + B + C + \cdots\cdots \underline{春秋战国}\ A^① + B^① + C^① \cdots\cdots$$
$$A^① + B^① + C^① + \cdots\cdots \underline{秦\ \ 汉}\ A^③ + B^③ + C^③ \cdots\cdots$$
$$A^③ + B^③ + C^③ + \cdots\cdots \underline{唐至清}\ A^⑥ + B^⑥ + C^⑥ + \cdots\cdots$$
$$A^⑥ + B^⑥ + C^⑥ + \cdots\cdots \underline{社会主义}\ A^⑫ + B^⑫ + C^⑫ \cdots\cdots ②$$

因此，他认为，在我国搬用外国，特别是搬用美国这种不存在民族只存在族群的国家的"去政治化""文化化"的经验和同化、融合的政策，来处理我国的民族关系，是完全行不通的。因而，我国社会主义民族关系的最终目标和立足点不是同化，也不是融合，而是引导各民族相互尊重、和而不同、平等发展、共同繁荣。③

关于中国民族学的学科建设及其发展，杨先生同样提出了自己独到的见解。他认为，中国的民族学与西方的人类学（Anthropology）有着密切关系，但中国的民族学并不完全等于西方的文化人类学。西方的文化人类学，以研究"异文化"为主要取向，早期主要研究没有文字和书面历史记录的"简单社会"。而民族学在中国的本土化转向研究"复杂的中国社

---

① 杨建新：《中国民族关系理论的几点思考》，《中国民族学集刊》2008 年第 1 期。
② 杨建新：《中国民族关系理论的几点思考》，《中国民族学集刊》2008 年第 1 期。ABC 为中国各民族；○表示共同性；○中之数表示共同性因素之强度，数字越大强度越高；＿表示各个历史时期民族的交流和交往。
③ 杨建新：《中国民族关系理论的几点思考》，《中国民族学集刊》2008 年第 1 期。

会"，因此，不懂中国历史就无法从事民族学研究，"历史知识"不仅是民族学知识体系必不可少的一部分，而且是民族学研究的重要历史维度。由于中国的民族和民族问题与一些发达国家的"民族"、民族问题和"族群"有很大的区别，因此，中国学术界在运用从西方传来的"民族学"科学实践活动中，密切与中国的民族社会实际相结合，逐步发展出了中国化的民族学。民族学这门学问在中国，其基本学术概念就是"民族"，它就是研究民族这种共同体及其发展的一个学科，不研究民族，它在众多的学科中就没有地位，也就失去了它存在的价值。它的基本任务是研究和揭示民族的产生、形成、发展和消亡的规律。民族学的主要内容是研究民族这种特殊人们共同体构成的诸要素，揭示这些要素在民族共同体中的发展、变化、作用、相互联系及其运行机制；民族学当然还要研究和揭示每个民族不同于其他民族的特质及其具体发展规律。中国的民族并非仅仅是文化群体，而是一个与政治密切相连，关系到社会、经济、文化、历史、心理及种族、生物等诸多因素的群体，研究它必然涉及众多的学科，因此民族学又是一门综合性、交叉性很强的学科。[①] 民族学在中国学术界的发展，经历了一个中国化的过程，中国民族学即有中国特色的民族学，就是这个过程的结果。中国民族学与国外民族学，有密切的联系，中国民族学在研究内容、研究方法、研究目标、研究传统、研究视角等方面，继承和吸收了大量国外民族学的优良成果，同时，中国民族学又有自己的特色。这个特色主要表现在下列五个方面。

一是在指导思想方面，坚持以马克思列宁主义为指导，放眼中国和世界民族、民族问题发展的现状和趋势，充分反映和吸收世界民族学发展的优秀思想和最新成果，促进中国和世界各民族的平等、和谐发展。

二是在内容方面，以中国民族学和民族问题为基本内容，构建符合中国和世界民族学新发展的知识体系。

三是在方法方面，采用实证的、思辨的、比较的、综合的多种方法，定性和定量结合，描述与分析综合结合，田野与文献结合，充分使用现代

---

① 杨建新：《中国西北少数民族史》序，民族出版社，2009。

科学技术，促进民族学研究有更加广阔的道路。

四是在视角方面，认为民族是一个包含了政治、经济、社会、文化、历史、心理及种族、生物等各种因素的群体，是一个综合的社会群体，全方位研究揭示民族的各个方面，是民族学的显著特色。

五是在思想传统方面，继承中国古代对民族实体、民族关系、民族问题丰富而深邃的思想认识，吸取中国历史上处理和对待多民族国家民族问题的经验、政策和方法，使民族学在具有数千年多民族共处历史以及积累了深厚传统民族思想的中国，得到进一步的升华和发展。[①] 他的这些民族学的思想无疑对中国民族学学科的建设与发展有着重要的启发意义。

每个人总是在特定的历史背景下成长和在自己生活的历史场景中被定位与型塑，历史不仅是一个人思想的地平线，而且是思想资源的"活水源头"和"武库"。阅读杨先生的学术人生，与其同时代的不少民族学家相比，他没有留洋的学术背景和经历，没有系统地读过那些被人类学界视为"charisma"的西方大师的原著"经典"，更不是被那些大师们耳提面命过的"学生"，他从小成长的西部多民族"文化区"的"无意识"生活经验的积淀，以及作为"国学"的历史学的专门训练——对中国多民族国家历史文化的理性认识，当其遇20世纪50年代政府的民族调查和识别工作的深度参与时，他进入了被西方发明的"田野调查"——西方人类学家专门研究"异文化"的路径，而异曲同工的是他走进的是"我们"——那个他已在中国历史文化的学习研究中老马识途的现实的"田野"，他的民族学思想正是在这样的"田野"本土中生长出来的——它没有舶来的传承，也没有转基因的"加工"，它告诉我们一种人类学的新知在特定的"田野"中可以独立"发明"出来的，它不必然经历被"移植"，或"嫁接"，或"江橘淮枳"的学术史。更重要的是他的"历史学"为其"田野"的理解提供了纵深的历史视野，而超越了仅仅基于"异文化"参与的对"田野"的短视的观察，这个历史悠久的、多民族交往互动的、被长期卷入"大一统"王朝历史的"中国"——作为一个"复杂的社会"，完全不同于简单

---

① 杨建新：《中国西北少数民族史》序，民族出版社，2009。

的"特罗布里恩岛",将民族学与"历史学"相结合就成为研究中国社会的一种新的学术方法和思想。而这种新的学术路径又是西方的人类学家在研究类似中国、印度这样的巨型社会时,在对自己传统的方法感到捉襟见肘与"反思"时才认识到的,可谓殊途同归。正如西方人类学家费里德曼指出的,社区研究法不能概括中国"社会事实",假使人类学者对中国社会的独特性缺乏充分的了解,进行再多的社区调查也无法说明中国事实,社会人类学要出现一个"中国时代",首先应该向历史学家和社会学家学习研究文明史和大型社会结构的方法,走出社区,在较大的空间跨度和较广的时间深度中探讨社会运作的机制。[①] 雷德菲尔德亦指出,人类学的基本方法是在研究社会分化较小的部落文化中发展起来的,在"简单社会"中发展出来的分析方法如被直接移植到"复杂社会"的研究中,必然出现一些问题。为了避免这些问题的出现,研究复杂社会的人类学者应该注意到复杂社会中乡民(peasants)与绅士(gentry)、农村与城市以及小传统(little tradition)与大传统的区别和关系。[②] 也就是说在费里德曼等西方人类学家看来,功能学派从特罗布里恩岛、安达曼岛上提炼出来的方法论原则无法用来分析和描述中国社会。在中国社会,社区不是社会的缩影,小地方的描述难以反映大社会,社区的功能分析不足以把握具有发达历史的文明大国的特点。即言之,社区研究在中国既不能以点概面,也不能以点筑面——成为理解中国社会的集合点。因此,这种面对"中国社会"的对功能学派的方法论的反思,给人类学的重大启示是,"社区研究如要包容中国社会的特点,就必须走出功能主义的'封闭性社区整体论'和'无历史'的局限,对国家与社会关系、古代理念与社区现状、传统和现代加以综合考察"。[③] 也正是这种反思和认识引起了20世纪70年代以来西方汉学人类学的转向,如杜赞奇的《文化权利与国家——1900-1942年的华北农村》、萧凤霞(Helen Siu)的《华南的代理人与受害者》等著作都是这种转向的代表作,他们力图在国家-社会关系的历史结构中表述社区的时空

---

① 王铭铭:《社会人类学与中国研究》,广西师范大学出版社,2005,第36页。
② 王铭铭:《社会人类学与中国研究》,广西师范大学出版社,2005,第156页。
③ 王铭铭:《社会人类学与中国研究》,广西师范大学出版社,2005,第49页。

坐落的变迁。①

到 20 世纪 80 年代，伴随改革开放而来的中国学术界与西方学术界重新交流、接轨的互动过程，杨先生的这一民族学思想又在与西方人类学各学说的"对话"中得到进一步的丰富、发展，最后成一家之言，形成自己的学术思想体系。他的关于研究中国的民族学的"书写"既继承了中国传统史学"春秋笔法"的秉笔直书，又合"经世致用"的传统学术思想而将民族学推向了"迈向人民的人类学"。这一点他通过自己的道德文章看守了学者的立场和价值观，如他所言："作为一个民族学研究者，我想我们必须尊重各民族的传统文化，认识其产生、发展、变化的状况，同时要研究促进民族现代化，促进其传统的社会、经济、文化等因素的改变和发展，研究如何使传统文化适应现代社会的需求，如何既能保存传统又能进入现代社会等问题。"②他的这一民族学的学术立场和方法论观点不仅是对隐含在民族学研究领域中东方主义思想的批驳和纠正，而且是作为一个民族学家对社会道义与使命的担当和呼唤，即民族学研究应该推动民族的平等、和谐与共同发展。

五 路径与境界：全球化语境与中国民族学话语的建构

民族学的本土化最终是舶来的学科就如文化传播必然发生的涵化、变迁一样，当被植入一种新的历史土壤和文化语境，被具有另外特定传统文化身份的学者——文化载体，运用于新的研究对象时，学科在实践中的本土化——"文化变迁"就是必然的现象，这也是任何一门人文社会科学丰富发展的必由路径。人是实践的主体，认识、理解民族学在中国的本土化，须研究人——民族学的学科载体——诸如杨建新先生等老一辈民族学家的学术人生和思想，用民族学的"田野"视野见微知著而足以管窥中国民族学的发展历程并从中获得历史的启示。

---

① 杨文炯：《互动调适与重构》，民族出版社，2007，第 68～69 页。

② 杨文炯：《传统与现代性的殊相》，民族出版社，2002，第 3 页。

　　"所有的符号系统——包括科学本身——均体现了权力关系。"① 正如布尔迪厄所言的："社会科学本身正是在它所研究的社会世界中被生产出来，以控制在这个世界中发挥作用的并同时对社会学家自身产生影响的各种决定机制的效果。"② 民族学正是在 19 世纪西方殖民非西方社会中生产出来的一种"学术"即知识的话语体系。学术是一种"话语"，而"话语"意味着权力，同时作为一门学科又是"话语"与文化权力的再生产。因此，思考中国民族学学科体系的建构，尤其需要反思的是，我们的一些人文社会科学（如民族学）主要是近代以来在对"西学""新学"的追慕中从西方舶来的，乃至到了改革开放以后，不少学科是在"翻译"中长大的。正是在对"西学"的翻译、学习的"消费"中形成了我们的"品味"，甚至养成了本土学者"言必称西"的学术"习性"，从而丧失了对学科背后的文化霸权的自警和自省。因此，民族学的本土化与本土学科话语的建构就意味着"话语"与"权力"的转移，也表征着民族学的本土"话语"对西方"东方学"之"原产"话语权力的超越。

　　作为以本土"田野"研究为主的中国民族学需要在双向话语的互动中建构、发展自己，避免对应西方民族学传统话语与"现代性"话语的简单对位翻译和自身失语中的东施效颦。一是立足文化多样性的中国"场域"和本土"田野"研究建构具有本土智慧的民族学话语体系；二是积极拓展中国民族学的"他者"研究视野，积累海外民族志研究的经验，既以之反思西方民族学的"东方学"的"习性"，又反哺中国民族学的本土话语；三是在全球化语境中，基于人类命运共同体的全域视域，超越民族学的"本我"与"他者"的二元对立的传统视界和思维模式，从"我们"的高度写作民族志，丰富和发展全新的民族学知识体系。笔者以为这也是中国民族学学科发展的必然路径和三重境界。

---

① 〔美〕戴维·斯沃茨：《文化与权力：布尔迪厄的社会学》，上海译文出版社，2006，第304 页。

② 〔法〕布尔迪厄：《实践与反思》，中央编译出版社，1998，第 98 页。

2016 年中国民族学学会高层论坛
"民族研究与宗教研究的实践
与前瞻"学术研讨会
开幕式实录

时间：2016 年 7 月 2 日（上午）

地点：宁夏回族自治区银川市海天大酒店七楼多功能厅

王延中执行会长：2016 年中国民族学学会高层论坛"民族研究与宗教研究的实践与前瞻"现在开始。

这次研讨会由中国民族学学会、宁夏大学、宁夏社会科学界联合主办，由宁夏大学政法学院、阿拉伯学院承办。现在我们举行开幕式，开幕式共有三项议程，首先我们欢迎宁夏大学何建国校长致开幕词，大家欢迎！

何建国校长：尊敬的杨圣敏会长，各位领导、各位专家学者、来宾。值此 2016 年中国民族学学会高层论坛召开之际，我谨代表宁夏大学的全体职工对各位的到来表示诚挚的欢迎！

在宁夏大学的学科布局中，我校始终坚持处理好高原与高空的关系，注重从实际出发，注重在凝练特色中发展优势，发展好民族学一直是我校推进学科建设的重要抓手，也是我校坚持特色办学的一个重要内容。在近 60 年的办学历程中，学校始终注重挖掘、整理、传承、弘扬民族文化，研究民族历史、贯彻党的民族政策，我校搭建了一批平台，取得了一批成果，特别是依托民族学的平台，我校凝聚了一些人才，取得了一些成绩。

经过数十年的坚持与坚守，奋斗拼搏，民族学学科取得了很大的发展。民族学成为国家重点培育学科和自治区重点学科。目前民族学拥有7个博士点，22个研究方向，"十二五"时期宁夏大学共获批一百项国家社科基金项目，其中有3项是重大项目，55项社科基金为民族学领域，民族学学科建设所取得的丰硕成果，标志着宁夏大学民族学学科在全国民族学学科占有一席之地，并为宁夏大学"双一流"建设奠定了良好的基础。

宁夏回族自治区党委和政府提出要把宁夏大学办成西部一流大学，这是宁夏大学发展的重大机遇。一流学科是大学建设的加速器，民族学学科坚持以一流学科为目标，汇聚优质资源，培养一流人才，产生一流成果，坚持以学科建设为基础，创新学科模式，打造学科高峰，发挥学科优势，办出学科特色，探索有利于学校、学科的体制机制，当好西部一流学科建设的排头兵。我感谢各位专家对宁夏大学的帮助，也恳请各位专家学者能继续对我校的民族学学科提供指导和帮助。

各位领导，宁夏古有"天下黄河富宁夏"之美誉，是我国最大的回族聚集区，是西部极具开发热土、具有活力的地方，希望各位在宁夏期间多走走，多看看，感受美丽的塞上江南，神秘的西夏文化、浓郁的回乡风情。

最后祝各位专家、各位来宾在宁期间身体健康，一切顺心，预祝本次会议取得圆满成功，谢谢大家！

王延中执行会长：非常感谢宁夏大学给我们非常难得、非常好的交流机会，也非常感谢李建国校长热情洋溢的讲话。下面请宁夏社会科学界联合会主席杨占武主席致辞，大家欢迎！

杨占武主席：尊敬的杨圣敏会长，尊敬的各位领导，各位学者，各位来宾，大家上午好！

首先，我代表宁夏社科联对前来参加本次论坛的中国民族学会的各位常务理事和区内外的嘉宾表示热烈的欢迎！对各位专家学者长期给宁夏哲学社会科学发展的大力支持和关心表示最诚挚的谢意！

宁夏回族自治区成立于 1958 年，面积 6.64 万平方公里，总人口大约 660 万，有五个地级市，22 个县区市，其中回族人口占到 33.56%，是全国最大的回族聚集区。民族团结是宁夏的优良传统，这些年来在党中央、国务院的坚强领导下，自治区党委、政府认真贯彻党的民族决策和制度，认真贯彻习近平总书记系列讲话精神，努力打造民族团结、宗教和顺的靓丽名片，长期保持了和谐、稳定的大好局面。我们宁夏回族自治区领导到外面宣传宁夏的时候，说宁夏有两张名片，一张名片是民族团结，还有一张名片是生态良好，蓝天白云。民族学会在这开会，验证了其中一张名片——民族团结。

民族学科在宁夏哲学社会科学研究中具有非常重要的地位，我们宁夏的民族学研究立足宁夏地区，民族和历史文化滋养，坚持为少数民族和少数民族地区经济发展服务，坚持自主创新、协同创新、文化传承创新，在民族的研究方面取得了很好的成绩。在我们组织的历届宁夏哲学社会科学评奖中，宁夏民族学获奖占了 1/3。近年来宁夏作为向西开放的战略高地，服务中阿合作，是国家"一带一路"中的担当和使命，也给民族学学科建设赋予了新的内涵。所以，我们衷心地希望，与会的各位专家、学者继续关注宁夏哲学社会科学事业的发展，特别是关心支持宁夏民族学学科的发展，欢迎大家多来宁夏考察交流，为繁荣我区的民族学学科传经送宝，也衷心希望我们的民族学研究人员珍惜这次学习的机会，不断提高工作水平。

最后预祝论坛取得圆满成功，谢谢大家！

立足学术、关注现实、聚焦专业、
潜心研究、多做贡献

——在 2016 年中国民族学学会高层论坛"民族研究与
宗教研究的实践与前瞻"学术研讨会
暨常务理事会的闭幕词

王延中

尊敬的杨圣敏会长，各位领导、专家学者与参会代表：

中午好！

经过一天半紧张、有序、高效、深入的研讨，2016 年中国民族学学会高层论坛"民族研究与宗教研究的实践与前瞻"学术研讨会暨常务理事会，就要进入尾声了。刚才色音常务副会长进行了会议总结，我都赞同。我受杨圣敏会长的委托，向会议做闭幕词。闭幕词的主题是：立足学术、关注现实、聚焦专业、潜心研究、多做贡献。由于时间关系，我就不论证这个题目了，主要是在会议结束之际，向大家表达感谢，对学会下步工作提出一些意见。

请允许我向最早提议召开本次高层论坛并为此付出辛勤努力的宁夏大学原副校长李伟教授表示敬意与感谢。由于他的提议，学会的常务理事能够在年会之外形成一个定期交流学术思想、研究学科发展、促进各方合作的稳定机制。同时为学会完成国家主管部门每年必须召开至少两次常务理事会的规定任务创造了条件。这次论坛也为今后高层论坛的召开积累了经验，提供了借鉴。

请允许我代表所有与会专家学者和会议代表向辛勤筹办本次会议的主办方、承办方表示敬意与感谢。去年（2015）中国民族学学会换届之后，在杨圣敏会长领导下，在中国社会科学院民族学与人类学研究所、中央民族大学大力支持下，学会秘书处工作得到加强，做了大量工作。秘书长刘正爱研究员、常务副秘书长祁进玉教授在 7 月 1 日晚上召开的常务理事会会议上报告了学会半年来的工作情况。其中一个重要任务是协助宁夏大学筹备本次高层论坛。杨圣敏会长、色音常务副会长、我与秘书处的同志们多次研究本次论坛的时间、会议主题与参会人员的发言安排，争取使报名参会的各位常务理事都能够在大会上有正式发言的机会，同时邀请国内民族学人类学与宗教学领域的著名学者介绍学术前沿与政策动态。按照会议的安排，我们圆满完成了本次论坛的各项任务。之所以能够完成这么多任务，不仅靠秘书处各位同志自始至终的认真负责，也靠参与主办本次论坛的宁夏大学、宁夏社会科学界联合会尤其是承办方宁夏大学政法学院、阿拉伯学院领导的高度重视和鼎力支持，更靠会务组各位领导、老师、同学们的辛勤劳动和艰苦付出。我提议各位参会代表以热烈掌声向为筹备召开本次论坛做出巨大贡献的主办方、承办方的各位领导、专家学者、老师同学及有关服务人员表示衷心感谢！

请允许我代表所有参会人员对在本次论坛上做主旨发言、重点发言的各位学会领导、常务理事及特邀嘉宾表示敬意与感谢，对论坛各位主持人、评议人、自由讨论代表表示感谢。本次高层论坛除开幕式、闭幕式外，安排了 5 个讨论议题和 2 节综合讨论，内容十分丰富。杨圣敏会长围绕"民族学如何进步"、王铭铭教授围绕"对欧美人类学'新潮'的几点印象"、郑筱筠教授围绕"'一带一路'倡议与民族宗教问题研究的思考"、李伟教授围绕"宁夏民族工作经验中的核心价值认同"、地木拉提·奥迈尔教授围绕"当前国际国内背景下的新疆伊斯兰教以及宗教极端主义"做了大会主旨发言，杨昌儒教授、何峰教授、潘忠宇教授围绕相关主题做了大会重点发言。这些发言主题鲜明、观点明确、论证深入、结论深刻，对于认识民族学、人类学、宗教学的学科发展，对于了解我国当前面临的民族宗教实践领域的探索和有关经验，对于加强中国特色的"民族研究与宗教研究"与符合时代要求的民族宗教话语体系建设，具有很大的启发和重要参考价值。评议人的评论言简意赅，令人颇受启发。大家的讨论直奔主题，提供了新的观点视角，加深了对研讨内容的理解。总之，这次高层论坛虽然时间比较短，参会常务理事并不是很多，但是会议的内容十分丰富、重要，讨论的议题是问题导向、实践导向、学术高端导向的，对于学科发展也是有利的，发言是高质量的，称为高层论坛可谓名副其实。我们希望这一高层论坛与我们的年会一样，能够顺利地持续下去，为大家提供更多高层次的交流平台。非常高兴的是中南民族大学的田敏教授、青海民族大学的何峰校长都表达了承办下次高峰论坛的愿望，秘书处将认真研究，听取大家的意见，在年会后确定下届高层论坛的时间地点与会议主题。

另外，本次论坛期间还举行了常务理事会。参会的所有常务理事不顾旅途劳顿认真听取了秘书处上半年工作汇报特别是会员注册登记与会费缴纳情况，审议并表决通过了学会章程（还会向未参会的常务理事进行书面征求表决意见）。会议特别审议了成立专业委员会及有关分会设立调研基地等事宜。作为一个具有80多年历史的老学会，中国民族学会尽管也有一些分会，但总体而言分会或专业委员会数量不多，不能适应学术发展、学科建设与学会扩大学术影响力的需要。大家对于成立一些必要的研究分会或专业委员会总体持积极态度，但也提出建立研究分会不走大而全、越多越好的路子，也不走按单一民族、单一地区设立专业委员会的路子。可以围绕重大社会关切、促进学科发展、具有明确学术或学科定位、具有比较强的研究力量或研究潜力的学术单位组建某一领域、某一研究主题的专业委员会。这次常务理事会审议了"边疆发展专委会""纳学研究专委会""阿拉伯学专业委员会""生态民族学专委会"等四个新的专业委员会的申请。由于我们缺乏专业委员会管理办法，常务理事会建议中国民族学会秘书处在借鉴有关学会专业委员会管理办法基础上，起草本学会专业委员会管理办法及申报程序，便于进一步规范学会特别是研究分会的管理。

　　本次论坛就要结束了。在大家的共同努力下，我们召开了一次成功的会议。祝愿大家身心健康、返程愉快、事业更上一层楼！

　　谢谢大家！

图书在版编目(CIP)数据

民族学如何进步 / 王延中,祁进玉主编. -- 北京:
社会科学文献出版社,2018.5
(民族学论坛)
ISBN 978 - 7 - 5201 - 2330 - 3

Ⅰ.①民… Ⅱ.①王… ②祁… Ⅲ.①民族学 - 文集
Ⅳ.①C95 - 53

中国版本图书馆 CIP 数据核字(2018)第 037855 号

民族学论坛
民族学如何进步

主　　编 / 王延中　祁进玉

出 版 人 / 谢寿光
项目统筹 / 宋月华　周志静
责任编辑 / 周志静

出　　版 / 社会科学文献出版社·人文分社 (010) 59367215
　　　　　　地址:北京市北三环中路甲29号院华龙大厦　邮编:100029
　　　　　　网址:www. ssap. com. cn
发　　行 / 市场营销中心 (010) 59367081　59367018
印　　装 / 三河市尚艺印装有限公司

规　　格 / 开本:787mm × 1092mm　1/16
　　　　　　印张:17　字数:257千字
版　　次 / 2018 年 5 月第 1 版　2018 年 5 月第 1 次印刷
书　　号 / ISBN 978 - 7 - 5201 - 2330 - 3
定　　价 / 98.00 元

本书如有印装质量问题,请与读者服务中心 (010 - 59367028)联系